Mechthild Puhlmann



# *Himmelsschlüssel*

*Margarete Neitzel –*
*ein Leben zwischen Pommern, Paris und …*

francke

**Über die Autorin:**
Mechthild Puhlmann wurde 1985 in Plauen geboren und ist in einer Pfarrersfamilie im Spreewald aufgewachsen. Seit 2005 studiert sie in Marburg Germanistik und Theologie.

Bibliografische Information Der Deutschen Bibliothek
Die Deutsche Bibliothek verzeichnet diese Publikation in der Deutschen Nationalbibliografie; detaillierte bibliografische Daten sind im Internet über http://dnb.ddb.de abrufbar.

ISBN 978-3-86827-074-7

35037 Marburg an der Lahn
Foto: Privat
Umschlaggestaltung: Verlag der Francke-Buchhandlung GmbH / Christian Heinritz
Satz: Verlag der Francke-Buchhandlung GmbH
Druck und Bindung: CPI Moravia Books, Korneuburg

www.francke-buch.de

Am Himmel zogen ein paar vereinzelte Wolken über die Kleinstadt dahin. Die Augustsonne brannte nicht mehr so sehr wie in den letzten Tagen, und der leichte Wind, der die Felder mit Wellen überzog, brachte ein wenig Erholung.

Preußisch Friedland ruhte im Schatten mächtiger, alter Bäume. Ein Hund lag träge unter der großen Hängeweide am See und hob kaum den Kopf, als die Nachbarskatze vorbeischlich. Entlang der alten Stadtmauer trottete ein Pferdegespann mit einem hochbeladenen Heuwagen. Obenauf blinzelten die Arbeiter in die Sonne. Auf dem Marktplatz standen drei Frauen, tauschten Neuigkeiten aus und beratschlagten, ob es wohl bald Regen geben würde.

Aus dem Garten hinter dem Haus des Amtsrichters Bartsch war Kinderlachen zu hören. Die drei Mädchen, elf, vielleicht zwölf Jahre alt, saßen im Gras. Jedes flocht an einem Kranz aus Butterblumen.

„Ulla, wie kriegst du das nur hin, dass der Kranz bei dir so schön aussieht? Bei mir wird alles schief und krumm."

Käte sah bewundernd zu, wie die Freundin Blume an Blume reihte. Margarete sah ebenfalls von ihrer Arbeit auf und musste lachen: „Ja, Käte, ich bezweifle, dass der auf deinem Kopf halten wird. Dein Kranz sieht so aus, als würde er schon auseinanderfallen, wenn man ihn nur scharf anguckt."

Ulla angelte sich Kätes Kunstwerk und betrachtete es kritisch. Die Enden der Butterblumen standen über, und die Blüten sahen schon etwas zerrupft aus.

„Mal sehen, ob ich das wieder hinkriege, Käte", sagte sie. Die Freundin schien ihr allerdings gar nicht zuzuhören, starrte nur nachdenklich auf die Blumen.

„Wenn ihr euch mit einer Blume vergleichen solltet, welche würdet ihr wählen?", fragte sie schließlich die beiden Mädchen.

„Wie meinst du das?"

„Also, welche Blume spiegelt etwas von dir wider? Welche entspricht dir? Das wäre dann wie in dem Märchen, wo das Mädchen in eine Blume verwandelt wird. Das ist so etwas wie ihre zweite Gestalt", versuchte Käte zu erklären.

Ulla hatte währenddessen den Kranz ausgebessert und flocht noch ein paar letzte Butterblumen dazwischen. „Ich glaube, ich hätte als zweite Gestalt gern die Tulpe", sagte sie.

„Weil du in der Tulpenzeit Geburtstag hast, oder weil es die Blume des Reichtums und der Schönheit ist?“, witzelte Margarete. Sie wusste, dass Ulla davon träumte, eine verschollene Prinzessin zu sein.

Das Mädchen wurde rot: „Das ist doch gleich. Ich mag Tulpen einfach. Was ist denn mit dir? Welche Blume würdest du sein wollen?“

„Hm, ich weiß nicht. Muss es eine Blume sein, die zeigt, wie ich bin? Oder eine, die zeigt, wie ich sein will?“ Margarete schaute fragend in die Runde.

Käte meinte: „Das kannst du ja entscheiden, wie du willst. Ich möchte jedenfalls ein Vergissmeinnicht sein. Erinnert ihr euch noch an das, was uns der Lehrer gestern erzählt hat? Er sagte doch, dass diese Blume auch in andern Ländern einen ähnlichen Namen hat und immer ein Symbol für Erinnerung und Liebe ist. Das wünsche ich mir jedenfalls, dass ihr mich nicht vergesst. Solche tollen Freundinnen wie euch hatte ich noch nie.“

Ulla war aufgestanden und drückte der Freundin den Kranz in die braunen Locken: „Wie könnten wir dich vergessen! Solche schlechten Blumenkränze werden ewig in meinem Gedächtnis hängen bleiben“, neckte sie die Freundin und ergriff vorsorglich die Flucht.

Das konnte Käte nicht auf sich sitzen lassen: „Na warte, du Tulpe!“

Die beiden Mädchen jagten sich lachend und kreischend durch den Garten und fielen schließlich nach Luft schnappend wieder neben Margarete ins Gras.

„Und Margarete, weißt du jetzt, was du für eine Blume bist?“, keuchte Käte noch ganz außer Atem.

„Ja, ich glaube schon. Ich möchte ein Himmelsschlüssel sein.“

„Du meinst, eine Schlüsselblume?“, wollte Ulla wissen. „Warum denn das? So schön sind die ja nun auch nicht.“

Margarete runzelte die Stirn: „Ich finde sie schön. Und ich finde vor allem den Namen schön. Ich möchte auch gern ein Himmelsschlüssel sein, jemand, der anderen den Himmel aufschließen kann.“

Nachdenkliches Schweigen breitete sich aus. In der Hitze waren sogar die Vögel still.

„Ich finde, das ist ein schönes Ziel. Anderen den Himmel aufzuschließen, oder wie du das genannt hast“, sagte Ulla schließlich. Sie kam zwar auch aus einem Elternhaus, in dem man zur Kirche ging, aber die Art, wie Margarete und ihre Eltern ihren Glauben lebten, war ihr doch fremd. Sie hatte noch nie genau darüber nachgedacht, was sie mit ihrem Leben erreichen wollte. Aber sie bewunderte die Freundin dafür, dass sie so klare Vorstellungen von vielen Dingen hatte.

„Wisst ihr, ich bin wirklich froh, dass wir über so etwas reden können", sagte Käte. „Ich würde nicht jedem Mädchen aus unserer Klasse erzählen, was ich mir wünsche."

Ulla nickte. Ihr ging es ganz genauso.

Plötzlich setzte sich Margarete auf. Sie hatte eine Idee: „Was haltet ihr denn davon, wenn wir eine Art Club bilden würden? Wir drei zusammen. Wir könnten für immer Freundinnen bleiben und uns alles erzählen."

Es bedurfte keiner Überredungskünste, um Ulla und Käte davon zu überzeugen. „Wir sind zwar keine Blumen, aber zu dritt immerhin ein Kleeblatt", kicherte Ulla. Ihr gefiel die Idee außerordentlich gut. Das hatte sie sich schon lange gewünscht.

Wenig später mussten die beiden Mädchen gehen. Margarete sah ihnen vom Gartentor aus nach, bis sie um die nächste Straßenecke verschwunden waren. Sie fühlte sich sehr glücklich. Nun hatte sie zwei Vertraute, mit denen sie ihre innersten Gedanken teilen konnte. Das tat gut.

Dass diese Freundschaften auch nach über 80 Jahren noch bestehen würden, konnte das Mädchen in dem Moment nicht ahnen. Auch von all den Dingen, die in ihrem Leben geschehen sollten, wusste sie damals noch nichts. Ein Himmelsschlüssel ist sie trotzdem für viele geworden.

* * *

*Kassel 1922*

„Deta, komm, setz dich! Du sollst doch nicht so schwer tragen."

Der junge Mann nahm ihr energisch den Wäschekorb aus den Händen und zog einen der großen Stühle heran.

„Ich sollte wirklich besser auf dich aufpassen."

Verschmitzt lächelnd blickte ihn Deta von unten herauf an. Seit sie schwanger war, ließ er sie nicht mehr aus den Augen.

„Ach, Friedrich, mir geht es gut, und unserem Kind auch. Außerdem – was könnte ich schon dafür tun, dass unser Kind am Leben bleibt? Du weißt ebenso gut wie ich, dass es ein Geschenk Gottes ist."

„Das heißt nicht, dass du dich nicht schonen solltest", fuhr Friedrich unbeirrt fort.

Der besorgte Blick ihres Mannes löste widersprüchliche Gefühle in Deta aus. Natürlich wusste sie, dass ihr die Ärzte Ruhe verordnet hatten. Die Unterleibsschwäche, die sie von der schweren Arbeit als Krankenschwester während des Ersten Weltkrieges davongetragen hatte, hatte zunächst alle Hoffnung auf eine große Familie zunichte gemacht. Die Tatsache, dass sie nun ein Kind erwartete, war für die junge Frau nur ein Beweis mehr für die Existenz und Macht Gottes.

„Unser Baby ist ein Wunder. Und Wunder sind nun einmal Gottes Zuständigkeitsbereich. Vergiss das nicht, Friedrich." Deta ergriff seine Hand. Wie oft hatte sie schon in dieses Gesicht gesehen und an genau diese Worte gedacht. Und wie oft hatte dieser Blick die Schmetterlinge in ihrem Bauch schon zum Tanzen gebracht.

„Darf ich dir wenigstens den Korb ins Bügelzimmer tragen, mein Mummilein?"

Wenig später saß Friedrich wieder an seinem Schreibtisch. Eigentlich hatte er vorgehabt, den Nachmittag der Vorbereitung auf sein Jura-Examen zu widmen, wie jeden anderen Nachmittag auch. Zwar arbeitete er bei den Kasseler Stadtwerken, um seine junge Frau und sich ernähren zu können, aber trotzdem versuchte er, sein Studium nicht ganz zu vernachlässigen. Nur heute wollte es nicht klappen mit der Konzentration. Er lief durch sein Arbeitszimmer, blieb vor dem Kalender stehen, der das Jahr 1922 zeigte, wunderte sich, wie schnell die Zeit verging, und wandte sich seinem Bücherregal zu, nur um festzustellen, dass auch die Buchrücken seine Aufmerksamkeit nicht fesseln konnten. Schließlich setzte er sich wieder, lehnte sich in seinem Stuhl zurück und blinzelte in die Sonne, die durch das Fenster zu seiner Rechten Kringel auf Schreibtisch und Fußboden malte.

Die Worte seiner Frau hallten in ihm nach: Wunder sind Gottes

Zuständigkeitsbereich. Wie recht sie hatte. Am eigenen Leib hatte er erfahren, was das bedeutete. Als 21-Jähriger hatte er sein Studium in Marburg unterbrochen, um als Kriegsfreiwilliger für sein Land zu kämpfen. Nach Kriegsende wollte er seine Studien in Greifswald so schnell wie möglich zu Ende bringen. Diese vier Jahre im Krieg hatten ihm allerdings nicht nur seine Illusionen, sondern auch seine Gesundheit genommen. Er erinnerte sich noch genau an den Moment, als ihm der Arzt mitteilte, er habe eine doppelseitige Lungenentzündung und Scharlach – und wohl nicht mehr lange zu leben. Friedrich wollte damals fast aufgeben. Das Einzige, was seinen Willen zum Weiterleben noch aufrechterhalten hatte, waren die Momente, in denen Schwester Margarete von Loeper, genannt Deta, sein Zimmer betreten hatte. Vom ersten Moment an war etwas Besonderes zwischen ihnen gewesen. Ein Wunder der Liebe, und dass er wieder gesund wurde, war ein mindestens ebenso großes Wunder. Und ihr Kind – es waren nur noch wenige Wochen bis zur Geburt. Gott verstand sein Handwerk, das musste er zugeben. Mit einem resignierenden Seufzer begann Friedrich ein Dankgebet zu sprechen.

* * *

*1925*

Energisch schob Margarete den hohen Stuhl vor sich her. Einmal quer durchs Zimmer musste sie mit dem schweren Ding. Aber ohne den Stuhl konnte sie das Telefon nicht erreichen. Das musste sie unbedingt und sofort!

Endlich unter dem Gerät angekommen, erklomm das Mädchen mit etwas Mühe den Hocker, nahm den Hörer ab und lauschte.

„Hallo?“

Nichts war zu hören. Es rauschte, aber sonst war da nichts. Margarete war ein bisschen verwirrt. Sonst hatte sie doch immer mit ihrem Vater sprechen können. Sie war sich noch nicht ganz sicher, wie er in den Kasten des Telefons kam, weil er wie jeden Morgen ganz normal aus der Tür und zur Arbeit gegangen war. Aber das war auch nicht so wichtig. Seit sie den Apparat hatten, nutzte die Dreijährige liebend gern die Gelegenheit, in Friedrichs Büro anzurufen.

Es meldete sich immer noch niemand. Das Mädchen hängte ein,

nahm den Hörer wieder ab, lauschte. Da klickte es, und sie konnte ihren Vater am anderen Ende hören: „Hallo? Pülleli, bist du das etwa wieder?"

In seinem Büro bei den Stadtwerken war Friedrich nach anhaltendem Klingeln doch ans Telefon gegangen. Er hatte sich schon fast gedacht, wer da etwas von ihm wollte. Eigentlich hatte er viel zu tun und wusste im ersten Moment nicht, ob er sich über die Störung freuen oder ärgern sollte.

„Mein liebes Kind, was gibt es denn, warum musst du mich denn unbedingt anrufen? Ich wäre doch in einer halben Stunde sowieso zum Essen nach Hause gekommen."

Aufgeregtes Kindergeplapper war am anderen Ende zu hören. Friedrich runzelte die Stirn: „Was hast du? Was will Fräulein von Reußner machen? Bitte noch einmal langsam, Margaretlein!"

Nach und nach wurde ihm klar, worum es sich drehte. Er machte es sich auf der Schreibtischkante so gut es ging bequem und amüsierte sich über die Aufregung seiner Tochter.

„Fräulein von Reußner will dich also malen? Na, dann musst du ganz stillhalten. Ach, sie hat schon angefangen? Ja, ich bin bald zu Hause, Margaretlein. Natürlich muss ich mir das ansehen!" Friedrich hängte ein und zwang sich zurück zu seinen Rechnungsaufstellungen. Jetzt war er mindestens ebenso aufgeregt wie seine Tochter.

* * *

Gerade versuchten Margarete und Fräulein von Reußner herauszufinden, von welchem Fenster sie die beste Aussicht auf die Straße hätten, als sie endlich die hochgewachsene Gestalt mit langen Schritten die Straße heraufkommen sahen.

„Vati! Da kommt Vati!"

Die letzten Stufen hinauf zur Wohnung nahm Friedrich im Laufschritt. In der Tür stand schon seine Margarete in einem roten Kleidchen mit schwarzer Hessenstickerei und einem strahlenden Lachen. Ganz stolz nahm sie ihren Vater an die Hand und zog ihn ins Nebenzimmer, wo Fräulein von Reußner, eine Studentin der Kasseler Kunstakademie, gerade noch ein paar Verbesserungen an ihrer Skizze vornahm.

„Jetzt bin ich aber gespannt! Ich wusste ja nicht, dass Sie schon so bald mit dem Bild beginnen wollten", begrüßte Friedrich die junge Baltin. „Wie geht es denn Ihrer Mutter?"

„Guten Tag, Herr Bartsch. Meiner Mutter geht es gut, danke! Sie lässt herzliche Grüße ausrichten und bedankt sich noch einmal für Ihre Gastfreundschaft. Ja, und das Bild ist meine Prüfungsleistung. Es braucht ja alles seine Zeit, deswegen wollte ich so bald wie möglich damit beginnen. Zum Glück kann ich bei so einem hübschen Modell nichts falsch machen, stimmt's, Pülleli?"

Margarete hörte nicht zu. Sie war so fasziniert von ihrem Porträt: „Guck mal, Vati. Das bin ich. Und ich habe ganz lange stillgehalten."

Friedrich blieb gar nichts anderes übrig, als alles gebührend zu bewundern – das Bild und seine Tochter. Auch Großmutter Bartsch, die kurz darauf das Zimmer betrat, musste die gleiche Prozedur über sich ergehen lassen. Das gab Friedrich die Gelegenheit, die junge Malerin nach den Fortschritten ihres Studiums zu fragen und sich etwas näher nach ihrem Befinden zu erkundigen. Die Reußners hatten eine Zeit lang bei ihnen in der Wohnung gelebt, nachdem sie 1919 vor der Russischen Revolution geflohen waren.

„Nun, Herr Bartsch, Sie wissen ja, dass meine Mutter immer noch mit Alpträumen und Depressionen zu kämpfen hat. Vielleicht fällt es jungen Menschen leichter, Dinge zu vergessen, obwohl auch mich die Bilder der Vergangenheit nicht loslassen. Aber ich lerne, damit umzugehen und trotzdem Gutes vom Leben zu erwarten."

„Ich weiß, dass es nicht einfach für Sie ist, Fräulein von Reußner. Melden Sie sich einfach bei uns, wenn Sie Hilfe brauchen. Und kommen Sie, so oft Sie wollen, hierher. Margarete tut es gut. Und Ihnen wohl auch."

Friedrich wusste, dass die beiden Frauen Schreckliches erlebt hatten, und seine Unfähigkeit und Hilflosigkeit, ihnen zu helfen, machten ihn jedes Mal wieder verlegen und betreten. Angesichts seines eigenen Glücks ließ sich die Ungerechtigkeit der Welt so gut vergessen. Und was konnte er schon tun?

„Wollen Sie noch zum Essen bleiben, Fräulein von Reußner?"

* * *

Am späten Nachmittag kam Margaretes Patenonkel Diedi, Detas jüngster Bruder, nach Hause. Natürlich musste das Mädchen ihm gleich ausführlich erzählen, was an diesem Tag geschehen war. Seit Reußners eine eigene Wohnung in Kassel hatten, war Diedi zu seiner Schwester und seinem Schwager gezogen. Er studierte an der Forstakademie Hannoversch Münden und wurde, sobald er in der Wohnung ankam, von Margarete in Beschlag genommen. Dass der Onkel Zeit für sie hatte, schien ihr selbstverständlich, und seine spannenden Spiele und lustigen Einfälle hatten eine ganz besondere Ebene des Vertrauens zwischen dem Studenten und dem Kind entstehen lassen.

Nachdem auch Diedi ihr versichert hatte, dass er stolz auf sie sei und das Bild bestimmt etwas ganz Besonderes würde, wollte Margarete Zirkus spielen. Sie war zwar noch nie in einem Zirkus gewesen, aber was der Onkel erzählte, hatte ihr sehr gut gefallen. Elefanten und Menschen mit Gummiknochen sollte es da geben. Messerwerfer und Trapezkünstler, Pferde, die auf den Hinterbeinen laufen konnten, und riesige Schlangen – Margarete war fasziniert. Also musste Diedi einen Löwen mimen, dann so tun, als sei er ein Feuerschlucker, oder seine Nichte wie ein Artist durch die Luft wirbeln.

„Margaretlein, Diedi, kommt zum Abendessen“, rief Deta. Sie war Diedi sehr dankbar, dass er sich gerne um ihre Tochter kümmerte. So konnte sie in Ruhe ein Buch lesen oder ein wenig spazieren gehen. Sie summte gut gelaunt vor sich hin, als sie gemeinsam mit Agnes, dem Hausmädchen, den Tisch deckte. Friedrich kam herein und meinte verwundert: „Wo ist denn unsere Pülleli? Ich habe sie gerade überall gesucht.“

„Frag Diedi, er hat sich den Nachmittag über mit ihr beschäftigt“, sagte seine Frau. In dem Moment betrat Diedi das Esszimmer. Auf die Frage hin, wo das Mädchen sei, zuckte er nur mit den Achseln. Unruhe erfasste Deta. Margarete war selten so still. Da stimmte doch etwas nicht. Sie lief durch die Wohnung und rief nach ihrer Tochter, befahl ihr schließlich mit aller Strenge, die sie aufbringen konnte, zum Essen zu kommen. Das sah dem Mädchen gar nicht ähnlich, nicht zu gehorchen.

Auch Großmutter Bartsch, Agnes und Friedrich hatten sich auf die Suche gemacht. Unter alle Betten wurde geschaut, in die Schränke, hinter die Vorhänge, in jede Ecke, in der man sich nur verstecken konnte. Aber Margarete blieb verschwunden.

„Friedrich, wo kann sie denn nur sein? Sie hat doch die ganze Zeit in der Wohnung gespielt." Deta bekam es nun wirklich mit der Angst zu tun. Ihr Mann war mittlerweile genauso besorgt wie sie selbst. Dann müsse man wohl die Polizei verständigen, meinte Friedrich leise. Bei diesen Worten wurde Diedi, der bis dahin nur still im Türrahmen gestanden hatte, blass: „Oh nein, es ist doch alles in Ordnung. Wir haben Verstecken gespielt – es war nur Spaß!" Und damit lief er zu der schweren Eichentruhe im Flur. Durch das Tuch, das darüber lag, hatte niemand gesehen, dass der Deckel einen Spalt breit offen stand. Und in der Truhe lag Margarete, ganz still, verschmitzt grinsend und kein bisschen ängstlich. Sie strahlte ihre Eltern an und war im Gegensatz zu allen anderen begeistert von ihrem Abenteuer.

Nachdem sich der Tumult wieder etwas gelegt hatte, wurde dann doch noch zu Abend gegessen. Aber das Mädchen spürte, dass die Stimmung nicht besonders gut war. Besonders der Onkel kam ihr sehr geknickt vor. Vertrauensvoll griff sie unter dem Tisch nach Diedis Hand. Sie hatte das alles gar nicht schlimm gefunden. Ihr hatte das Versteckspielen Spaß gemacht. Aber er machte kein besonders glückliches Gesicht.

Nachdem Margarete wohlbehalten in ihrem Bett lag und sich Deta und Friedrich vergewissert hatten, dass sie auch wirklich schlief, wurden Onkel Diedi kräftig die Leviten gelesen. Aber insgeheim war Deta doch sehr überrascht, dass Margaretes Vertrauen zu ihrem jüngeren Bruder so viel stärker als die Angst vor der dunklen, muffigen Truhe gewesen war.

* * *

„Margarete, was soll denn das? So kannst du doch nicht mit deiner Freundin Hanne umgehen!" Der ärgerliche Unterton in Detas Stimme war unverkennbar. Aber ihre vierjährige Tochter stellte sich stur. Hanne war ja keine Freundin. Wenn überhaupt, dann war das ihre Kratz-Freundin. Die Mädchen konnten sich gar nicht vertragen.

Gelegentliche Streitereien unter Kindern war Deta gewohnt, nur dass Margarete und Hanne sich eigentlich ständig in den Haaren hatten, war ausgesprochen anstrengend. An diesem Nachmittag war es besonders schlimm gewesen. Margarete hatte Hanne einen wirklich tiefen Kratzer auf dem Arm beigebracht. Nachdem es Deta gelungen war, die zwei Streithähne zu trennen, mussten Hannes Tränen gestillt und der Kratzer behandelt werden. Nun sollte sich Margarete bei dem Mädchen entschuldigen, nur sah sie das ganz und gar nicht ein.

Deta musste ihre Tochter nicht oft ermahnen. Sie legte viel Wert auf Gehorsam, und da Friedrich ihr von vornherein die Erziehung überlassen hatte, wurde Margarete zwar streng, aber mit mindestens ebenso großer Liebe erzogen. Und dazu gehörte nun einmal auch Zucht.

Insgeheim musste die junge Mutter schmunzeln. Sie erinnerte sich noch lebhaft an das letzte Mal, als ihre Tochter eine Bestrafung verdient gehabt hatte. Margarete hatte sie angelogen. Wenn Deta aber eines wichtig war, dann war das Wahrhaftigkeit, und daher war die Strafe besonders hart ausgefallen. Die wenigen Schläge mit der Rückseite einer Haarbürste auf den Allerwertesten hatten ihre Tochter nachhaltig so beeindruckt, dass sie die gleiche Maßnahme bei ihrer Lieblingspuppe Nora ergriff, als diese ihrer Meinung nach ungehorsam war. Dabei war leider der gute Porzellankopf zu Bruch gegangen. Die Trauer und Reue des Mädchens waren wirklich rührend gewesen. Ihre fünf Puppen waren Margaretes Ein und Alles und wurden ebenso liebevoll erzogen wie sie selbst. Deshalb hatte Deta auch dafür gesorgt, dass Nora zu Weihnachten rotwangig, lächelnd und mit einem schicken, modernen Bubikopf unter dem Baum gewartet hatte.

Heute schien ihre Tochter wieder einmal ganz und gar nicht daran zu denken, ihrer Weisung zu gehorchen. Also musste Deta wohl wieder zu einer Strafe greifen. Vielleicht war ein Ultimatum ja die richtige Methode: „Mein liebes Kind, wenn du dich nicht bei Hanne entschuldigst und weiter schmollst, kannst du dich zwischen einer Tracht Prügel oder vierundzwanzig Stunden im Bett entscheiden."

* * *

Margarete hatte sich in ihre Decke gewickelt und blätterte in einem ihrer Bücher. Der Tracht Prügel hatte sie dann doch das Bett vorgezogen. Nicht ganz ohne Hintergedanken natürlich. Zum einen war es im Bett bei Schneeregen sowieso schöner, und zum anderen waren da natürlich auch alle ihre Bilderbücher. Mit denen konnte sie sich stundenlang beschäftigen.

Aber ein ganzer Tag im Bett? Das war anstrengender als gedacht. Und wenn ihr keiner die Geschichten vorlas, die in den Büchern standen, dann wurden die Bilder auch nicht lebendig.

Langsam machte sich Langeweile breit. Hinaus traute Margarete sich nicht. Sie hatte durchaus verstanden, dass ihre Mutter wirklich ärgerlich über ihr Verhalten war. Und sie war zu stolz, um jetzt doch noch hinzugehen und sich zu entschuldigen.

Da quietschte leise die Türklinke und Großmutter Bartsch kam herein. Die Kleine begann zu strahlen. Das war eine willkommene Abwechslung.

„Pssst, Pülleli, deine Mutter soll ja nicht wissen, dass ich hier bin." Die alte Dame lächelte. Sie merkte, dass sie genau im richtigen Moment gekommen war.

„Großmutti, kannst du mir nicht etwas vorlesen?" Grete Bartsch strich ihrer Enkelin über den Kopf: „Aber dann würde ich dich ja noch für deinen Ungehorsam belohnen. Nein, Pülleli, das wirst du jetzt aushalten müssen."

Dem enttäuschten Blick konnte sie dann aber doch nicht widerstehen. „Nun gut, eine Geschichte will ich dir erzählen. Weißt du denn noch, wie das war, als du verschwunden warst? Deine Mutter, dein Vater und ich waren auf einem wunderbaren Konzert in der Karlsaue und du hier ganz allein zu Hause. Das war Musik! Ein hervorragendes Orchester spielte und es war ein wunderschöner Sommerabend. Dich hatten wir jedenfalls zu Hause gelassen, weil du ja schon eingeschlafen warst. Aber wir hatten nicht damit gerechnet, dass dich so ein dicker Käfer ärgern würde. Immer wieder ist er um dein Bettchen herumgesurrt und du konntest nicht mehr schlafen."

Die Großmutter bekam bei dem Gedanken an das alleingelassene Kind wieder ein schlechtes Gewissen. Ihrer Schwiegertochter war damals auch nicht wohl dabei gewesen. Voller Unruhe war Deta schließlich nach Hause geeilt, um nach ihrem Kind zu sehen. Wenig später waren auch sie selbst und Friedrich in der Wohnung angekommen und hatten Deta ganz aufgelöst gefunden. Margarete sei nicht da. Sie habe schon die ganze Wohnung durchsucht. Friedrich, in seiner rationalen Art, versuchte seine Frau zu beruhigen. Das Kind könne ja nicht weg sein. Großmutter Bartsch war schließlich erst einmal in ihr Zimmer gegangen, um ihren Mantel abzulegen. Dort hatte sie zweimal hinsehen, dann aber so herzlich lachen müssen, dass ihr Sohn und ihre Schwiegertochter kurz darauf in der Tür auftauchten. Auf Großmutters Bett lag, zusammengerollt und friedlich schlafend, die kleine Margarete. Sie hatte sich in den großmütterlichen Morgenmantel gewickelt und schien mit ihrer Puppe Nora im Arm friedlich zu träumen.

„Da habe ich mich nämlich einfach in dein Bett gelegt, Großmutti, weil es doch da so schön und gemütlich ist.“ Die Vierjährige hatte sich in ihrem Bett zurechtgesetzt, der Großmutter aufmerksam zugehört und ab und an ihr besonders wichtig erscheinende Details kommentiert. Jetzt musste sie allerdings befürchten, dass die Großmutter wieder ging, und das musste sie unbedingt verhindern: „Jetzt musst du mir auch noch die andere Geschichte erzählen, wo ich auch verschwunden war!“

„Ach, Pülleli, die kannst du doch schon fast besser erzählen als ich.“

„Aber ich war doch gar nicht dabei, als ihr mich gesucht habt. Das kann ich gar nicht wissen, Großmutti“, verteidigte sich die Kleine. Sie fand es ungemein spannend, wenn Großmutter ihr von den eigenen Abenteuern erzählte, und sonnte sich in der Aufmerksamkeit. Schließlich suchte die Polizei ja nicht nach jedem Kind!

Enkelin und Großmutter einigten sich schließlich darauf, dass sie sich gegenseitig die Geschichte erzählen würden.

„Also, das war nämlich so“, begann Margarete, „ich wollte doch wissen, wie die Straßen sauber werden. Weißt du, Großmutti, das ist doch toll, dass da extra so ein Spritzenwagen durch die Stadt fährt und alle Wege putzt. So etwas bräuchten wir auch hier zu Hause, dann müssten Mama und Agnes nicht so viel putzen.“

Nach ausführlichen Erläuterungen über die Vor- und Nachteile von Spritzenwagen musste Großmutter Bartsch erzählen, wie zunächst wieder eine große Suchaktion der Eltern begann, weil ihre Tochter einen halben Tag lang verschwunden blieb. Als sie nachmittags immer noch nicht wieder da war, hatte Friedrich die Polizei alarmiert.

Margarete hielt sich an den Gitterstäben ihres Bettchens fest, so aufgeregt war sie. Sie liebte diese Geschichten, auch wenn sie sonst eher ein ängstliches Kind war.

„Und gefunden habt ihr mich dann erst am Nachmittag am Teich, stimmt's?"

„Ja, genau. Und es ist mir ein Rätsel, wie du so weit laufen konntest. Mach das bitte nicht noch einmal! Bis an den Stadtrand, und das ganz allein!" Großmutter Bartsch stand auf: „So, mein Kind, was hältst du jetzt davon, deiner Mutter zu sagen, dass es dir leid tut, wie du dich verhalten hast?"

* * *

*Kolberg 1926*

„Vergiss deinen kleinen Koffer nicht! Und deine Nora, Margarete, halte sie gut fest! Unser Zug fährt gleich." Lächelnd betrachtete Friedrich seine Tochter. Da stand dieses kleine Mädchen im Reisemantel, hochkonzentriert, die Lieblingspuppe ganz fest im einen Arm und im anderen ihr Köfferchen. Der braune Bubikopf wurde vom Wind zerzaust, und mit einem ängstlichen Gesicht beobachtete sie, wie die letzten Gepäckstücke der Familie auf einen Wagen verladen wurden.

Wenig später war Familie Bartsch auf dem Weg nach Kolberg in Pommern. Am Bahnhof hatte Friedrich dafür gesorgt, dass ihr Gepäck gut verstaut wurde. Nun saßen sie in einem Abteil für sich allein und schauten auf die vorbeifliegenden Bäume, Zäune und Häuser.

Friedrich hatte seine Tochter auf den Schoß genommen, damit sie besser sehen konnte.

„Und wir fahren jetzt ans Meer, Vati? Warst du schon mal am Meer?"

„Ich bin schon oft da gewesen. Du wirst sehen, es ist wunderschön. Du kannst die tollsten Dinge machen, zum Beispiel Sandburgen bauen oder Muscheln sammeln. Weißt du noch, die kleine Muschel, die immer auf meinem Schreibtisch gelegen hat? Die habe ich einmal am Meer gefunden. Oder du kannst mit den Wellen um die Wette laufen."

„Baust du mit mir auch mal eine Sandburg, Vati? Dann verziere ich sie mit Muscheln." Friedrich und Margarete überlegten noch eine Weile, wie die Sandburg dann genau auszusehen habe und was wohl die beste Methode sei, um sie möglichst standfest zu machen. Dann wurde seine kleine Tochter aber plötzlich ganz ernst: „Vati, du, stimmt das, dass es zischt, wenn die Sonne abends im Meer untergeht? Du hast doch gesagt, dass die Sonne ganz heiß ist. Fängt das Meer dann nicht an zu kochen?"

„Na, das wirst du wohl bald ganz von allein herausfinden", sagte Friedrich geheimnisvoll. Aber er musste sich das Lachen verkneifen. Onkel Diedi hatte Margarete den Floh von der zischenden, untergehenden Sonne ins Ohr gesetzt, und sie war fest davon überzeugt, dass er die reine Wahrheit gesagt hatte.

„Großmutti hat gesagt, dass das Meer auch gefährlich ist. Stimmt das? Sie hat gesagt, dass du auch erst Angst davor hattest. Warum denn, Papilein?"

„Also weißt du, als ich das erste Mal am Meer war, hatte ich Angst vor den Wellen, weil sie so hoch und groß waren. Ich habe mich nicht ins Wasser getraut. Aber dann habe ich eine Pfütze am Strand entdeckt, die genau richtig für mich war. Es war so, als hätte Gott dort extra ein kleines Meer für mich gemacht."

„Meinst du, ich kriege auch ein kleines Meer, wenn wir da sind, Vati?"

„Ich bin mir sicher, dass du das gar nicht brauchen wirst. Du bist doch ein mutiges Mädchen, Margaretlein. Du wirst das Schwimmen lernen, das Tauchen. Und wahrscheinlich müssen wir dann irgendwann aufpassen, dass dir keine Schwimmhäute zwischen den Zehen wachsen und du uns davonschwimmst."

„Aber Papilein", die Kleine drehte sich entrüstet zu ihrem Vater um und umarmte ihn: „Ich will doch gar nicht von dir weg. Ich bleib immer bei dir."

Deta hatte in einem Buch gelesen. Als sie nun aufblickte, musste sie schmunzeln. Margarete umklammerte ihren Vater gerade so, als würde er auseinanderfallen, wenn sie ihn losließe. Friedrich zeigte aus dem Fenster: „Schau, Margaretlein, da ist ein ganzes Rudel Rehe!"

„Die haben gar keine Angst vor uns."

„Ja, der Zug ist ja auch weit genug weg ..." Das Gespräch zwischen Vater und Tochter plätscherte weiter, und Deta versank in Erinnerungen.

Kolberg war die Stadt, aus der Friedrich stammte. Aus dem ängstlichen Jungen, der sich damals nicht ins Wasser getraut hatte, war ein stattlicher Mann geworden, und Deta wusste aus Erzählungen, dass so manche junge Kolbergerin ihn gern an ihrer Seite gesehen hätte. Überall, wo er hinkam, erwarb sich Friedrich schnell den Ruf, ehrlich, zuverlässig und vertrauenswürdig zu sein.

Als sie ihn das erste Mal gesehen hatte, lag er todkrank auf ihrer Station, und heute war er auf dem besten Weg, ein erfolgreicher Richter zu werden. Sie war so dankbar für ihre Ehe, für alle Liebe und Achtung, die ihr Mann ihr entgegenbrachte. Deta war oft krank und hatte schon mehrere Operationen über sich ergehen lassen müssen, aber Friedrich unterstützte sie in all dem so gut er konnte. Und dass er ihren Glauben teilte, war für sie ein ganz besonderes Geschenk.

Friedrich war evangelisch-kirchlich aufgewachsen und besuchte den Gottesdienst, soweit es seine Arbeit ermöglichte. Aber ihr reichten die Gottesdienste nicht. Deta wusste schon lange, dass ihr theologisches Wissen und kirchliche Traditionen nicht genügten. Aber was genau das „Mehr" sein sollte, nach dem sie suchte, konnte sie nicht sagen.

Vielleicht würde sie in Kolberg Ruhe finden. Seit ihrer Jugend begleitete sie ein Lied, in dem es hieß: „Wo findet die Seele die Heimat, die Ruh? Wer deckt sie mit schützenden Fittichen zu?"

Das sprach ihr aus dem Herzen. Wann würde sie endlich das Gefühl haben, angekommen zu sein?

„Psst, leise, Margaretlein! Deine Mutter denkt nach. Wir wollen sie nicht stören."

Das riss Deta aus ihren Gedanken. Als sie in die strahlenden Gesichter ihr gegenüber blickte, überkam sie eine Woge von Dankbarkeit.

* * *

Familie Bartsch hatte sich zwischen den Dünen eingerichtet und genoss die Vormittagssonne. Die ersten richtigen Sommertage im Jahr 1928 hatten viele Menschen an den Strand gelockt. Deta plauderte mit der Frau ihres Vermieters, und Friedrich hatte es sich mit einem Buch im Strandkorb bequem gemacht.

Margarete spielte mit Erich, dem Sohn ihrer Vermieter, im Sand. Jedes Kind baute mit Eifer an einer Sandburg. Hier wurden Sand und Wasser angerührt, da die schönsten Steine gesucht, Muscheln angebracht und ab und an ein kontrollierender Blick auf das Werk des anderen geworfen. Erich war gerade dabei, gewissenhaft die Wände seiner Burg noch ein wenig zu verzieren, als ihm eine Idee kam. Auf jede Burg gehörte schließlich eine Fahne, und gerade gestern hatte der Fünfjährige eine kleine schwarz-rot-goldene Fahne von seinem Vater geschenkt bekommen. Gleich darauf „hisste" Erich voller Stolz die Reichsflagge!

Das blieb natürlich nicht unbemerkt. Margarete hatte inzwischen auch die letzten Verbesserungen an ihrer Sandburg vorgenommen und dem Jungen aufmerksam zugeschaut.

„Das ist die falsche Fahne", behauptete sie schließlich.

„Nein, das ist die richtige Fahne! Meine Burg ist jetzt eine echte deutsche Burg." Erich war etwas verwirrt über Margaretes Einwand. Das Mädchen schüttelte mit aller Bestimmtheit, die es aufbringen konnte, den Kopf.

„Was ist denn dann die richtige Fahne?"

„Die richtige Fahne ist die Fahne von Preußen. Und die ist schwarz-weiß!" Damit drehte sich Margarete um und stapfte entschlossen zum Strandkorb hinüber, in dem ihr Vater die Szene von weitem beobachtet hatte. Von ihrem Onkel Hasso Neitzel, seinem Vetter, der als Offiziersanwärter in Kolberg stationiert war, hatte seine Tochter vor kurzem ebenfalls einen Wimpel bekommen, allerdings in den Farben Schwarz-Weiß-Rot, den sie an ein Stöckchen geknotet und seitdem immer mit sich herumgetragen hatte.

Friedrich war nicht verwundert über diese Parteinahme seiner Tochter. Sowohl in seiner Familie als auch in der Familie seiner Frau gab es eine lange Tradition preußischen Beamten- und Soldatentums.

Für sie war Preußen nicht nur ein Staat, sondern eine Idee. Treue, Dienst am Vaterland, Redlichkeit und Loyalität König, Kaiser und Gott gegenüber – das waren Dinge, für die es sich zu sterben lohnte, auch nach dem Ende des Ersten Weltkrieges und unter den demütigenden Auflagen des Versailler Vertrages. Margarete hörte dabei begeistert Geschichten über historische Persönlichkeiten wie die Königin Luise von Preußen, die all das verkörperten.

Friedrich hatte sich eine Regel auferlegt, auf die er in den Schriften Immanuel Kants gestoßen war: Handle stets so, dass die Maxime deines Willens jederzeit zugleich als Prinzip einer allgemeinen Gesetzgebung gelten kann. Das sollte die Grundlage seiner späteren Tätigkeit als Richter werden. Und das galt auch für Margarete. Großmutter Bartsch hatte es einmal auf den Punkt gebracht: „Margarete, tu nicht alles, was du kannst, sondern tu, was du sollst!"

Währenddessen hatte die Kleine ihre Fahne auf der Spitze ihrer Burg befestigt. Erich versuchte sich mit hochrotem Gesicht zu verteidigen: „Aber wir sind doch in Deutschland. Meine Fahne ist die richtige. Nicht deine. Preußen ist auch Deutschland!"

* * *

Hansi stand schon auf den Holzpflöcken, den Buhnen, die am Strand beginnend bis weit ins Meer hineinreichten.

„Kommt schon, Erika, Margaretlein. Es ist gar nicht schlimm!" Dem Jungen schienen die glitschigen Algen und das nasse Holz nichts auszumachen. Er lief auf den Buhnen hin und her und rief nach den beiden Mädchen.

„Erika, warte auf mich!" Zaghaft folgte Margarete ihrer Cousine. Erika hatte zunächst gezögert, hinter Hansi herzulaufen, aber nach den ersten paar Schritten und der Erkenntnis, dass es sich auf den breiten Pflöcken gut laufen ließ, hatte sie keine Bedenken mehr. Erika war nur paar Monate älter als ihre Cousine und schon in der Schule. Für ihre ersten Schulferien hatten Margaretes Eltern das Mädchen aus Blankenburg im Harz an die Ostsee eingeladen, ihrer Tochter Gesellschaft zu leisten.

Mit Hansi, dem Sohn einer befreundeten Familie, gingen sie jeden Tag auf Entdeckungsreise am Strand. Seltene Muscheln, angeschwemmte Quallen und Seesterne oder die Suche nach Bernsteinstückchen ließen die Kinderherzen höher schlagen.

Sobald es allerdings auf die Buhnen ging, wurde es Margarete unheimlich. Das dunkelgrüne, glucksende Wasser unter ihren Füßen war dem Mädchen nicht geheuer. Hinzu kam, dass sie nicht ganz schwindelfrei war. Da half weder Bitten noch Drohen.

Als Familie Bartsch einen ihrer ersten Spaziergänge durch Kolberg und am Strand entlang gemacht hatte, wollte Friedrich mit seiner Tochter bis zur Außenleiter der Mole laufen. Dazu mussten sie allerdings den von Wellen überspülten Steinwall überqueren. Das Gefühl, keinen Halt zu finden, war für Margarete so furchtbar gewesen, dass sie anfing zu weinen. Friedrich hatte sich im ersten Moment geärgert. So viel Mut hatte er seiner Tochter zugetraut. Sie hatte zwar alle Kraft zusammengenommen und war an seiner Hand bis zur Leiter gelaufen, aber die Angst vor den Buhnen und dem unberechenbaren Wasser hatte dieses Erlebnis nicht vertreiben können.

Auch jetzt traute sich Margarete nicht weiter. Sie stand am Strand und musste von weitem mit ansehen, wie Hansi und Erika irgendetwas Interessantes im Wasser entdeckt hatten. Sie winkten ihr, zu ihnen zu kommen, aber selbst ein Geheimnis konnte die Fünfjährige nicht dazu bewegen. Da, wo körperliche Gefahren drohten, war sie nie die Mutigste. Aber gut, am Strand gab es auch andere spannende Dinge zu entdecken. Da gab es Stellen, an denen das Wasser viele kleine bunte Steine zurückgelassen hatte, oder Krebse, die man aufscheuchen und mit Stöckchen ärgern konnte. Margarete wusste sich schon zu beschäftigen.

Bald tobten die drei wieder gemeinsam durch die Dünen, die Zeit und das Versprechen vergessend, dass sie rechtzeitig daheim sein wollten. Als die Kirchturmuhr von weitem Mittag schlug und die Schreie der Möwen übertönte, fiel es ihnen wieder ein. Aber der Heimweg war lang und die Strandpromenade hatte ebenso viele interessante Dinge zu bieten wie der Strand selbst. Besonders schnell kamen sie also nicht voran.

Marianne, Hansis ältere Schwester, hatte sich auf Detas Bitte hin auf den Weg gemacht, um den Kindern entgegenzugehen. Sie schüttelte den Kopf. Dass die gnädige Frau immer so ungeduldig sein musste. Das waren doch Kinder. Die achteten eben nicht auf die

Zeit. Und was sollte ihnen hier schon passieren? Kolberg war so friedlich. Von weitem sah sie ein kleines Mädchen, das ihr auf der Promenade entgegenlief. Roter Mantel, rote Mütze – eigentlich konnte das nur Margarete sein. Sie sprach ständig die entgegenkommenden Leute an, die dann einen Blick auf ihre Taschenuhren warfen. Erika und Hansi tauchten jetzt hinter ihr auf. Sie schienen gerade festzustellen, dass es wirklich spät geworden war. Kurz darauf hatten sie Marianne entdeckt, die an den Treppen zur Promenade gewartet hatte. Völlig außer Atem und mit tausend Geschichten auf den Lippen flog Margarete gleich darauf dem jungen Mädchen in die Arme. Das strenge Gesicht, das den Kindern gegenüber nötig gewesen wäre, brachte Marianne angesichts der leuchtenden Augen und roten Wangen einfach nicht zustande. Die vier machten sich mit langen Schritten, aber sehr vergnügt, auf zur Wohnung von Familie Bartsch.

* * *

„Kinder, da seid ihr ja endlich wieder! Wir dachten schon, wir müssten ohne euch mit dem Essen anfangen. Aber gut seht ihr aus! War es denn schön am Strand?“ Deta half den Mädchen beim Ausziehen der Schuhe und beaufsichtigte das Händewaschen. Als alle am Tisch saßen und Friedrich ein Dankgebet gesprochen hatte, gab es Würstchen mit Kartoffelsalat und Senf, Margaretes ausgemachtes Lieblingsessen. Deta sah amüsiert zu, wie schnell die Teller der Kinder leer wurden. Die Seeluft machte hungrig. Aber sie tat ihnen gut. Ihre Tochter hatte lange nicht so gesund und kräftig ausgesehen, wie hier in Kolberg.

„Margaretlein, ich muss dir noch etwas Wichtiges erzählen.“ Friedrich hatte an diesem Vormittag die Nachricht bekommen, dass seine Bewerbung um eine Assessorenstelle am Amtsgericht in Köslin angenommen worden war. Das hatte allerdings zur Folge, dass er Kolberg für ein halbes Jahr verlassen musste.

„Können wir denn nicht mit dir kommen, Vati?“, fragte Margarete. Den Gedanken, dass ihr Vater eine so lange Zeit nicht bei ihr sein sollte, fand sie gar nicht schön.

„Nein, mein Kind, das geht nicht. Aber du wirst mit deiner Mutter auf Gut Loepersdorf bei Onkel Ernst von Loeper und seiner Familie sein. Außerdem freuen sich deine Großeltern gewiss, wenn sie dich ein wenig öfter zu Gesicht bekommen. Sie wohnen ja nur eine Stunde entfernt auf Gut Wedderwill. Für dich wird es bestimmt eine schöne Zeit."

So überzeugt sah Margarete noch nicht aus: „Kannst du denn nicht auch irgendwo bei den Großeltern in einem Gericht arbeiten? Großvater war doch auch Jurist, oder?"

Deta strich ihr über den braunen Haarschopf.

„Nein, Margarete, das geht nicht. Aber du wirst sehen, auf Loepersdorf wird es so interessant sein, dass du gar nicht merkst, wie die Zeit vergeht. Du darfst bestimmt bei der Jagd dabei sein und wirst das Erntefest mitfeiern, neue Freunde finden und eine ganze Menge lernen."

Darüber musste das Mädchen erst noch nachdenken.

Erika hatte staunend zugehört. Die pommerschen Gutshöfe der Familie Loeper waren ein Paradies für die Kinder, und sie wäre liebend gern mit ihrer Cousine gegangen. Da hätte sie sogar die Schule zu Hause in Blankenburg sausen lassen. Komisch, dass ihr Onkel lieber arbeitete, als an so einem schönen Ort wie Loepersdorf zu sein. Erika hatte tausend Fragen, und Friedrich versuchte ihr geduldig zu erklären, was genau er während seiner Zeit als Assessor zu tun hatte.

Margarete interessierte das nicht besonders. Ihr fielen die Augen zu. Da ihre Eltern die Mahlzeit aber nicht beendet hatten, durfte sie noch nicht aufstehen. Sie stützte den Kopf in die Hände. Als Deta mit dem Nachtisch aus der Küche kam, war ihre Tochter, Kopf und Arme auf der Tischplatte, eingeschlafen.

* * *

*Loepersdorf 1928*

Margarete schlüpfte so leise wie möglich in die Küche. Mamsell stand am Herd und rührte in den großen Töpfen. Sie schlich sich auf Zehenspitzen an die große, freundliche Frau heran und wollte sie gerade in die Seite zwicken, da brach Mamsell in lautes Gelächter aus: „Das hast du dir wohl so gedacht, Pülleli! Mich einfach so erschrecken wollen, wo ich doch extra für dich ein leckeres Essen koche. Du bist mir eine!“

Mit rotem Kopf und etwas betreten stand das Mädchen vor der Köchin und wusste gar nicht, wo sie hinschauen sollte. Sie hatte nicht böse sein wollen.

„Ach meine Kleine, das Anschleichen solltest du noch ein bisschen üben. Hattest du einen schönen Vormittag?“

Margarete nickte begeistert und dann sprudelte es nur so aus ihr heraus. Mit Miechen, der Tochter des Dorfschmieds, war sie über den großen Gutshof gelaufen, und sie hatten mit den anderen Dorfkindern „Unnützer Bulle“ gespielt. Die leeren Leiterwagen mussten als Festung herhalten, und die Korngarben auf dem Feld waren hervorragende Verstecke. Dann hatten sie, wie eigentlich jeden Tag, nach den Vogelnestern in der Eiche geschaut, den Froschlaich im Bach beobachtet und die Lämmer auf der Weide begutachtet. Am schönsten war aber gewesen, dass der Verwalter ihr erlaubt hatte, das Pferdegespann einmal durch den Hof zu kutschieren. Da hatte sie sich wie eine Königin gefühlt. Schade, dass ausgerechnet heute Morgen ihre Freundinnen Lieselotte und Agnes nicht dabei sein konnten. Die hätten vielleicht Augen gemacht!

„Und ich habe dir extra einen Blumenstrauß gemacht! Bitte schön, Mamsell.“ Beinahe feierlich holte Margarete die leicht zerdrückten Blümchen und Gräser hinter ihrem Rücken hervor und streckte sie Mamsell hin.

„Oh, vielen Dank, Fräulein. Die sind wirklich schön! Magst du sie in eine Vase stellen? Ich muss das Essen gleich auf den Tisch bringen.“ Nach einem prüfenden Blick auf das Kind änderte Mamsell ihre Meinung noch einmal: „Wenn ich mir dich so anschaue, dann solltest du die Blumen vielleicht einfach ins Waschbecken legen und erst mal deine Hände gründlich waschen. Sonst wird das nichts mehr mit den sauberen Fingernägeln.“

Kurz darauf saß Margarete neben ihrer Mutter. Der Butler Friedrich reichte ihr die Schüsseln mit dem dampfenden Essen, damit sie sich selbst Kartoffeln und Fleisch auftun konnte. Das kam Margarete jedes Mal wieder seltsam vor. Noch vor wenigen Augenblicken hatte Friedrich sie durch die Luft gewirbelt und mit ihr gescherzt, und nun tat er so vornehm. Auf Gut Loepersdorf wurden einige Sitten und Gebräuche gepflegt, die das Mädchen von zu Hause nicht kannte. Auch dass so viele Menschen ein und aus gingen, war etwas völlig Neues für Margarete. Nicht nur auf Gut Loepersdorf waren immer Gäste, sondern auch auf Meesow und Carow, die alle im Kreis Regenwalde lagen. Egal wo sie hinkam, immer traf sie auf Vettern und Cousinen, mit denen es sich herrlich spielen ließ.

Auf jedem der Güter gab es etwas zu bewundern: Große Kuhställe gab es auf Gut Wedderwill, dem Alterswohnsitz der Großeltern Loeper, in denen es immer Neues zu entdecken gab. Auf Gut Meesow war es die große Dogge von Onkel Oskar, die Margarete besonders beeindruckte, und der Onkel selbst, den sie heimlich im Herrenzimmer beim Billiardspiel beobachtet hatte. Und auf Carow gab es eine Vitrine mit kleinen Porzellanfiguren. Ihre Patentante Lisbeth hatte ihr erlaubt, damit zu spielen, und Margarete konnte darüber alles vergessen.

Andererseits kam ihr die Loepersche Verwandtschaft auch sehr steif vor. Es war zwar nicht viel Etikette, die hier beachtet werden musste, aber Margarete empfand sie als einengend. Besonders der strenge Onkel Ernst, der Hausherr in Loepersdorf, schüchterte sie ein. Wenn er wie jetzt seinen Blick über die Tischrunde schweifen ließ, kam sie sich sehr klein und ein bisschen fehl am Platz vor.

Nun wurde der Korb mit den Brotscheiben herumgereicht. Als die Reihe an ihr war, suchte sich Margarete die dünnste Scheibe heraus. Das dicke Graubrot gab es zu Hause auch immer, und sie mochte es nicht besonders. Aber eine dünne Brotscheibe war dabei, die wie für sie bestimmt schien. Onkel Ernst bekam den Korb zuletzt. Er warf einen Blick hinein und winkte dann den Butler heran: „Friedrich, wo ist denn meine Scheibe Brot?“

Friedrich versicherte, dass die Mamsell auf seinen Wunsch hin eine extra dünne Scheibe geschnitten habe und er sie eigenhändig in den Korb gelegt habe. Irgendjemand am Tisch müsse sie also genommen haben. In dem Moment verstand Margarete, für wen ihr Stück Brot eigentlich bestimmt war. Mit hochrotem Kopf glitt sie von ihrem Stuhl, lief schnell zum Kopf des Tisches, wo der Onkel saß, legte ihm die Scheibe Brot neben den Teller und beeilte sich, wieder auf ihren Platz zu kommen. Im ersten Moment war es ganz still, dann begann der sonst so strenge Hausherr herzhaft zu lachen und die ganze Tischgesellschaft stimmte mit ein. Margarete war zwar erleichtert, aber ihr Fehlgriff war ihr so furchtbar peinlich, dass sie sich am liebsten in ein Mauseloch verkrochen hätte. Sie war heilfroh, als sie vom Tisch aufstehen durfte.

Agnes und Lieselotte warteten schon am Gartentor auf sie. Bei den beiden fühlte sie sich wohler. Ihre Väter waren zwar keine Richter oder Gutsbesitzer, sondern Tagelöhner und Gärtner, aber das war Margarete allemal lieber.

Schon bald war die ganze peinliche Situation in Vergessenheit geraten. Viel zu spannend waren ihre Spiele und das Häuschen, das sie sich im Garten gebaut hatten. Aus Zweigen wurden in den Kinderaugen Wände, aus Scherben Geschirr, und aus Kirschen wurde Kuchen. Von Margaretes Mutter hatten sie ein paar Tücher bekommen, mit denen sie sich verkleiden konnten, und so spazierten bald darauf drei Prinzessinnen durch den Park des Gutes und unterhielten sich prächtig.

* * *

*1929*

„Mutti, guck mal, wir haben heute zwei ganz wichtige Buchstaben gelernt. Das M und das A. Die muss ich heute gleich üben". Geschäftig plappernd stellte Margarete ihren Ranzen ab.

„Aber Margaretlein, morgen beginnen doch die Ferien. Wir wollen zu den Großeltern nach Wedderwill fahren. Dir macht die Schule wohl so viel Spaß, dass du das ganz vergessen hast", amüsierte sich Deta. Seit ihre Tochter in die Schule ging, war ihre Wissbegier kaum noch zu bremsen. Völlig unbeeindruckt fuhr sie fort: „Aber üben muss ich trotzdem. Unsere Lehrerin hat das extra gesagt. Und Mutti, ich kann jetzt auch schon alle Zahlen schreiben. Guck mal!" Damit hielt sie der Mutter ihre Schiefertafel hin, auf der nun nicht nur ihr Name, sondern auch die Jahreszahl 1929 stand.

„Sehr gut, Margaretlein. Du kannst deine Tafel auch einpacken und auf der Fahrt das Schreiben üben. Hilfst du mir gleich beim Packen?"

* * *

Am nächsten Morgen ging es schon zeitig los nach Gut Wedderwill. Etwa einhundert Kilometer waren mit der Eisenbahn zu überwinden, und sie wollten die Morgenkühle ausnutzen, bevor es wieder so heiß wurde. In Labes würde sie die Kutsche abholen und zum Gut bringen. Traditionell war die ganze Familie anwesend, wenn die letzte Roggenfuhre in die Scheune eingefahren wurde. Und dann wurde „Olle Kost" mit dem ganzen Dorf gefeiert.

Als sie auf Wedderwill ankamen, waren die Vorbereitungen für das Fest schon in vollem Gange. Der größte Teil der Verwandtschaft war schon eingetroffen, und man machte sich bereit, um auf die Felder zu fahren. Alle waren dabei, sogar Großvater Loeper, der im Rollstuhl saß.

Schon von Weitem sah Margarete die Garben, die auf den Feldern zusammengestellt worden waren. Viele der Arbeiter waren bereits dort und erwarteten die Herrschaften. Mit diesem Moment des Innehaltens wurde jedes Jahr die Dankbarkeit für die Arbeit und das Korn ausgedrückt. Es war ein ehrfurchtsvoller Moment, und jede Person erhielt ein Seidenband in einer zu ihr passenden Farbe, mit dem man ein paar Ähren um den Arm gebunden bekam. Margaretes Band war meist hellblau, und sie durfte es dann den ganzen Tag tragen. Dazu sagte man ein Sprüchlein auf. Am Abend würde dann zum Tanz aufgespielt werden. Und das Mädchen durfte heute zum ersten Mal lange genug aufbleiben, um dabei zu sein.

Schon hielten die Kutschen auf dem Feldweg, und man half sich gegenseitig aus den Wagen. In der Mitte des Feldes stand schon eine große Gruppe Menschen um die letzten Roggengarben herum. Aufgeregt kletterte Margarete aus der Kutsche und lief zu ihren Freundinnen. Lieselotte half ihr, das Seidenband zu befestigen. Dann mahnte jemand die Kinder zur Ruhe, und der Dorfälteste begann mit der Zeremonie.

* * *

Am Abend setzte Deta sich zu ihrem Vater, der seit seinem Schlaganfall im Rollstuhl saß. Er war ein hoher Beamter in Elsass-Lothringen gewesen und hatte viele Jahre als Oberbürgermeister und Kreisdirektor von Metz unter dem Kaiser gedient. Die Abdankung des

Kaisers 1918 und der demütigende Versailler Vertrag hatten einen wichtigen Teil seines Lebens zerstört. Das Reich, für das er alles eingesetzt hatte, existierte nicht mehr. Seitdem war es gesundheitlich immer mehr bergab mit ihm gegangen. Aber an diesem Abend wirkte er sehr entspannt und fröhlich.

„Deta, ich habe gehört, Friedrich ist als Amtsrichter an das Gericht in Preußisch Friedland berufen worden? Meinen herzlichen Glückwunsch euch beiden!"

Der alte Herr schien sich wirklich zu freuen. Deta hatte zunächst befürchtet, er würde traurig sein über diese Nachricht. Preußisch Friedland lag in Westpreußen und war gut doppelt so weit von Wedderwill entfernt wie Kolberg.

„Meinst du das ehrlich, Papa? Ich hatte eigentlich befürchtet, dass es dir nicht so recht wäre, wenn wir wieder so weit weggehen."

„Ich weiß doch, dass Friedrich einen eigenen Amtsbereich haben möchte. Ich hätte etwas dagegen, wenn er um jeden Preis Karriere machen wollte und seine Familie darüber vergessen würde. Da soll er doch lieber Amtsrichter in einem Viertausend-Seelen-Städtchen auf dem Land werden. Hauptsache, er hat noch Zeit für dich und Margaretlein."

Johann-Georg Loeper ergriff die Hand seiner Tochter: „Aber was ist mit dir, Deta? Hast du auch ein Ja dazu, noch weiter in den Osten zu gehen?"

Deta überlegte einen Moment. Allein schon der Name des Ortes, Preußisch Friedland, hatte ihr zugesagt, als Friedrich ihr von seiner Bewerbung berichtet hatte. Preußen und Frieden – das waren zwei Begriffe, von deren Bedeutung sie zutiefst überzeugt war. Daher kamen ihre Werte, ihre Prinzipien, das, woran sie glaubte. Gehorsam, Treue, Pflichterfüllung, Liebe zum Vaterland – darauf baute sie ihr Leben. Sie nickte. Ihr Vater sah sie ernst an: „Das ist gut. Ich wünsche dir, dass du es nie bereust. So, jetzt aber auf zum Tanz mit dir. Da wird schon der ‚Olle Kost' herumgereicht und du sitzt immer noch bei mir. Los, geh schon!" Und damit schob Großvater Loeper seine Tochter auf den Tanzboden. Gleich darauf hatte sie den „Olle Kost", eine aus Stroh gefertigte lebensgroße Puppe vor sich, die mit Friedrichs Hilfe eine elegante Verbeugung fertigbrachte und ihr dann in die Arme gedrückt wurde. Johann-Georg Loeper beobachtete die beiden. Ein schönes Paar gaben sie ab, und je besser er Friedrich kannte, desto sicherer war er sich, keinen Fehler gemacht zu haben, als er seine Tochter außerhalb des pommerschen Adels verheiratet hatte. Margarete war der lebende Beweis dafür. Sie entzückte ihn immer wieder. Jetzt sprang sie mit den anderen Kindern begeistert um die Strohfigur herum, und ihre Freude steckte auch ihn an.

* * *

*Preußisch Friedland 1929*
„Einen guten Tag, Herr Doktor."

„Gesegneten Sonntag, Herr Amtsrichter. Einen schönen Tag, Frau Bartsch."

Während des sonntäglichen Spaziergangs mussten Amtsrichter Bartsch und seine Frau nach allen Seiten grüßen. Die Sympathien der Preußisch Friedländer hatte die Familie in den letzten fünf Monaten schnell erobert.

Friedrich war sehr erheitert gewesen, als er erfuhr, dass gerade Margaretes Puppenwagen – ein ganz modernes, stromlinienförmiges Gefährt in strahlendem Orange, das sie zum sechsten Geburtstag bekommen hatte – besonderen Eindruck auf die Leute gemacht hatte. Der Wagen war natürlich auf jedem Spaziergang dabei, weil Margaretes Puppenkinder auch frische Luft brauchten. Und so erzählte man sich anerkennend, dass der neue Amtsrichter sich nicht geniere, mit dem Puppenwagen auf die Straße zu gehen.

Dass Margarete sich so schnell in die neue Schulklasse eingefunden hatte und sich wohl fühlte, war für Friedrich und Deta eine große Freude. Die Lehrer berichteten, dass sie eine gute, aufmerksame Schülerin sei. Das Lernen schien ihr nicht schwerzufallen. Auch die einmalige Bekanntschaft mit dem Rohrstock, weil sie Dummheiten im Unterricht gemacht hatte, tat dem keinen Abbruch.

Besonders wissbegierig war das Mädchen, sobald es um bedeutende Persönlichkeiten aus der Geschichte ging. Gerade hatten es ihr die preußische Königin Luise und die heilige Elisabeth angetan. Sie verschlang alle Informationen geradezu und war von ihren Büchern manchmal kaum abzulenken.

„Schau mal, Margarete, da vorne. Ist das nicht Reinhard aus deiner Klasse?“, fragte Deta.

Von der anderen Straßenseite winkte ein Junge zu ihnen herüber, und Margarete errötete heftig. Schnell schob sie ihren Puppenwagen weiter. Sie war in Reinhard verliebt, und das war ihr peinlich. Reinhards ältere Schwester Margot hatte sie letzte Woche „verheiratet“, und für Margarete war das – im Gegensatz zu ihrem „Ehemann“ Reinhard – eine ganz ernste Sache gewesen, als sie ihm ihr Ja-Wort gegeben hatte. Aber wissen sollte das sonst niemand.

Friedrich strich seiner Tochter über den Kopf. Er hatte eins und eins zusammengezählt und konnte sich denken, was in ihr vorging. Aber er wollte Margarete nicht in Verlegenheit bringen und bohrte deshalb nicht weiter nach.

„Na, komm, Margaretlein. Wir laufen noch zum See“, forderte er sie stattdessen auf, um sie abzulenken.

„Ich mache mich schon auf den Heimweg, Friedrich. Ich muss mich etwas ausruhen“, sagte Deta. „Und das Abendessen muss schließlich auch vorbereitet werden. Aber geht ihr zwei nur.“

Ihr Mann gab ihr einen Kuss auf die Wange. „Ruh dich wirklich aus, Mummilein! Den Tisch können Margarete und ich später auch noch decken. Und um den Gästetisch kümmern wir uns dann auch. Versprich mir, dass du dich wirklich einen Augenblick hinlegst!“ Er sah sie besorgt an. Deta drückte seine Hand.

„Mach dir bitte keine Sorgen, Friedrich, ich bin nur ein bisschen müde. Pülleli, soll ich deine Puppen schon mit nach Hause nehmen?“

„Nein, die nehme ich mit. Meine Puppen sollen doch sehen, wo mir Vati das Schwimmen beibringen will.“

Deta sah den beiden noch lächelnd nach, bis sie auf den Weg am See entlang einbogen. Dann machte sie sich auf zu ihrer Wohnung. Sie war wirklich ein wenig erschöpft. Ihre Gesundheit hatte in letzter Zeit wieder zu wünschen übrig gelassen. Aber zu Detas großer Freude hatten sie nun öfter Gäste im Haus. Zu jeder Mahlzeit deckte sie einen extra Tisch in der Diele für alle, die mit hungrigen Mägen an der Tür des Amtsrichters klingelten. Das hatte sich natürlich herumgesprochen, und die junge Frau war glücklich darüber. Auch wenn es sie oft ärgerte, dass sie nicht so konnte, wie sie gerne gewollt hätte, da ihre Kräfte sie so schnell verließen. Trotzdem, die Dankbarkeit und Freude ihrer Gäste zu erleben – das war es ihr wert.

Wenig später standen Vater und Tochter am Ende eines Steges und blinzelten in die Nachmittagssonne, die von der Wasseroberfläche hundertfach reflektiert wurde. Ein Duft von Sommer lag in der Luft.

„Papilein, darf ich in den Sommerferien wieder nach Gut Wedderwill fahren? Ich hab's der Großmutter und Miechen versprochen."

„Natürlich, deine Großeltern würden sich auch beschweren, wenn du nicht kämst", erwiderte Friedrich lachend und zog Margarete auf: „Außerdem brauchen deine Mutter und ich mal ein bisschen Ruhe von dir."

„Aber vorher muss ich noch Schwimmen lernen. Miechen hat mir geschrieben, dass sie das schon kann", beschwerte sie sich.

„Dann werden wir so bald wie möglich damit anfangen, dir das beizubringen, mein Kind."

Eine Weile standen sie in Gedanken versunken schweigend nebeneinander auf dem Steg und schauten dem Spiel der Mücken zu, die in dichten Schwärmen über dem See tanzten.

„Papilein, bleiben wir jetzt immer in dieser Stadt? Gehen wir nie wieder nach Pommern zurück?", fragte Margarete schließlich. Der Ernst in ihrer Stimme überraschte Friedrich.

„Wie meinst du das, Margaretlein? Gefällt dir Preußisch Friedland nicht?"

Margarete druckste ein bisschen herum: „Na ja, ich finde die Leute hier so komisch. Sie sind so ... so ... seltsam eben."

„Ich fürchte, das musst du mir ein bisschen näher erklären."

Die Stirn in Falten gelegt, überlegte die Siebenjährige einen Moment. Sie hockte sich an den Rand des Holzstegs und starrte auf das Wasser.

„Also Großmutter Bartsch nennt sie kleinkariert, glaube ich. Was heißt denn kleinkariert?"

Jetzt war es an Friedrich nachzudenken. „Nun, ich würde sagen, es bedeutet, dass jemand eine genaue Vorstellung von einer Sache hat und keine andere Sicht gelten lässt. Zum Beispiel was die Art und Weise betrifft, wie „man" in einer bestimmten Situation denken und handeln soll und was „man" anziehen und sagen sollte. Und du findest, die Leute im Städtchen sind so?"

Margarete nickte eifrig: „Weißt du, Mutti fährt ja auch nicht extra in die Kreisstadt, um Garderobe einzukaufen. Nicht so wie die anderen Damen der Gesellschaft. Und ich mag es nicht, wie über andere geklatscht wird – typischer Kleinstadttratsch sagt Großmutter immer dazu. Sie kommen mir einfach so anders vor."

Vor Erstaunen war Friedrich einen Moment sprachlos. So ein klares Urteil hatte er von seiner Tochter nicht erwartet. Im Stillen musste er ihr zustimmen, aber das würde niemandem weiterhelfen. Schließlich sagte er: „Vielleicht ist es dann an dir, ihnen zu zeigen, dass man auch anders denken, handeln und sein kann. Hm?"

* * *

Die nächsten Wochen brachten den Sommer mit sich, und sobald es warm genug war, waren Jung und Alt, auch Margarete und ihre Eltern, jeden Nachmittag in der Badeanstalt am Stadtsee zu finden.

„Ja, sehr gut machst du das. Prima!"

Friedrich sah von Weitem aus, als hielte er das Spielkreuz einer lebensgroßen Marionette in den Händen. Er hatte seine Hosenträger an Margaretes Badeanzug befestigt und hielt sie daran fest. So konnte sie nicht untergehen und hatte trotzdem genug Platz für die Schwimmzüge.

„Und vor und zurück und vor und zurück. Das klappt ja wie am Schnürchen", kommandierte Friedrich. „So, das reicht für heute. Komm her, mein Wasserfloh. Morgen üben wir weiter."

Kurz darauf saßen Vater und Tochter in trockenen Sachen wieder neben Deta auf einer Decke am Ufer. Die drei bedienten sich aus einer Tüte mit Sahnestangen und schauten zu, wie eine Gruppe von Kindern eine Wasserschlacht ausfocht.

„Heute war ich schon richtig gut, Mutti. Stimmt's, Vati? Bald kann ich bestimmt auch ohne deine Hosenträger schwimmen."

„Ganz bestimmt sogar", meinte Friedrich und versuchte, ein Sahnebonbon aus der Tüte zu fischen, während Margarete voller Stolz mit Armen und Beinen in der Luft ruderte, um Deta ihre Schwimmkünste zu präsentieren.

Der Nachmittag verging mit viel Lachen und Albernheiten. Deta und Friedrich genossen es, in der Sonne zu liegen, während ihre

Tochter in ein Buch vertieft zwischen ihnen saß. Aber die Ruhe währte nicht lange. Margarete wollte unbedingt sehen, wie Friedrich Steinchen über das Wasser springen ließ, eine Fähigkeit, die sie bei ihrem Vater erst vor kurzem entdeckt hatte. Deshalb saßen Vater und Tochter wenig später auf dem Ende des Steges, ließen die Beine baumeln und sahen zu, wie sich der Himmel langsam rosa färbte.

„Margaretlein, ich habe eine ganze Weile über das nachgedacht, was du vor ein paar Wochen gesagt hast", unterbrach Friedrich Margaretes begeisterte Ausrufe für einen Moment. „Weißt du noch, dass du mich gefragt hast, ob wir jetzt immer in Preußisch Friedland wohnen bleiben würden?" Die Kleine nickte und rückte ganz nah an ihren Vater heran.

„Weißt du, ich hoffe wirklich, dass Preußisch Friedland deine neue Heimat wird, dass sie das für uns alle wird. Ich weiß zwar nicht, wie lange wir in dieser Stadt bleiben werden, aber ich wünsche mir sehr, dass es eine gute, erfüllte Zeit wird. Sicher gibt es hier für jeden von uns einige Herausforderungen. Für dich in der Schule, für deine Mutter zu Hause und für mich im Gericht. Hier soll ein Ort sein, an dem du zu Hause, bist, ganz egal, wie die Leute sind, was sie denken oder sagen. Und das können wir als Familie schaffen, wenn wir alle mithelfen. Oder was meinst du?"

Margarete sagte nichts. Sie schmiegte sich nur noch enger in seinen Arm. In dem Moment rief Deta zum Aufbruch.

„Ja, ich will das versuchen, Papilein", flüstere ihm das Mädchen ins Ohr.

* * *

„Na, schau einer an, wer da kommt!" Großmutter Bartsch hatte die Hand über die Augen gelegt, um durch die blendende Sonne hindurch überhaupt etwas sehen zu können. Jetzt ging sie ins Haus und rief durch die offene Wohnungstür: „Deta, dein Bruder ist zu Besuch gekommen."

Ihre Schwiegertochter lief an das der Straße zugewandte Fenster und spähte durch die Gardinen.

„Da habe ich also richtig geraten. Diese Motorengeräusche sind wirklich nicht zu verwechseln. Komm, Margaretlein, Onkel Hans ist da!"

„Onkel Hans?“ Die Achtjährige kam aus ihrem Zimmer geschossen. In dem Moment klopfte es an der Haustür und Hans steckte den Kopf herein. Angesichts des Anblicks, der sich ihm bot, musste er schmunzeln. Großmutter Bartsch, Deta und Margarete standen allesamt in der Tür und sahen ihn erwartungsvoll an.

„Ihr seht fast so aus, als hättet ihr gewusst, dass ich komme. Dabei habe ich mir solche Mühe gegeben, nicht zu verraten, dass ich euch heute überraschen wollte“, witzelte er. Das Mädchen stürmte auf ihn zu.

„Oh, Onkel Hans, wie schön, dass du da bist. Darf ich nachher wieder eine Runde auf deinem Motorrad mitfahren? Darf ich?“

„Jetzt lass deinen Onkel doch erst einmal hereinkommen, Margaretlein“, unterbrach die Großmutter ihren Redefluss.

„Ach, lassen Sie nur. Von so einer hübschen jungen Dame lasse ich mich gerne überfallen. Aber lass mich wenigstens noch deine Mutter begrüßen. Hallo, Deta!“ Hans umarmte seine Schwester und ließ sich dann bereitwillig ins Esszimmer führen und mit Kaffee und Kuchen versorgen.

„Bevor ich es vergesse, Deta, ich habe ja noch etwas mitgebracht. Sozusagen ein verfrühtes Geburtstagsgeschenk. Schaut mal, hier“, rief Hans seiner Schwester hinterher, die gerade in der Küche verschwand. Er holte ein kleines Fellknäuel aus einer der Taschen seiner weiten Hose hervor. Der warmen Dunkelheit entrissen, begann es zu fiepen und zu winseln. Mit großen Augen kam Margarete näher. Sie flüsterte: „Ist das ein Hund, Onkel Hans? Ein ganz kleiner?“

Deta, die gerade mit einer Kanne Kaffee zurückkam, fragte: „Was ist es denn, was du mir mitge...“ Sie stockte mitten im Satz.

Aus Hans’ Händen blickten Mutter und Tochter große, braune Augen an. Dann begann der Welpe mit dem Schwanz zu wedeln.

„So, Hündchen, das sind Margaretlein und Deta. Deta und Margarete, das ist euer neues Familienmitglied.“ Hans genoss die allgemeine Verblüffung sichtlich. Deta rang sich schließlich dazu durch, die Kanne auf dem Tisch abzustellen. Ein Hund! Sie war sich sehr unsicher, ob sie sich über dieses Geschenk freuen oder ärgern sollte. Margarete dagegen war begeistert. Sie kniete vor dem Welpen und streichelte ihn vorsichtig.

„Wo hast du den denn her, Hans?“, fragte Deta.

„Das ist doch egal, aber da das Tierchen aus einem sehr feierlichen Anlass in dieses Haus gekommen ist – zu dem man, wenn es dann so weit ist, auch den einen oder anderen guten Tropfen ausschenken wird – plädiere ich dafür, ihn Schnaps zu nennen. Oder was meinst du, Margaretlein?"

„Er ist doch noch so klein, Onkel Hans. Da musst du ihn eigentlich Schnäpschen nennen."

* * *

Draußen ging ein heftiges Gewitter nieder und der Regen fiel mit solcher Wucht, dass sich Blasen auf den Pfützen bildeten. Das Mädchen drückte sich die Nase an der Scheibe platt, fasziniert von dem Anblick der dunklen Wolken, die ab und an von Blitzen erleuchtet wurden.

Margaretes Lieblingsbeschäftigung an solchen Tagen war, in Großmutters Zimmer zu sitzen, ihr beim Nähen zuzusehen und zuzuhören, wenn sie sang oder Geschichten erzählte. Jetzt nahm sie den frisch getauften Schnäpschen auf den Arm und wickelte sich mit dem Welpen in die Decke auf Großmutters Sofa.

„Großmutti, kannst du uns beiden das Lied von der Stadt mit den goldenen Gassen vorsingen?", bat Margarete.

Die alte Dame legte ihr Nähzeug zur Seite und sah sie über ihren Brillenrand hinweg amüsiert an. „Ihr seid mir zwei. Macht es euch einfach in meinem Zimmer bequem und stellt dann auch noch solche Forderungen. Aber pass gut auf, Schnäpschen, weil du das Lied noch nicht kennst, bekommst du heute eine extra Vorführung."

Der Hund und das Kind kuschelten sich noch tiefer in die Decke. Großmutter Bartsch setzte sich in ihrem Sessel zurecht und begann zu singen: „Lass mich gehen, meinen Heiland zu besehen, in die Stadt der gold'nen Gassen. Herr, mein Gott, ich kann's nicht fassen, was das wird für Wonne sein."

Margarete hatte die Augen geschlossen. Sie stellte sich vor, wie sie durch diese goldenen Straßen lief, zusammen mit all den Engeln. Die Menschen würden nichts Schlechtes übereinander sagen, sondern freundlich miteinander umgehen. Und wie schön musste es erst sein, wenn sie dann zu Jesus käme. In ihrer Phantasie malte sie sich einen Palast aus und stellte sich vor, wie Jesus auf den Stufen stand und sie mit offenen Armen erwartete. Wenn es doch nur schon so weit wäre.

Plötzlich war da nur noch das Geräusch des Regens, der an die Fenster trommelte. Das Lied war zu Ende. Auch Großmutter Bartsch saß in Gedanken versunken da.

„Großmutter, weißt du noch, dass du mir das Lied vorgesungen hast, als ich Diphtherie hatte?"

Die alte Dame blickte auf: „Ja, mein Kind. Das weiß ich noch sehr genau. Wir hatten damals wirklich Angst um dich, weil das Fieber gar nicht sinken wollte. Und du hast immer davon geredet, dass es doch gar nicht schlimm sei, wenn du sterben würdest. Du würdest ja zu Jesus kommen. Und so recht du damit auch hast, Margaretlein, ich habe nicht aufgehört zu beten, dass Jesus dich noch bei uns lässt."

Die alte Dame und das Mädchen schwiegen einen Augenblick. Eine besondere Stille hatte sich ausgebreitet, angenehm und dicht. Auch der Himmel schien zu schweigen. Blitz und Donner waren weitergezogen, und zwischen den Wolken hervor stahlen sich einige Sonnenstrahlen in das Zimmer. Schließlich kramte Großmutter Bartsch nach ihrem Taschentuch, um sich ein paar verstohlene Tränen aus den Augenwinkeln zu tupfen. Dann fiel ihr ein Buch in den Schoß.

„Großmutti, magst du mir aus meinem Andachtsbuch ‚Komm zu dem Heiland' noch von diesem Himmelreich vorlesen?", fragte Margarete leise.

„Natürlich, komm her, meine Kleine."

* * *

*1932*

Sie drehte sich vor dem Spiegel einmal um die eigene Achse. Richtig schick fand sich Margarete in dem blauen Leinenkleid der ‚Kornblümchen'. Seit ihrem neunten Geburtstag durfte sie Mitglied im Königin-Luise-Bund sein. Diese Jugendorganisation für Mädchen hatte sich die preußische Königin Luise zum Vorbild gemacht. Einmal in der Woche traf man sich, um zusammen zu spielen, Lieder einzuüben oder gemeinsam Sport zu treiben.

Margarete liebte die Geschichten über die tapfere Königin. Wie sie damals, als Napoleon Preußen geschlagen hatte, für ihre Untertanen kämpfte! Sie war ihm persönlich entgegengetreten und Napoleon soll tief beeindruckt gewesen sein von ihrer Anmut, ihrer Schönheit und ihrem Mut. Auch ihre Natürlichkeit, die tiefe Liebe zu dem glück- und haltlosen König Friedrich Wilhelm III. und die Tatsache, dass ihr die Leute in ihrem Land nicht egal waren, beeindruckten Margarete zutiefst. So wollte sie auch werden.

Bei dem Gedanken an die Königin Luise kam ihr Frieda in den Sinn. In der Schule saßen sie nebeneinander, und an diesem Morgen hatte es eine kleine Auseinandersetzung zwischen ihnen gegeben. Frieda war im Jungmädelbund der Hitlerjugend und erzählte immer wieder begeistert von den Heimnachmittagen, den Zeltlagern und Wanderungen. Und sie versuchte schon seit ein paar Wochen Margarete zu überreden, doch auch lieber in die Hitlerjugend einzutreten. Das sei so viel sinnvoller und interessanter und spaßiger und überhaupt viel besser. Sie solle sich doch wenigstens einmal einen Heimnachmittag anschauen. Aber letztlich war es doch nur eine andere Jugendorganisation, wie Margarete fand.

Das Hausmädchen Herta hatte sie 1932 allerdings auch zu den Wahlveranstaltungen der NSDAP mitgenommen, und Margarete war sehr beeindruckt gewesen von den vielen verschiedenen Fahnen, dem Lärm, den Parolen, die die Parteianhänger lauthals verbreiteten. Was das alles genau zu bedeuten hatte, wusste sie nicht. Aber Herta schwärmte immer wieder von der NSDAP, ihren Grundsätzen und Zielen und ermutigte sie, Friedas Einladung in die Hitlerjugend anzunehmen.

Gerade vorhin hatte sie ihre Mutter gefragt, ob sie Frieda einmal begleiten dürfe. Dass ihre Frage mit Nein beantwortet wurde, fand Margarete nicht schlimm. Sie machte sich keine weiteren Gedanken darüber. Deta hatte die Antwort ihrer Tochter gegenüber unbegründet gelassen. Bei sich hatte sie aber gedacht, dass sie ihr Kind in keine Jugendorganisation geben würde, die einer Partei mit so unseriösen Mitgliedern und einer derart undurchsichtigen politischen Zielsetzung angehörte.

Margarete fand es so ganz in Ordnung. Die ‚Kornblümchen' waren mindestens ebenso interessant, und das blaue Kleid gefiel ihr sowieso viel besser als das braune. Das Mädchen schreckte aus ihrem Anblick hoch, als es an der Tür klingelte.

„Margarete, Ulla ist hier, um dich abzuholen", rief Herta aus dem Flur, „kommst du bitte?"

Ein paar Minuten später schlenderten die zwei Mädchen die Hauptstraße entlang.

„Und? Hast du deine Eltern gefragt, Margarete?", wollte Ulla wissen, die die Diskussion in der Schule mit angehört hatte.

„Ja, habe ich", meinte Margarete etwas lustlos.

„Ja, und? Was haben sie gesagt?", fragte Ulla nach.

„Meine Mutter hat nein gesagt. Sie meinte, dass ich doch gerade erst bei den ‚Kornblümchen' eingetreten bin und dass es mir da doch auch gefällt. Sie hat ja auch recht. Außerdem, wenn du nicht zum Jungmädel gehst, dann geh ich auch nicht." Sie fasste Ulla an der Hand. „Weißt du denn schon, dass wir heute eine Exkursion mit dem Förster in den Wald machen?"

* * *

*1934*

Schwätzend und einander untergehakt haltend kamen die drei Quintanerinnen die Straße herauf. Die zierliche Ulla an ihrer rechten Seite, Hilde vergnügt hüpfend an der linken, hatte Margarete für ein paar Minuten all ihren Kummer vergessen. Wie gut, dass sie die beiden Freundinnen hatte. Auch wenn sie sonst eher eine Einzelgängerin war, so waren ihr deren kleine Ermutigungen und Freundschaftsgesten sehr wertvoll.

In der Schule war es heute besonders schlimm für sie gewesen. Mit ihren elf Jahren war Margarete schon 1,70 Meter groß. Sie überragte alle in ihrer Klasse und auf dem Schulhof. Dass sie gut in der Schule war, dass viele sie mochten, besonders Ulla und Hilde, das änderte nichts an der Tatsache, dass sie sich oft außen vor fühlte. Ein Elefantenküken unter den Mitschülerinnen, ein hässliches Entlein – so kam sie sich vor. Und wenn dann noch ein Quartaner daher kam, der meinte, sich über sie lustig machen zu müssen, dann war es mit ihrer Selbstsicherheit endgültig vorbei.

Aber das war im Moment nicht wichtig. Vor dem Haus, in dem Margarete wohnte, machten die drei Mädchen halt.

Deta hörte ihre Stimmen durch das offene Fenster. Sie saß am Sekretär und beendete gerade den Brief an ihre Schwester Gertrud. Mit einem Seufzen legte sie den Federhalter zur Seite und kramte nach einem Briefumschlag.

„Herta", rief sie, „können Sie diesen Brief bitte gleich zur Post bringen?"

„Natürlich, Frau Doktor." Herta erschien in der Tür und Deta reichte ihr den Umschlag

„Und schicken Sie doch bitte Margarete herein. Sie kann sich wieder einmal nicht von ihren Freundinnen trennen."

Die Schwingtür quietschte wenig später vernehmlich, als Herta das Haus verließ. Deta saß noch immer vor dem Sekretär und fragte sich, ob sie das Richtige tat, als sie Margaretes Schritte im Flur hörte.

Das Mädchen summte vor sich hin. Der Text eines Liedes schwirrte ihr noch im Kopf herum, und kurz entschlossen suchte sie die Noten mit den Vaterlandsliedern, setzte sich ans Klavier und begann zu spielen. Zunächst griff sie noch etwas unsicher in die Tasten, schmetterte dann aber die letzte Strophe des Liedes aus vollem Halse: „Lieb' Vaterland, magst ruhig sein, fest steht und treu die Wacht am Rhein!"

„Wunderbar, mein Kind. Du spielst wirklich gut." Deta legte ihrer Tochter die Hand auf die Schulter.

„Hallo, Mamilein!" Margarete drehte sich auf dem Hocker herum und gab ihrer Mutter einen Kuss.

„Weißt du was? Hilde, Ulla und ich haben gerade ausgemacht, dass wir am Wochenende eine Wanderung an den Sukausee mit Picknick machen wollen. Geht das?"

Deta zog sich einen Stuhl heran. Ihr ernstes Gesicht irritierte Margarete: „Was ist denn? Stimmt irgendetwas nicht?"

„Margarete, ich habe heute mit deinem Arzt gesprochen. Du bist ja sehr schnell gewachsen in der letzten Zeit, und wir sind der Meinung, dass du erst einmal eine Weile ausruhen solltest, um wieder zu Kräften zu kommen. Du bist sehr zart, und ich will nicht, dass es dir irgendwann wie mir geht, nur weil wir in deiner Jugend nicht genügend auf deine Gesundheit Acht gegeben haben."

„Aber was soll denn das bedeuten? Mir geht es doch gut, Mutti. Mir fehlt nichts", beteuerte Margarete.

„Der Arzt ist der Meinung, wir sollten dich für ein paar Monate wegschicken, damit du dich erholst. Eine Luftveränderung sei gut, hat er gesagt. Ich habe gerade an Tante Gertrud in Blankenburg am Harz geschrieben und sie gefragt, ob du bei ihnen wohnen könntest ..."

„Und die Schule?", unterbrach das Mädchen sie, „ich muss doch zur Schule gehen, ich bin doch erst in der Quinta am Gymnasium." Obwohl Margarete sich in letzter Zeit in der Klasse oft nicht wohl gefühlt hatte und auch nicht besonders ehrgeizig war, was die Schule anging, so änderte das doch nichts daran, dass sie den Anschluss an die Klasse nicht verlieren wollte.

„Nein, Margaretlein, du sollst in dieser Zeit nicht zur Schule gehen. Wir wollen dich so wenig wie möglich belasten. Es ist wirklich das Beste für dich."

Es wäre schon nicht schlecht, den lästigen Mathematik- und Lateinunterricht für eine Weile los zu sein, überlegte Margarete, und die Cousinen und Cousins in Blankenburg mochte sie auch sehr. Die fast gleichaltrige Cousine Erika, der um zwei Jahre ältere Cousin Georg-Wilhelm und Klaus, der mit seinen zehn Jahren der jüngste ihrer Cousins war, waren für sie schon immer ein willkommener Geschwisterersatz gewesen. Eigentlich sprach gar nicht viel dagegen. Allerdings würden ihre Eltern nicht da sein. Und Schnäpschen, ihr geliebter Rauhaardackel, ebenfalls nicht.

„Wie lange werdet ihr mich denn wegschicken?", fragte sie schließlich zögernd.

„Aber wir schicken dich doch nicht weg!", sagte Deta mit Nachdruck. „Du sollst dich nur ein bisschen ausruhen in der guten Luft, zwei, vielleicht auch drei Monate lang. Kannst du dir das vorstellen, Margaretlein?"

* * *

„Ja, ich bin jetzt auch in der Hitlerjugend, bei den Jungmädeln. Und du? Bist du immer noch nicht dabei, Käthe?", fragte Margarete.

So kurz vor ihrer Abfahrt nach Blankenburg hatte sich noch einiges verändert. Die NSDAP hatte die Regierung in Deutschland übernommen, und bei der Eröffnung des neuen Reichstages in der Potsdamer Garnisonskirche im März 1933 hatten sich der greise Feldmarschall Reichspräsident von Hindenburg und Hitler die Hand gereicht und gemeinsam den Segen Gottes erbeten. Margaretes eher konservative Verwandtschaft in Pommern war tief beeindruckt und sah für Deutschland endlich eine bessere Zukunft anbrechen. Kurz danach war das Ermächtigungsgesetz erlassen worden, das „Gesetz zur Behebung der Not von Volk und Reich". Aber damit wusste Margarete nichts Genaues anzufangen. Ihre Eltern hatten sich darüber unterhalten, überhaupt war gerade in aller Munde, dass auf Hitler das neue Deutschland gebaut werden könnte. Von ihm sei noch Großes zu erwarten, hatte erst gestern ein Bekannter ihres Vaters gesagt.

Die einzige spürbare Veränderung für Margarete persönlich war die Auflösung ihres Königin-Luise-Bundes gewesen. Obwohl sich auch dadurch nicht viel veränderte. Sie hatte nur das blaue Kleid der ‚Kornblümchen' gegen das braune mit dem weißen Kragen getauscht.

„Meine Eltern lassen mich nicht zu den Jungmädeln", antwortete Margaretes neue Freundin Käthe, „dabei habe ich mich so auf das Sommerlager gefreut!"

„Ach, frag sie doch noch einmal. All die netten Mädchen, die da sind, die Ausflüge und Heimnachmittage – das ist doch nichts Schlimmes. Gegen Schnitzeljagden und Wanderungen können sie nichts einzuwenden haben."

„Aber was ist mit dem Unterricht samstags? Wenn dir erzählt wird, dass Reichsbischof Müller Hitler statt Jesus verehrt, dass unser Reichskanzler unser guter Hirte ist, von dem die Bibel redet? Was sagst du dazu?", erwiderte Käthe aufgebracht.

Auf Margaretes Stirn hatte sich eine steile Falte gebildet.

„Käthe, du weißt ganz genau, dass das Blödsinn ist. In der Gemeinschaftsstunde haben wir doch erst davon gehört, dass Jesus unser Erlöser und guter Hirte ist. Das hat nichts mit Hitler oder den Jungmädeln zu tun. Das sind völlig verschiedene Sachen! Und diese Aussagen kommen auch gar nicht von Hitler. Das sagen nur andere über ihn, und der Führer weiß das gar nicht."

Käthe schwieg ärgerlich. Es gefiel ihr nicht besonders, was die Freundin aus dem Kinderbund sagte. Ja, dass Margarete seit kurzem auch in den Kinderbund der Landeskirchlichen Gemeinschaft in Preußisch Friedland ging, das war dann doch etwas ganz Neues. Eines Morgens waren Deta und Margarete unterwegs gewesen, um die wöchentlichen Einkäufe zu erledigen, als sie auf der Straße die junge Diakonisse Schwester Charlotte Midasch getroffen hatten. Beeindruckt von der Ausstrahlung der Schwester, hatte Deta sie spontan angesprochen. Später erfuhr Margarete, dass die Leute in der Landeskirchlichen Gemeinschaft seit dieser Begegnung für Familie Bartsch gebetet hatten. Deta hatte zunächst gemeint, dass es wohl nicht schaden könne, einmal in der Gemeinschaft vorbeizuschauen. Aber die Fröhlichkeit der Menschen dort und ihre Art, den Glauben wirklich zu leben, waren das, was sie sich immer gewünscht hatte. Familie Bartsch war bald regelmäßig in den Gemeinschaftsstunden anzutreffen, wo Margarete auch Käthe, die Tochter einer gläubigen Arbeiterfamilie, kennengelernt hatte.

„Und denk doch mal daran, dass wir bei den Jungmädeln auch Lieder von Rudolf Alexander Schröder singen. Und von ihm sind schließlich auch Texte im Evangelischen Kirchengesangbuch. Das bürgt doch dafür, dass es ungefährlich ist. Oder auch von Ernst Moritz Arndt. Ich habe extra nachgeguckt!", redete Margarete sich in Eifer und fuhr mit Nachdruck fort: „So schlecht kann es doch nicht sein! Und vielleicht bist du ja auch im BDM, wenn ich aus Blankenburg wiederkomme."

* * *

*Blankenburg/Harz 1934*

Scheinbar in ihre Bücher vertieft, saß Margarete am Tisch. Wie gerne wäre sie jetzt bei Erika, Georg-Wilhelm und Klaus draußen im Garten! Aus den Augenwinkeln konnte sie sehen, wie die anderen Verstecken spielten. Und sie konnte nicht dabei sein. Hans, ein Primaner aus dem Blankenburger Gymnasium, saß ihr gegenüber und korrigierte ihre Lateinübersetzung. Ab und an schüttelte er missbilligend den Kopf. Margarete musste in den drei Monaten, die sie in

Blankenburg verbrachte, zwar nicht zur Schule, aber um die Lateinstunden bei Hans kam sie trotzdem nicht herum.

„Bist du fertig, Margarete?“ Hans griff nach ihrem Heft, in das sie die neuen Vokabeln hatte schreiben sollen. „Na, besonders weit bist du nicht gekommen. Bring das bis übermorgen zu Ende. Dann frage ich dich ab.“

„Seid ihr fertig, Hans?“ Tante Gertrud steckte den Kopf zur Tür herein. „Margaretlein soll noch ein bisschen in den Garten gehen vor dem Abendessen.“ Gertrud war die Schwester von Margaretes Mutter und hatte gleich zugestimmt, ihr Patenkind bei sich aufzunehmen, als Deta von ihrem Gesundheitszustand erzählte.

„Ja, wir machen jetzt Schluss für heute, Frau von Hantelmann. Auf Wiedersehen, Margarete, bis Donnerstag.“

Tante Gertrud wandte sich dem Mädchen zu: „Komm, Margaretlein. Die drei Rabauken warten schon auf dich. Sie sehen so aus, als hätten sie irgendetwas ausgeheckt.“

Mit einem Seufzer der Erleichterung glitt Margarete von ihrem Stuhl. Schnell wurden die Bücher zusammengepackt und die Hefte verstaut. Gleich darauf stürmte sie in den Garten. Die Hantelmanns wohnten unterhalb der Teufelsmauer, einer beeindruckenden Felsformation, und um das Haus herum gab es tausend Dinge zu entdecken. Besonders die Reste eines alten Wachturms, die sich auf dem Grundstück befanden, hatten es den Kindern angetan. Die Brüder Georg-Wilhelm und Klaus waren gerade dabei, ein selbstgebasteltes Wappen an der Mauer anzubringen.

„Hier herüber, Margarete!“, raunte ihr Erika zu. Sie lag bäuchlings im hohen Gras hinter den Johannisbeerbüschen und winkte ihr zu.

„Wir müssen gleich die Burg angreifen. Die beiden Jungs tun schon den ganzen Nachmittag so, als wären sie hier die Ritter, denen die Burg gehört. Aber die werden sich noch wundern. Komm, wir müssen uns vorsichtig anschleichen.“

Margarete war sofort dabei. So vorsichtig wie möglich, jede Deckung nutzend, robbte sie hinter Erika her. Hinter den letzten Johannisbeerbüschen beratschlagten sie flüsternd, wie die Burg am besten zu stürmen sei. Da die Jungen noch mit ihrem Wappen beschäftigt waren, blieb der hintere Eingang unbewacht. Eine ideale Gelegenheit für einen Überfall. Die Mädchen klaubten Hände voll

Eicheln und Kastanien vom letzten Herbst zusammen und schlichen durch den halb verfallenen Torbogen. Georg-Wilhelm hing halb über der Mauer, während ihn Klaus am Gürtel festhielt. Als sich die Jungen gerade wieder aufrappelten, rief es hinter ihnen „Zum Angriff!“ und ein Hagel von Eicheln ging auf sie nieder. Doch die Verblüffung war nur von kurzer Dauer und die Mädchen waren gleich darauf nicht mehr Jäger, sondern Gejagte.

Über ihr Kriegsgeschrei hinweg hörten die Kinder plötzlich ein feines Bimmeln. Georg-Wilhelm, der seine Schwester gerade in den Schwitzkasten genommen hatte, ließ Erika so abrupt los, dass sie auf allen Vieren landete.

„Das war die Glocke zum Abendessen. Mensch, hab ich einen Hunger“, sagte er und spurtete zur Hintertür. Seine Mutter stand schon im Türrahmen und wartete auf die Kinder. Erika revanchierte sich für die unsanfte Behandlung, indem sie ihren Bruder im Vorbeisprinten in den Rücken boxte und dann unter dem Arm ihrer Mutter hindurchtauchte.

„Händewaschen nicht vergessen, Erika!“, rief ihr Gertrud hinterher. Dann tauchten auch Klaus und Margarete hinter Georg-Wilhelm auf mit Blättern in den Haaren und Grasflecken auf den Hosen. Gertrud seufzte: „Dann kommt mal alle rein.“

Am Abend lag Margarete in ihrem Bett und dachte über das nach, was am Tag geschehen war. Wie gern hätte sie alles jetzt gleich ihren Eltern erzählt! Eine Welle von Heimweh überrollte sie. Nun war sie bald zwei Monate hier und die Sehnsucht nach Zuhause wurde immer größer. Tagsüber vergaß sie meist alles Heimweh schnell. Dazu war das Leben in der Familie viel zu spannend. Hier hatte Margarete Geschwister gefunden, und die großen und kleinen Abenteuer, die sie mit den Jungen und Erika erlebte, wollte sie gegen nichts in der Welt eintauschen. Ihr kam in den Sinn, wie Georg-Wilhelm vor zwei Tagen die Kaulquappen geschluckt hatte. Es hatte sie geschüttelt vor Ekel, aber sie hatte ihren Vetter respektvoll bewundert. Oder der Spaß, den sie und Klaus letztens mit dem Portemonnaie-Trick hatten. Hinter dem Gartenzaun versteckt hatten sie die Passanten genarrt. Ein leeres Portemonnaie wurde an einen Faden gebunden und so auf dem Weg unterhalb des Gartens platziert, als hätte es jemand verloren. Margarete hatte Bauchschmerzen vor unterdrücktem Lachen bekommen, weil die Sonntagsspaziergänger sich damit herrlich hereinlegen ließen. Ihre verblüfften Gesichter, wenn das Portemonnaie sich plötzlich bewegte, waren die Standpauke wert gewesen, die sie deswegen von dem gestrengen Onkel Erich bekommen hatten.

Sie drehte sich auf die andere Seite und klopfte das Kopfkissen zurecht.

„Margaretlein, schläfst du schon?", kam leise die Stimme von Erika aus der anderen Zimmerecke.

„Nein, ich schlafe noch nicht", murmelte Margarete, „ich habe nur nachgedacht."

Sie hörte, wie sich Erika aufsetzte. „Hast du wieder Heimweh?"

Jetzt begannen doch die Tränen zu fließen. Nackte Füße tappsten über die Holzdielen, und kurz darauf saß Erika auf Margaretes Bettkante.

„Ich freu mich, dass du hier bist, Margarete. Endlich hab ich eine Schwester zum Spielen. Ich hab dich lieb."

* * *

*Preußisch Friedland 1934*

Margarete und ihre Mutter warteten, bis Pfarrer Haun alle Gäste verabschiedet hatte. Schließlich war da nur noch eine alte Dame, die ihm mit Tränen in den Augen die Hand schüttelte und immer wieder beteuerte: „Herr Pfarrer, Sie müssen unbedingt wiederkommen. Sie sind ja so gesegnet! Ich kann Ihnen gar nicht genug für das danken, was Sie auf diesen Veranstaltungen gesagt haben."

Deta sah ihr lächelnd zu. Sie konnte die alte Dame gut verstehen. Auch ihr war das, was Pfarrer Haun an den vergangenen Abenden der Evangelisationswoche in Preußisch Friedland gesagt hatte, sehr nahe gegangen. Sie hatte von einem Glauben gehört, nach dem sie sich schon lange sehnte: Und das war kein Glaube, der für sie unerreichbar bleiben musste.

„Frau Bartsch, guten Abend. Hallo, Margarete, schön, dass du heute Abend auch wieder dabei warst." Pfarrer Haun nickte ihr zu.

„Herr Pfarrer, haben Sie unsere Einladung erhalten?", begann Deta.

„Mein Mann und ich würden uns freuen, wenn Sie morgen Abend, bevor Sie abreisen, noch zu uns zum Abendessen kämen."

Pfarrer Haun lächelte: „Ja, ich habe die Einladung erhalten und nehme sie dankend an. Dann werden wir wohl auch Gelegenheit haben, den Aufenthalt dieser jungen Dame hier bei uns im Harz zu besprechen, nicht wahr?"

„Dann haben Sie sich schon entschieden?" Die Erleichterung war Deta anzusehen. Der Pfarrer nickte: „Ich habe mit meiner Frau gesprochen. Sie sieht das genauso wie ich. Wenn wir dazu beitragen können, dass Margarete kräftiger wird, wollen wir das gerne tun. Außerdem freuen sich unsere Kinder immer über Gäste. Sie wissen ja, dass ich Hausvater des Diakonissen-Mutterhauses des Deutschen Gemeinschafts-Diakonieverbandes in Elbingerode bin, und da haben wir eigentlich immer Besuch und immer Leben im Haus."

Margarete hörte erstaunt zu. Sie wusste zwar, dass ihr der Arzt empfohlen hatte, noch einmal mit der Schule auszusetzen, um sich zu erholen – ihre Mutter betonte immer wieder, wie zart sie sei –, aber dass es schon beschlossene Sache war, sie wieder wegzuschicken, das hatte sie nicht gewusst. Andererseits mochte sie Pfarrer Haun, und der Gedanke, wieder mit vielen Kindern zusammen zu sein, war doch sehr verlockend.

Außerdem war sie neugierig. Während der letzten Woche hatte sie so viele Dinge über Jesus gehört und darüber, was es hieß, ihm nachzufolgen. Ihre Eltern waren tief beeindruckt gewesen von dem, was der Pfarrer aus Elbingerode gesagt hatte. Sie hatten sich dazu entschieden, sich ganz auf diesen Jesus, der Unmögliches getan und Unerhörtes gesagt hatte, einzulassen. Das bedeutete für sie auch, dass sie nicht alles mit ihrem Verstand erfassen mussten, sondern aus dem Vertrauen zu Gott leben wollten.

Margarete war besonders fasziniert gewesen von der Geschichte eines Mannes namens Nikodemus, dem Jesus erklärt hatte, dass er von Neuem geboren werden müsse, wenn er das Reich Gottes sehen wolle. Als Pfarrer Haun dann erklärte, wie genau dieses „von Neuem geboren werden" funktionierte, gab es für Margarete keinen Zweifel mehr, dass sie das auch wollte. Bei den Hauns würde sie bestimmt noch eine ganze Menge mehr über Jesus und das Leben mit ihm entdecken können.

* * *

*Elbingerode 1935*
„Und Schach – und matt! Also Margarete, du wirst immer besser. Diesmal konnte ich dich gar nicht so leicht besiegen", lobte Gotthold sie. Auch wenn er fünf Jahre jünger war als sie, bedeutete der Dreizehnjährigen dieses Lob eine ganze Menge. Seit gut drei Wochen lebte Margarete nun bei Familie Haun und genoss das Gefühl, als sechstes Kind zur Familie zu gehören.

„Aber dieser eine Zug vorhin – also wirklich, da wundert es mich nicht, dass du in Halberstadt in die falsche Bahn eingestiegen bist, als du auf dem Weg zu uns warst", stichelte Gotthold.

„Oh, na warte! Das hätte dir genauso passieren können!", empörte sich Margarete und drohte handgreiflich zu werden. Doch Gotthold hatte vorsorglich die Flucht ergriffen, weil Margarete zwar nicht so schnell hinter dem breiten Esszimmertisch hervorkam, aber mit ihren wesentlich längeren Beinen doch um einiges schneller war als er. Sie spurtete hinter ihm die breite Treppe zum Obergeschoss hinauf, doch Gotthold, pfiffig wie er war, hatte schon längst ein Versteck gefunden, das sie nicht entdecken konnte.

Seit ihrer Ankunft zogen die fünf Haun-Kinder – Renate, Gotthold, Elisabeth, Hans und Arthur – sie damit auf, dass sie auf der Fahrt in den Harz in den falschen Zug gestiegen war, was zur Folge gehabt hatte, dass man sie erst kurz vor Mitternacht endlich am Bahnhof in Elbingerode abholen konnte. Margarete war es sehr peinlich gewesen, dass die Familie sich ihretwegen solche Umstände machen musste. Und anstatt die ganze Sache schnell zu vergessen, erinnerten sie die Kinder immer wieder daran. Mittlerweile wusste das Mädchen, dass sie es nicht böse meinten. Mit der eineinhalb Jahre jüngeren Elisabeth, mit der sie sich das Zimmer teilte, verstand sich die Dreizehnjährige wirklich gut und hatte in ihr eine neue Freundin gefunden. Nur Arthur, der Älteste der Geschwister, war ihr ein wenig unheimlich. „Lach doch nicht immer!", hatte er sie am Tag nach ihrer Ankunft angefahren. Dabei war Margarete bis jetzt der Meinung gewesen, ein guter Christ sei immer fröhlich, und dies müsste man ihr auch ansehen.

Allerdings hatte sie sich erst daran gewöhnen müssen, dass Zank und Streit nicht unbedingt schlecht sein mussten. Die Geschwister sagten sehr deutlich, wenn ihnen etwas nicht passte, und hatten auch keine Scheu, Konflikte bis zuletzt auszutragen. Das Ehepaar Haun, Tante Else und Onkel Arno, wie Margarete sie nennen durfte, achtete aber auch sehr genau darauf, dass sie ‚die Sonne nicht über ihrem Zorn untergehen' ließen. Das Streiten und Vertragen gehörte nun genauso zu ihrem neuen Alltag wie die Freundschaft mit Hans. Noch kein Junge hatte Margarete solche Aufmerksamkeit und Sympathie entgegengebracht. Sie hatten sich einfach auf Anhieb verstanden und unternahmen oft kleine Ausflüge in die Umgebung zusammen. Hans mochte es besonders, ihre Haare zu kämmen. Margarete fand das anfangs etwas seltsam, aber bald genoss sie dieses besondere Zeichen seiner Zuneigung.

Diese Freundschaft zu Hans und die Nähe zum Diakonissen-Mutterhaus ließ sie nicht unberührt. Je mehr das Mädchen die Schwestern kennenlernte, desto mehr stellte sich für sie die Frage, ob sie vielleicht selbst einmal Diakonisse werden sollte. Oder doch lieber die Frau eines Missionsarztes oder Pfarrers?

* * *

Friedrich trug die zwei schweren Koffer in den Flur ihrer Wohnung. Margarete blieb einen Moment im Türrahmen stehen. Nach der grellen Sonne draußen mussten sich ihre Augen erst wieder an das leicht dämmrige Licht der Wohnung gewöhnen. Sie musste über sich selbst lachen, weil sie so aufgeregt war, wieder zurück nach Preußisch Friedland zu kommen.

„Herzlich willkommen zu Hause, mein Kind! Komm, deine Mutter ist bestimmt im Wohnzimmer und wartet mit Sehnsucht auf uns."

„Moment, Vati, ich muss erst noch schnell die Geschenke holen, die mir Familie Haun für euch mitgegeben hat", meinte Margarete und machte sich an den Schlössern ihres Gepäckes zu schaffen. Da sprang hinter ihr schon die Tür zum Wohnzimmer auf.

„Margaretlein!" Deta flog förmlich durch den Flur, um ihre Tochter in die Arme zu schließen. „Endlich bist du wieder da! Gut siehst du aus, mein Kind. Hattest du denn eine gute Fahrt?"

Gleich darauf saß Margarete mit ihren Eltern im Wohnzimmer und gab zwischen all den Fragen ihrer Eltern immer wieder kleine Vorstellungen davon, wie sie von Elisabeth gelernt hatte, eine Zimmertür ohne Schlüssel zu verschließen, wie Gotthold sich aufgeführt hatte, als sie ihn das erste Mal beim Schach besiegt hatte, und was sie alles Schönes mit Hans unternommen hatte.

„Und jetzt bin ich endlich wieder hier", seufzte sie schließlich glücklich. „Ich hab euch schon arg vermisst."

„Dafür haben wir jetzt noch eine Überraschung für dich, Margarete", sagte Friedrich und stellte seine Kaffeetasse auf dem Tisch ab. „Während du weg warst, haben deine Mutter und ich Pläne geschmiedet."

„Was denn für Pläne?", fragte Margarete verblüfft.

„Nun, du weißt ja", begann Deta, „dass wir uns immer eine große Familie gewünscht haben. Und du hast uns in deinen Briefen so begeistert erzählt, wie schön es sei, mit Geschwistern zu leben."

„Und deshalb dachten wir uns", fuhr Friedrich fort, „dass wir eine Pension aufmachen könnten. Die Wohnung ist ja groß genug. So könnten einige der jungen Mädchen, die mit dir zur Schule gehen, hier wohnen und mit uns leben."

Einen Moment lang war Margarete sprachlos. Das hatte sie sich in ihren kühnsten Träumen nicht vorgestellt.

„Das würdet ihr wirklich machen? Für mich?"

* * *

Kein halbes Jahr später saßen mit Margarete zwei Mädchen und drei Jungen am Mittagstisch der Familie Bartsch, die alle die höhere Schule besuchten. Rosemarie und Inge teilten sich mit Margarete das Zimmer, und Rosemaries Bruder Gerhard und zwei seiner Freunde hatten das geräumige Gästezimmer bezogen. Alle kamen aus dem Kreis Schlochau und der Neustettiner Gegend. Die Friedländer höheren Schulen hatten weithin einen guten Ruf, und viele Kinder vom Land konnten sie nur besuchen, wenn sie in einem Internat oder einer Pension unterkamen. Für Margarete war die Überraschung ihrer Eltern in jedem Fall zu einem ganz besonderen Geschenk geworden.

Am Morgen ihres Geburtstages wurde sie von leisem Tuscheln geweckt. Aber sie hielt die Augen geschlossen und genoss die Wärme ihres Bettes noch einen Moment länger. Fast war sie wieder eingeschlafen, als sie ein leises „Drei, vier ..." hörte und gleich darauf neben ihrem Bett „Wahre Freundschaft kann nicht wanken" zweistimmig ertönte. Da standen Rosemarie und Inge vor ihr, den Schalk ins Gesicht geschrieben, und spielten auf ihren Blockflöten dieses Geburtstagslied für sie. So hatte sie noch nie einen Geburtstag begonnen. Aber Margarete konnte sich nichts Schöneres vorstellen.

* * *

„Damit ist die Klassensprecherwahl entschieden."

Studienrat Dr. Fricke hatte die Stimmen ausgezählt und wandte sich jetzt wieder der Klasse zu: „Nun, Margarete, bist du damit einverstanden?"

Margarete sah sich kurz in der Klasse um. In die erwartungsvolle Stille hinein sagte sie schließlich: „Ja, ich nehme die Wahl an."

Der heftige Applaus ihrer Klassenkameraden schmeichelte der Dreizehnjährigen. Sie hatte nicht mit einer so breiten Zustimmung gerechnet, als Dr. Fricke sie für die Wahl vorgeschlagen hatte. In solchen Momenten fühlte sie sich wirklich wohl in ihrer Haut.

Nachdem wieder Ruhe eingekehrt war, fuhr der Studienrat mit dem Unterricht fort. Die frisch gewählte Klassensprecherin war allerdings nicht ganz bei der Sache. Sie war viel zu aufgeregt, als dass sie sich jetzt sofort wieder auf die Vorzüge oder Nachteile der Logarithmentafeln konzentrieren konnte. Es bedeutete ihr einiges, dass sie nun die Klasse vertreten durfte. Man sagte ihr nach, dass sie gut reden könne, zuverlässig sei und außerdem Christin – anscheinend ein besonderer Pluspunkt. Aber hier in der Schule eine Position zu bekommen, die ihr gerade wegen ihres Glaubens in der Hitlerjugend verwehrt geblieben war, das war eine Auszeichnung für sie.

Träumend starrte Margarete aus dem Fenster. Was würden wohl die anderen sagen, wenn sie ihnen das erzählte? Was würde Ottchen wohl sagen, wenn er hörte, dass sie Klassensprecherin geworden war? Vielleicht würde er dann mehr Interesse an ihr zeigen. Ach, Ottchen ...

„... und an dieser Aufgabe probiert ihr das Gelernte nun gleich aus. Margarete, würdest du an der Tafel vorrechnen?" Die Stimme von Studienrat Fricke drang plötzlich unangenehm deutlich durch ihre Gedanken. Mit hochrotem Kopf stand Margarete auf.

„Du hast mir wohl gar nicht zugehört? Deine neue Aufgabe als Klassensprecherin erfordert auch ungebrochene Aufmerksamkeit in meinem Unterricht, Margarete. Gerade dann, wenn es um die Mathematik geht, die genauso für alle anderen Schulfächer von besonderer Wichtigkeit ist wie für euer späteres Leben", dozierte der Lehrer, „solltet ihr euch alle keine Unachtsamkeiten erlauben. Oder, Margarete?"

Ohne groß zu überlegen, antwortete sie: „Ich brauche so etwas gar nicht zu wissen, denn ich werde doch heiraten und meine Familie ohne Mathematik versorgen können, Dr. Fricke."

Das unterdrückte Kichern aus der Klasse gab ihr die Selbstsicherheit zurück.

„Nun, ich bin trotzdem der festen Überzeugung, dass du für die bevorstehende Klassenarbeit wissen musst, wie man eine Logarithmentafel handhabt. Setz dich! Vielleicht würde dein Nachbar ja an die Tafel kommen? Schließlich muss er, auch wenn er heiratet, mit der Mathematik umgehen können."

Am Ende der Stunde hielt Dr. Fricke Margarete einen Augenblick zurück.

„Kommen denn deine Eltern heute Abend zum Lehrersprechtag? Ich würde mich nämlich sehr freuen, wenn sie einen Augenblick bei mir vorbeischauen würden. Kannst du ihnen das ausrichten?" Auf Margaretes Nicken hin zwinkerte er ihr noch einmal zu: „Eine recht schlagfertige Antwort, die du da vorhin gegeben hast, mein Fräulein. Aber sei ein bisschen vorsichtiger mit dem, was du sagst. Du bist jetzt Klassensprecherin!"

Einige Stunden später saßen Margaretes Eltern Dr. Fricke im selben Klassenraum gegenüber.

„Zunächst einmal möchte ich Ihnen zu Ihrer Tochter gratulieren", begann der Lehrer. „Ihre schulischen Leistungen sind durchweg gut, und den Posten als Klassensprecherin wird sie meiner Einschätzung nach sehr gut erfüllen. Allerdings nimmt sie sich auch ab und an Freiheiten heraus, die ich bei anderen Schülern nicht gutheißen würde. Ihre teils vorlauten Antworten und anderer Blödsinn, den sie ausheckt, sind kein besonders gutes Vorbild für die anderen Schüler. Aber wir sind nachsichtig ihr gegenüber, denn zu Hause wird sie ja wohl kurz gehalten."

Dr. Fricke sah die Eltern forschend an. Deta musste lächeln. Das erinnerte sie ein wenig an ihre eigene Jugend. Sie hatte sich auch nicht unbedingt an das gehalten, was ‚man' so tat. Friedrich räusperte sich und sagte schließlich: „Unsere Tochter ist ein sehr folgsames und wahrhaftiges Kind. Wir versuchen sie streng, aber genauso liebevoll und gerecht zu erziehen. Und ich bin sicher, dass sie nichts tun würde, was andere in Verlegenheit brächte oder Anlass zu ernsthafter Sorge gäbe. Natürlich haben Sie als ihr Lehrer einen anderen Blick auf sie. Trotzdem schätze ich meine Tochter so ein, dass sie verantwortungsvoll mit ihren Aufgaben umgeht."

„Da bin ich mir sicher", erwiderte der Lehrer und stand auf. „Haben Sie vielen Dank, dass Sie sich Zeit genommen haben."

* * *

*Margaretes Tagebuch, 02.10.1935*
*Ich sitze in meinem Zimmer und mache Handarbeit, dabei träume ich und spinne Zukunftsideen. Ich bin 19, Ottchen ist 21, er studiert Theologie und ist während der Semesterferien zu mir gekommen. Wir sitzen uns beide gegenüber und plötzlich sagt er: „Margarete, wir wollen doch beide mal Mann und Frau werden. Bist Du auch bereit, mir überallhin zu folgen?" Da lege ich meine Arbeit in den Schoß, schaue ihn fest an und sage: „Ja, Ottchen, wo Du auch hingehst, ich folge Dir überall nach."*
*Ich glaube, er will mal als Missionar nach Brasilien oder China. Wir sind uns im EC-Jugendbund häufig begegnet. Was mache ich mir nur jetzt solche Pläne?!? So ein Quatsch. Wer weiß denn schon, wie sich meine Zukunft gestalten wird? Vielleicht ist sie voller Leid und wird mir viel Schweres aufbürden. Und wenn ich nicht heiraten sollte, dann gehe ich eben allein als Schwester nach Brasilien oder China!*
*In Wirklichkeit will Ottchen ja gar nichts von mir wissen, so ist mein Eindruck. Er schneidet mich, wo er nur kann, und geht jeder möglichen Begegnung aus dem Wege. Das schmerzt mich. Schließlich hatten mich Ottchens Eltern eingeladen, das Wochenende in Neubergen, wo*

*er mit zehn Geschwistern aufgewachsen ist, zu verbringen. Sie mögen mich, ebenso auch seine Schwestern, mit denen ich mich angefreundet habe. Aber während der stundenlangen gemeinsamen Radtour dorthin sagte er kein einziges Wort zu mir. Ich werte es als Gleichgültigkeit, ja, Abneigung.*

* * *

Direktor Wob betrat mit den Aufsatzheften unter dem Arm das Klassenzimmer, wartete geduldig, bis alle Schüler bemerkt hatten, dass er da war, und begrüßte die Klasse dann: „Heil Hitler!“ Nun, ihr seht, ich habe eure Aufsätze dabei. Nicht schlecht, nicht schlecht, muss ich sagen. Zumindest was den Inhalt angeht. Rechtschreibung und Grammatik lassen bei einigen von euch noch zu wünschen übrig, nicht wahr, Wolfgang?“

Ein Junge zu Margaretes Rechten sank mit hochroten Ohren etwas tiefer in die Bank.

„Wie dem auch sei“ – der Lehrer setzte sich auf die Kante seines Tisches und blätterte in den Heften –, „einige von euch haben wieder Glanzleistungen vollbracht. Und da ich es bis jetzt immer so gehalten habe, dass der Rest der Klasse davon profitieren kann, bitte ich jetzt Margarete nach vorne.“

Margarete stand auf. Sie hatte schon das ein oder andere Mal aus ihren Aufsätzen vorlesen müssen und fand es nicht schlimm, vor der Klasse zu stehen und zu reden. Dieser Aufsatz war allerdings etwas Besonderes gewesen, weil Direktor Wob nach ihrer ganz persönlichen Meinung gefragt hatte. Und Margarete war überzeugt von dem, was sie aufgeschrieben hatte.

*„Was jedes deutsche Mädel vom BDM wissen muss: Wir, die Jugend, haben ja so eine große, schwere und doch schöne Aufgabe! Das sollte jedem von uns klar sein. Das Große, das einst unser Führer vollbracht hat, sollen und wollen wir in seinem Sinn weiter schaffen: Wir wollen zu einem starken, einigen Volk von Brüdern werden und in keiner Not uns trennen. Zu solchen Menschen werden wir herangezogen. Und zum 1. Mai hat uns der Führer ja so deutlich gesagt, was er von uns verlangt: ‚Ich will eine idealistische Jugend haben, die auch charakterfest ist, die*

*weiß, was sie will und die hart zu sich selber ist, auch im Verzicht. Muttersöhnchen werden nie rechte deutsche Männer werden.'*

*Und auch wir Mädels wollen keine Zierpuppen sein. Wir wollen ebenfalls hart und tapfer werden! Hart gegenüber allen Versuchungen des Lebens und tapfer, wenn es Leid zu tragen gibt. Wir wollen darum früh lernen, Entbehrungen auszuhalten. Und vor allen Dingen wollen wir den Klassenhass überwinden. Es gibt keinen Standesunterschied mehr, alle sind Deutsche! Darum tragen wir im BDM ja auch die gleiche Uniform. Keine unterscheidet sich von anderen. Wir alle sind vom gleichen Gedanken beseelt: Wir sind Schwestern, die Kinder eines Volkes! Auf unseren Schultern ruht eine große Verantwortung, ein ganzes Land! Wir sind ja die Zukunft Deutschlands."*

Es war einen Moment still in der Klasse.

„Vielen Dank, Margarete. Das war sehr aufschlussreich. Ich hoffe, ihr habt alle gut zugehört. Genau das ist es, was der Führer von uns allen erwartet. Dass wir uns als Deutsche erweisen, als ein besonderes Volk! Das heißt Arbeit und das heißt Verzicht. Aber letztendlich wird uns eine Ehre zuteil, wie keinem anderen Volk dieser Erde. Die Ehre zum deutschen Volke zu gehören. Herbert, würdest du uns auch noch ein Stückchen aus deinem Aufsatz vorlesen?"

Während ihr Klassenkamerad vorlas, fragte Margarete sich, ob sie wirklich geschrieben hatte, was Direktor Wob gerade gesagt hatte. Natürlich war sie stolz darauf, in Deutschland zu leben, mithelfen zu dürfen, dieses Land wieder stark zu machen. Natürlich war sie das. Aber sie wehrte sich gegen den Anspruch, dass Deutschland und das deutsche Volk über anderen stünde. Margarete musste an ihr letztes Gespräch im Jugendbund der Landeskirchlichen Gemeinschaft denken. Ottchen hatte erzählt, dass in seiner HJ-Gruppe das Lied „Wir werden weiter marschieren, wenn alles in Trümmer fällt" umgedichtet worden sei. Die Jungen würden singen „Denn heute gehört uns Deutschland und morgen die ganze Welt!". Damit stimmte Margarete in keiner Weise überein. Sie sang stets ‚Heute hört uns Deutschland'. Andererseits marschierte sie trotzdem im BDM, sang die Lieder, hörte die Vorträge, manchmal hell begeistert für das 1000-jährige Reich mit seinen Forderungen und Versprechungen, dann wieder im Zweifel, ob das mit ihrem christlichen Glauben zu vereinbaren sei.

Außerdem irritierte sie, wie man mit den Juden in ihrer Umgebung umging. Warum sollten sie schlechtere Menschen sein? Die Begründungen, die ihr während der politischen Schulungen im BDM geliefert wurden, fand Margarete alles andere als einleuchtend. Hinzu kam noch, dass alles dagegen getan wurde, dass Christen in führende Positionen gelangten. Nur warum? Warum waren Christen so gefährlich für diese neue Politik? Außerdem war Margarete in einem Schulungskurs belehrt worden, nur einen Glauben zu haben, nämlich den an Deutschland. Die Glaubensbewegung von Alfred Rosenberg wurde in diesem Kurs als einzig nötige Nachfolge dargestellt.

Gerade bei diesen Dingen war sie froh, in ihren Eltern und der Landeskirchlichen Gemeinschaft ein Gegengewicht zu den BDM-Schulungen zu haben. Dadurch lösten sich nicht alle Widersprüche, aber zumindest für ihren Glauben fand sie dort Unterstützung und Bestätigung.

* * *

*Margaretes Tagebuch, 12.10.1935*
*Eben habe ich mal mit Mutti über Ottchen gesprochen und dass mir seine gleichgültige Haltung zu schaffen macht. Mutti hat Verständnis, sagte aber: ‚Verlier dein kleines Herz nicht so schnell. Wenn du enttäuscht wirst, kannst du nicht so rasch vergessen. Du bist noch viel zu jung, um so etwas ernst zu nehmen. Und wenn du wieder einen Jungen gern hast, lass nur ein kameradschaftliches Verhältnis in dir zu. Und wenn du deine Zeit ganz mit Arbeit oder Sport ausfüllst, dann kommen dir gar nicht solche Gedanken.'*
*Trotzdem muss ich immer wieder an Ottchen denken. Ein ganzes Jahr ‚liebe' ich ihn nun schon, und er weiß nichts davon. Aber weil wir beide bewusst als Christen leben möchten und als solche ja Außenseiter in Schule und Hitlerjugend sind, verbindet uns doch zumindest der gemeinsame Glaube. Ich bin fest überzeugt, dass dies ein krisenfestes Fundament für einen gemeinsamen Lebensweg sein kann.*

* * *

Margarete schlenderte die Straße entlang. Wie gut, dass ihre Mutter den größten Teil der Einkäufe schon erledigt hatte. Darauf hätte sie nun gar keine Lust gehabt. Aber der kurze Weg in die Apotheke ließ sich auch an so einem trüben Herbsttag gerade noch erledigen. Vor sich hin summend, stieg die Vierzehnjährige die wenigen Stufen zum Geschäft hinauf und trat mit dem vernehmlichen Klingeln der Türglocke ein.

Herr Spormann, der Apotheker und Ortsgruppenleiter der NSDAP, war gerade noch ins Gespräch mit einem streng aussehenden Herrn, den Margarete nicht kannte, und Fräulein Klatte, der Leiterin der NS-Frauenschaft in Preußisch Friedland, vertieft.

„Grüß Gott!", sagte sie deshalb nur und wollte sich gerade der großen Tafel zuwenden, auf der Ankündigungen und Veranstaltungen der Stadt angebracht wurden, als sie der eiskalte Blick des fremden Mannes traf.

Margarete erstarrte. Ein ungutes Gefühl stieg in ihr auf. Erstaunt hatten sich ihr nun auch Herr Spormann und Fräulein Klatte zugewandt.

„Was hast du gerade gesagt?", fragte der fremde Mann. Seine Stimme war hart und unfreundlich. Margarete konnte sich nicht erklären, was sie falsch gemacht hatte, dass man so abschätzig mit ihr umging. Sie nahm ihren Mut zusammen und sagte so freundlich wie möglich: „Ich habe Sie gegrüßt. Macht man das nicht so, wenn man jemandem begegnet?"

„Werde nicht frech, Mädchen!", schaltete sich Herr Spormann ein. „Weißt du eigentlich, mit wem du hier redest? Das ist der NSDAP-Kreisleiter!"

Doch der fremde Mann schien dem Apotheker nicht zuzuhören. Er baute sich stattdessen vor der Dreizehnjährigen auf: „Bringt man euch hier nicht bei, wie man vernünftig grüßt. Was sind denn das hier für Zustände!"

Margarete sah ihn verständnislos an. Sie war zu schockiert von dieser Reaktion. Sie hatte doch nur ... Da dämmerte es ihr.

„Heil Hitler heißt das, und man hebt vernünftig den Arm." Der Kreisleiter packte sie hart am Handgelenk und riss ihren Arm hoch zum Hitler-Gruß. „So macht man das als gutes BDM-Mädel! So und nicht anders, hast du verstanden?!"

Margarete riss sich los und rannte aus dem Laden. Es hatte angefangen zu regnen, aber davon merkte sie nichts. Tränen liefen ihr übers Gesicht. Noch nie war sie von jemandem so behandelt worden, noch dazu von einem Fremden.

Als sie die Wohnungstür aufstieß, lief sie direkt ihrem Vater in die Arme. Friedrich war eigentlich auf dem Weg in den Sitzungssaal, der ein Stockwerk unter der Wohnung lag.

„Margaretlein, was ist los? Was ist passiert?" Es dauerte einen Moment, bis Margarete ihm unter Tränen erzählen konnte, was geschehen war.

„Wie bitte?" Friedrich war entsetzt. Deta war aus der Küche gekommen und hatte die letzten Sätze mit angehört. Auf ihrem Gesicht zeichneten sich Unglauben und Ärger ab. Hinter ihr kam Schnäpschen durch die Tür. Der Hund war sich offensichtlich nicht sicher, was er angesichts seines völlig aufgelösten Frauchens tun sollte, und setzte sich schließlich winselnd auf die Hinterbeine. Friedrich warf seiner Frau einen bedeutungsvollen Blick zu und drückte seine Tochter dann sanft von sich weg.

„Komm, Margaretlein, ruh dich ein bisschen aus. Du hast nichts falsch gemacht, überhaupt nichts, hörst du! Dieser Mann hat dich zu Unrecht so behandelt. Ich kläre das."

„Bete für mich", raunte er Deta noch über die Schulter zu, nahm seinen Regenschirm und verließ die Wohnung. Wenig später waren scharfe Wortwechsel aus der Apotheke zu hören. Wer im Regen vorbeihastete, konnte die bemüht ruhige Stimme des Amtsrichters und die aufgebrachte des Apothekers hören.

Als Friedrich ein paar Stunden später wieder die Tür der Wohnung hinter sich schloss, war er noch tief in Gedanken versunken. Wortlos nahm ihm Deta den Mantel ab und hängte ihn an der Garderobe auf.

„Geht es Margaretlein besser?", fragte er leise. Deta nickte. „Wir müssen reden", sagte sie nur und zog ihn in die Küche.

„Deta, ich verstehe das nicht. Da wird ein Kind heruntergeputzt, weil es nicht mit dem Hitlergruß grüßt. Was soll denn das?", begann Friedrich.

„Du warst bei Herrn Spormann, oder?", fragte Deta und stellte einen Teller dampfender Suppe vor ihn hin.

„Ja, ich war bei ihm, und Fräulein Klatte war auch dort. Sie haben mich sofort angegriffen: Unsere Tochter habe einen Fehler gemacht und der Kreisleiter habe sie nach bestem Wissen und Gewissen berichtigt. Bei uns lerne sie ja keine Disziplin, und dieses ganze christliche Zeug, mit dem wir uns beschäftigen, würde die nationalsozialistische Jugend vergiften. Das sehe man ja an unserer Tochter." Friedrich schwieg einen Augenblick. „Was ist nur mit den Leuten los? Plötzlich spielen sich alle so auf, als wäre Hitler ein Gott oder so etwas." Deta murmelte: „Und was, wenn sie das wirklich glauben?"

Friedrich sah erstaunt von seinem Teller Suppe auf. Detas Frage schien sichtbar zwischen den Eheleuten im Raum zu stehen. Schließlich stand Friedrich auf und umarmte seine Frau.

„Du fragst dich, ob es gut war, in die NSDAP einzutreten, stimmt's?", fragte er sanft. Er spürte, wie sie nickte.

„Ich glaube, dass es gut war. Ich glaube, dass wir als Christen etwas in dieser Partei verändern können. Indem ich die Leitung der Volkswohlfahrt und damit der gesamten sozialen Arbeit der Partei in Preußisch Friedland ehrenamtlich übernommen habe, kann ich mit dazu beitragen, dass unter den Menschen viel Gutes bewirkt wird. Mir geht nicht aus dem Kopf, wie Hindenburg und Hitler gemeinsam um den Segen Gottes gebeten haben. Das muss doch irgendetwas bedeuten. Ich stimme nicht mit allen Punkten seiner Politik überein, aber ich will versuchen, das in meinen Augen Beste zu geben."

* * *

*Margaretes Tagebuch, 20.10.1935*

*Es ist halb neun Uhr abends und ich bin gerade nach Hause gekommen. Es ist eine wunderbare klare Vollmondnacht. Ich denke an das Thema der Lichtstrahlenbibellese dieser Woche. So wie der Mond das Licht der Sonne zurückstrahlt, so möchte auch ich mich dem Lichte Gottes aussetzen und es weitergeben. Das bedeutet, nicht viel reden – damit geht man ohnehin anderen auf den Wecker –, sondern vorleben, was man empfangen hat; so wie der Mondschein.*

*Mit solchen Gedanken ging ich vorbei am Karussellplatz. Laute Schlagermusik dröhnte durch die Nacht. Es war mir so zumute, als wenn das Treiben dort weit an mir vorüberziehen würde und ich ganz allein, fern vom „Weltgetriebe", mit Gott Zwiesprache halten könnte. Ich bin im Augenblick so glücklich, weil ich tief in mir eine Fülle spüre, die nur der Herr Jesus mir schenkt, sodass mich nichts dorthin zieht.*

* * *

„Aber warum darf ich nicht in die Tanzstunde gehen? Alle anderen dürfen es doch auch. Sogar ein paar aus dem Jugendbund dürfen hingehen!" Margarete merkte, wie ihre Stimme immer lauter wurde, ohne dass sie es wollte. Eine halbe Stunde diskutierte sie nun schon mit ihren Eltern. Seit Wochen hatte sie sich vorgenommen, endlich die erforderliche Erlaubnis einzuholen, damit sie wie ihre Mitschülerinnen an der Tanzstunde teilnehmen konnte. Die Dreizehnjährige war sich nicht sicher gewesen, was ihre Mutter und ihr Vater wohl zu ihrem Wunsch sagen würden. Aber da sie nicht so eng und gesetzlich dachten wie die anderen Leute aus der Landeskirchlichen Gemeinschaft, hatte sie zu hoffen gewagt, dass sie ihr das Tanzen erlauben würden.

„Ich kann doch auch beim Tanzen über Jesus reden! So gerne würde ich mich mal nett mit den Pennälern bei Kaffee und Tanz treffen. So wie die anderen sich nachmittags im Café Paulchen unterhalten! Das ist doch ganz harmlos", versuchte Margarete zu argumentieren.

„Aber du weißt auch, dass Paulus in seinem Brief an die Korinther geschrieben hat, dass wir unsere Freiheit, die wir in Christus ohne Frage haben, nicht gebrauchen sollen, wenn wir damit andere in Versuchung führen würden", rief ihr Deta die Bibelstelle in Erinnerung. Friedrich fügte unterstützend hinzu: „Es mag ja sein, dass es für dich ganz harmlos wäre, das Tanzen zu lernen und im Café Paulchen zu sitzen. Aber was ist mit den anderen Mädchen aus dem EC-Freundeskreis, den du leitest? Was würden sie dazu sagen? Wärst du ihnen dann noch ein Vorbild?"

„Aber in der Bibel steht doch auch nirgendwo, dass Tanzen etwas Schlechtes ist, oder?", platzte das Mädchen heraus. Das war der letzte Trumpf, den sie ausspielen konnte.

Friedrich schüttelte den Kopf: „Darum geht es doch gar nicht,

Margaretlein. Du kannst auch zur Ehre Gottes tanzen. Aber du musst beachten, in welcher Umgebung du bist, ob es für dich und andere eine Versuchung darstellt, wenn du tanzen gehst, und ob es nicht genau an der Stelle wichtig ist, einen Unterschied zur Welt zu machen."

Margarete sank am Küchentisch in sich zusammen. Sie stützte den Kopf in die Hände und versuchte das Gedankenkarussell anzuhalten. Natürlich verstand sie den Standpunkt ihrer Eltern. Sie war ja selbst der Meinung, dass Christen sich unterscheiden von der Welt. Aber bis zu diesem Zeitpunkt war diese Einstellung noch nie mit ihren eigenen Wünschen kollidiert.

Friedrich sah Deta an und nickte ihr auf ihren fragenden Blick hin zu.

Sie fasste die Hand ihrer Tochter: „Margaretlein, gib Acht. Dein Vater und ich möchten dir nicht verbieten, das Tanzen zu lernen. Aber wir wünschen uns, dass du verantwortlich damit umgehst. Deshalb wollen wir dir einen Vorschlag machen."

Als Margarete nicht reagierte, räusperte sich Friedrich: „Ich würde es dir selbst beibringen, Pülleli. Der Sitzungssaal ist ja groß genug und wir können dort in Ruhe üben. Ein ganz schlechter Tänzer bin ich schließlich auch nicht, oder Deta, nicht wahr?"

„Nun ja, bis auf den Foxtrott. Du hättest uns bei unserer Hochzeit sehen sollen, Margaretlein. Wir schwebten nur so übers Parkett. Aber als der Foxtrott dran war, gerieten wir völlig aus dem Takt. Nur weil ich dann geführt habe, haben wir den Tanz noch retten können."

„Wie bitte?", empörte sich Friedrich, aber das Zwinkern in seinen Augen verriet Margarete, dass ihn die Erinnerung ebenso amüsierte wie ihre Mutter, die begonnen hatte, Walzerschritte in der Küche auszuprobieren. Margarete stieß einen Seufzer aus und lehnte sich in ihrem Stuhl zurück. Aber letztlich stahl sich doch ein Lächeln auf ihr Gesicht, als sie ihren Eltern bei den Tanzversuchen zusah.

* * *

*Margaretes Tagebuch, 09.01.1936*
*Im Jugendbund für Entschiedenes Christentum gibt es regelmäßig sogenannte Weihestunden. Ich wehre mich aber innerlich, daran teilzu-*

*nehmen. Ich will auch kein Mitglied dort werden. Irgendwie erscheint mir die Auffassung da so eng. Man darf zum Beispiel keinen Lippenstift benutzen, nicht tanzen gehen, möglichst keinen Bubikopf haben und keine seidenen Strümpfe tragen. Alles ist so einseitig und steckt voller Vorbehalte.*

*Ich möchte im guten Sinn weltoffen sein. Aber ich will auch mit Jesus meinen Weg gehen. Oft sage ich mir: „Nicht der Anfang, nur das Ende krönt des Christen Pilgerlauf." Den Anfang habe ich ja gemacht. Aber auf den weiteren Weg kommt es an, und ich will doch das Ziel nicht aus den Augen verlieren!*

*Ich will doch meine Jugend genießen! Fromm sein kann ich auch noch später! Aber ich war doch bei Gott zu Hause! Wo stehe ich jetzt? Und wo werde ich Grund finden ohne ihn? Mir ist so, als ob ich mich noch mal ganz klar entscheiden müsste: für oder gegen Jesus Christus. Ich will auch nicht mal ihm, mal der Welt angehören, und einen goldenen Mittelweg gibt es nicht.*

* * *

„Margarete, du sollst zur Gruppenführerin kommen. Jetzt gleich, sonst wird Gunhild wieder ungeduldig."

Margarete hatte gerade nach Hause gehen wollen. Der Heimnachmittag beim BDM war heute schnell vergangen. Sie hatten einen eindrucksvollen Vortrag von einem Deutsch-Balten aus Riga gehört, der vom Schicksal der Deutschen in Russland berichtete. Seine erschütternden Schilderungen der Unterdrückung, Verfolgung und Misshandlung dieser Menschen durch die Bolschewisten waren ihr sehr nahegegangen. Mit etwas Mühe schüttelte sie diese Gedanken nun ab und versuchte sich vorzustellen, warum die Gruppenführerin sie sprechen wollte. Insgeheim hoffte Margarete auf eine Beförderung im BDM. Schaftführerin – das war in der letzten Zeit ihr erklärtes Ziel gewesen. Plötzlich war sie richtig aufgeregt.

„Heil Hitler!", begrüßte Gunhild die Dreizehnjährige. „Gut, dass du gleich gekommen bist, Margarete. Sag, warum kannst du am Sonntagvormittag keinen Dienst tun? Du weißt, dass wir dich als tüchtiges BDM-Mädel schätzen, aber du scheinst dich durchweg zu weigern, an den Sonntagsdiensten teilzunehmen. Warum?"

Margarete schluckte. Gunhild hatte sich auf die Kante des Schreibtisches gesetzt und schaute auf ein eng beschriebenes Blatt. Von dem her, was sie aus der Entfernung erkennen konnte, handelte es sich um einen Bericht ihrer Schaftführerin über sie. Was sollte sie bloß sagen?

„Gunhild, du weißt, dass ich am Sonntag in den Gottesdienst gehe. Das ist mir wichtiger als der BDM. In der Bibel steht, dass wir den Feiertag heiligen sollen und zuerst nach dem Reich Gottes trachten sollen, und das will ich tun."

Die Gruppenführerin hatte den Kopf gehoben und schaute sie scharf an.

„Ist das alles, was du zu sagen hast?"

Margarete nickte. In dem Moment wusste sie, dass sie ihre Chance auf den Posten als Schaftführerin verspielt hatte.

„Gut, du kannst gehen", sagte Gunhild und wandte sich wieder dem Blatt Papier vor ihr zu.

Margarete zögerte noch einen Moment. Der Wunsch, das Gesagte rückgängig zu machen, kam kurz in ihr auf, aber dann verließ sie einfach still den Raum.

Als Gunhild beim nächsten Appell die Namen beförderter Führerinnen bekannt gab, blitzte noch einmal kurz Hoffnung in Margarete auf. Vielleicht würde sie ja doch ... Und tatsächlich wurde ihr Name genannt. Sie war so überrascht, dass sie einfach sitzen blieb.

„Margarete, würdest du bitte nach vorne kommen?" Gunhild sah sie auffordernd an. Vor der Gruppe standen schon drei andere Mädchen, darunter auch ihre eigene Schaftführerin.

„Margarete Bartsch, hiermit ernenne ich dich zur Gruppengeldverwalterin der BDM-Gruppe Preußisch Friedland. Hilde Jung, hiermit ernenne ich dich zur Scharführerin der BDM-Gruppe ..."

Den Rest hörte Margarete nicht mehr. Sie fühlte sich unheimlich gekränkt. Ausgerechnet sie, die doch mit Zahlen auf Kriegsfuß stand, sollte die Gruppenkasse übernehmen? Ausgerechnet sie? Mechanisch folgte sie den anderen Mädchen zurück auf ihren Platz. Hatte sie sich nicht immer um die jüngeren Mädchen gekümmert? War sie nicht immer bereit gewesen, anstehende Aufgaben zu erledigen? Gerade als Selbstmitleid sie zu überschwemmen drohte, kam ihr ein Satz aus dem letzten Gemeinschaftstreffen in den Sinn: ‚Jesus blieb jede öffentliche Anerkennung verwehrt, aber das hielt ihn nicht davon ab, in Demut und Sanftmut die Liebe Gottes weiterzugeben.'

Während der Andacht hatte sie dem Pfarrer aus vollem Herzen zugestimmt. Aber gerade begann sie zu begreifen, was das für ihr eigenes Leben als Jüngerin Jesu bedeutete. Und das war kein besonders angenehmer Gedanke.

Später am Nachmittag, als Margarete wieder zu Hause war, setzte sie sich ans Klavier und nahm ihr Reichsliederbuch zur Hand. Sie spielte die frommen Lieder gerne einfach nur für sich, besonders dann, wenn sie traurig war oder sie etwas bedrückte. So wie heute. Nach kurzem Blättern hatte sie ihr Lieblingslied gefunden: „Komm zu dem Heiland, komme noch heut, folg seinem Wort, jetzt ist es noch Zeit! Er ist uns nah, zum Segnen bereit und ruft so freundlich: ‚Komm!'"

Leise sang sie die Strophe noch einmal. Das war es doch, was sie wirklich wollte: Nicht Schaftführerin werden, sondern dem Wort des Heilands folgen. Aber trotzdem war da diese große Enttäuschung in ihrem Herzen.

Das Mädchen klimperte weiter auf dem Klavier. Gedanken schossen ihr durch den Kopf, Dinge, die sie über Jesus gehört und gelesen hatte, Situationen aus ihrem Leben, und irgendwie schien das alles nicht zusammenpassen zu wollen. Ein Traum fiel ihr ein: Sie war dem Herrn Jesus begegnet, wie er sein Kreuz trug. Aber er war seltsamerweise auf dem Weg in ihre Schule gewesen. Die Schüler, die vorbeigekommen waren, hatten ihn verspottet und sich über ihn lustig gemacht. Ein Mädchen hatte Margarete gefragt, warum sie diesem Mann hinterherlaufe. Sie erinnerte sich genau, wie sie in diesem Moment große Freude erfüllt hatte. Aus voller Überzeugung hatte sie gesagt, dass sie sein Kind sei und nicht anders handeln wolle und könne. Der ganze Spott, die verachtenden Worte waren an ihr abgeprallt. Sie war sich ihrer Sache so sicher gewesen. Seltsam froh war sie am anderen Morgen aufgewacht und hatte sich vorgenommen, keine Angst mehr vor der Meinung ihrer Schulkameradinnen zu haben, wenn es galt, Jesus Christus vor ihren Freundinnen zu bekennen.

* * *

*Margaretes Tagebuch, 23.04.1936*
*Ich möchte wieder mit der Welt gehen. Ich kann nicht auf alles verzichten. Ich will nicht immer so fromm sein. Ach, ich weiß selber nicht, was ich will. Ich bin so traurig immer. Ich habe von Großmutter auch diesen Vers bekommen: „Sich selbst bekämpfen ist der schwerste Krieg, sich selbst besiegen, ist der schönste Sieg."*
*Aber ich sehne mich danach, auch mal mit jemand anderem zu tanzen, nicht nur mit Vati. Höre ich Tanzrhythmen, dann wiege ich mich leidenschaftlich gerne dazu im Takt. Trotz aller christlicher Bedenken möchte ich nach meiner Konfirmation Tanzstunden nehmen, wie alle in meinem Alter hier auf der Penne. Auch wenn es meine Eltern nicht wünschen, will ich und muss ich es durchsetzen!*

* * *

„Margarete, Margarete, warte!" Die Dreizehnjährige drehte sich um und sah Ulla auf sich zu stürmen.

„Wie schön, dass du wieder da bist! Ich habe mich so über deine Postkarte aus Breslau gefreut. Wie war denn deine Reise?", sprudelte die Freundin los.

Die trüben Gedanken in Margaretes Kopf wurden durch die herzliche Begrüßung zwar nicht ganz verscheucht, aber immerhin in den Hintergrund gedrängt.

„Oh, Ulla, ich kann dir gar nicht sagen, wie wunderschön es war. Ich war ja erst in Berlin und bin dann nach Düsseldorf gefahren ..."

„Etwa ganz alleine?", unterbrach Ulla sie erstaunt.

„Ja, aber das war gar kein Problem. Ich wurde ja immer abgeholt. Aber die Museen in Berlin und Sanssouci und die wunderschönen Gebäude. Du glaubst gar nicht, was es da alles zu sehen gibt! Und du kennst doch auch Erika, meine Cousine, nicht wahr? Mit ihr bin ich dann in Düsseldorf von einer Ausstellung zur nächsten gegangen. Es war unglaublich, wie viele tolle Künstler es gibt. Ich kam aus dem Staunen gar nicht mehr heraus."

Margarete genoss die Aufmerksamkeit der Freundin. Es war gut zu merken, dass ihr jemand gerne zuhörte.

„In Kassel bin ich dann auf der neuen Autobahn gefahren. Das war ein Gefühl, kann ich dir sagen!" Sie hatte sich in Fahrt geredet.

Eigentlich war diese Reise wirklich eine gelungene Belohnung für ihren Verzicht auf die Tanzstunden gewesen.

„Und hast du auch von dieser Geschichte in Oels gehört? Oh, das muss ich dir erzählen! Vor ein paar Wochen stand ein junges Mädchen vor dem Schaufenster eines Juweliers in Oels und schaute sich die Auslagen an. Und dann kam der Kronprinz vorbei und fragte sie, was sie sich denn wünsche ..."

„Sag bloß, er hat ihr tatsächlich Schmuck gekauft!", rief Ulla ungläubig aus. Margarete nickte und lächelte ein wenig verlegen.

„Du glaubst gar nicht, wie lange ich selbst vor diesem Schaufenster gestanden habe. Die ganze Zeit habe ich gedacht: So wie ich aussehe, spricht er mich bestimmt an. Er kommt bestimmt vorbei", fügte sie seufzend hinzu.

„Ach Margarete, da muss ich dir auch etwas erzählen", unterbrach Ulla sie.

„Du kennst doch Peter aus der Klasse über uns, stimmt's?"

„Der Große mit den braunen Locken?", fragte Margarete und gab sich Mühe, ihr Desinteresse zu verbergen.

„Ja, genau der. Wir sind jetzt zusammen! Stell dir vor, am Dienstag haben wir uns bei Paulchen getroffen, und dann hat er mich heimgebracht. Und an der Tür hat er mich geküsst. Ist das nicht toll?", schwärmte Ulla. „Und wusstest du schon, dass Karin jetzt mit Hans geht?"

„Nein", schnappte Margarete zurück, „aber wie schön für euch."

In ihrem Kopf schien sich alles zu drehen. Das war ja wieder typisch! Alle anderen hatten einen Freund. Nur sie nicht. Ein Schulkamerad hatte ihr einmal erzählt, dass die meisten Jungen sich gar nicht an sie heran trauten, weil sie als fromm und streng erzogen galt. Mit so einer gab man sich nicht ab. Für sie interessierte sich natürlich keiner. Ihre gute Laune war schlagartig verflogen.

Margaretes Einsilbigkeit fiel Ulla gar nicht auf. Sie plauderte munter weiter von ihrem letzten Rendezvous mit Peter und verabschiedete sich zu Margaretes Erleichterung an der nächsten Straßenecke.

* * *

*Margaretes Tagebuch, 08.09.1936*
*Morgen werde ich 14. So gerne möchte ich doch einen Freund haben wie die anderen Mädels hier. Zwar weiß ich, dass es viel schöner und besser ist, wenn man erst später nur einem Mann das Herz schenkt, aber es wäre doch auch jetzt schon schön. Doch es scheint so im Leben zu gehen, dass man den, den man will, nicht kriegt, nur den, den man nicht will.*
*Hans aus meiner Klasse, mit dem ich über manches offen reden kann, sagte mir doch heute, es gäbe so manche Mitschüler, die sich für mich interessieren, was ich gar nicht glauben wollte, denn ich hätte doch den Ruf in der Penne, unnahbar zu sein. Darauf Hans: „Das mögen wir ja gerade – so eine ‚Festung zu stürmen.'"*
*Ja, ich möchte auch erobert werden, und das nicht so schnell. Aber ICH müsste IHN dann auch mögen, und dies trifft leider bei den meisten nicht zu. Zwar fühle ich mich geschmeichelt, wenn Karl, der öfter zu uns nach Hause kommt, um Klavier zu spielen, mich schmachtend anguckt und mir verliebt vorspielt: „Hab acht auf Dein Herz, Margarete." Es hebt auch mein Selbstbewusstsein, dass Horst bei den Schularbeiten gute Ideen kommen, wenn sein Blick auf mein Foto fällt. Aber er ist nicht mein Typ – Victor dagegen, dem Unterprimaner, gilt zur Zeit mein ganzes sehnsuchtsvolles Herz – aber er übersieht mich.*

* * *

„Wir machen jetzt im Sommer 1936 einfach unsere eigenen Wettkämpfe", redete sich Georg-Wilhelm, Margaretes Cousin, in Fahrt, „und wir sind bestimmt mindestens genauso gut wie die Sportler bei der Olympiade."

Die Kinder hatten auf dem Heuboden im Kreis gesessen und beratschlagt, was sie mit dem angebrochenen Ferientag anfangen sollten. In der Zeitung hatten sie alle begeistert die Vorbereitungen zu den Olympischen Spielen und die ersten Wettkampfergebnisse verfolgt. Schade nur, dass Pommern so weit weg von Berlin war. Am liebsten wären sie alle dort gewesen, um die Wettkämpfe mit eigenen Augen zu sehen.

Nachdem Georg-Wilhelm allgemeine Zustimmung für seinen Vorschlag geerntet hatte, machten sich alle an die Vorbereitungen.

Ein Maßband für Kugelstoßen und Weitsprung musste gefunden, die Laufstrecken gekennzeichnet und eine Stoppuhr organisiert werden. Margarete sollte sich um die Preise für die Sieger kümmern. Sie verbrachte wieder einmal die Sommerferien auf den Gütern Wedderwill und Loepersdorf und hatte sich vom Olympia-Fieber ihrer Cousinen und Cousins anstecken lassen. Immer zwei Stufen auf einmal nehmend, stürmte sie die Treppe hinauf und lief direkt ihrem Onkel Hans in die Arme.

„Holla, wohin so schnell, junges Fräulein? Du hättest mich ja fast umgerannt", lachte der Onkel. Aufmerksam hörte er sich an, was die Kinder geplant hatten, und grinste dann verschwörerisch.

„Sehr lobenswert, was ihr da vorhabt! Dann komm mal mit, Pülleli. Wer sich so sportlich betätigt, der soll natürlich auch richtige Medaillen dafür bekommen. Publikum braucht ihr natürlich auch! Wenn ihr eure Wettkämpfe am Nachmittag austragt, dann können euch alle anfeuern. Ich werde mal mit Mamsell sprechen. Vielleicht lässt sich für heute Abend noch ein Siegermahl organisieren."

Gleich darauf kam Margarete mit einem Körbchen voller Gold-, Silber- und Bronzemünzen zurück zu den anderen, die gerade einen Plan für die verschiedenen Disziplinen aufstellten. Voller Begeisterung machten sie sich daran, Stühle und Bänke für die Zuschauer zusammenzutragen.

Wenige Stunden später waren alle Sitzgelegenheiten von Onkeln, Tanten, den Großeltern und einigen Bediensteten besetzt. Franz, der Kutscher, hatte sich bereit erklärt, als Wettkampfrichter zur Verfügung zu stehen, und Georg-Wilhelm hatte eine große Liste angefertigt, auf der die Ergebnisse eingetragen wurden. Margarete saß am Rand der improvisierten 100-Meter-Bahn und versuchte, ihr Seitenstechen in den Griff zu bekommen. Besonders gut hatte sie bis jetzt nicht abgeschnitten. Es hatte im Weitsprung aber wenigstens zu einer Bronzemedaille gereicht. Gedankenverloren drehte die Vierzehnjährige die Münze in der Hand. Onkel Hans und Tante Erika saßen schräg hinter ihr und unterhielten sich lautstark. Wenn sie nicht ihre Nichten und Neffen anfeuerten, diskutierten sie die Wettkampfergebnisse aus den Radio- und Zeitungsberichten.

„Da sieht man doch, dass Deutschland wieder Weltklasse erreicht hat. Wir sind Gastgeber für die unterschiedlichsten Länder, und schau dir unsere Kinder an. Das ist die Generation, die Deutschland wieder nach vorne bringt!", ereiferte sich Onkel Hans. „Jawohl, Georg-Wilhelm! Das war ein Rennen!"

Unter lautem Applaus wurden gleich darauf die Sieger gekürt.

„Jetzt sollten wir eigentlich auf dem Reichssportfeld in Berlin stehen und von allen bejubelt werden, was, Margaretlein?", prahlte der Onkel. „Wir sind einfach die Besten!"

„Aber Onkel Hans, findest du denn alles gut, was Reichskanzler Hitler tut? In Preußisch Friedland gibt es einige Leute, die seine Politik gar nicht gut finden", erwiderte das Mädchen.

„Ach, die sollen sich nicht so viele Gedanken machen! Schau dir doch an, was sich in den letzten Jahren alles verändert hat: Deutschland hat sich herausgeputzt. Wir haben so wenig Arbeitslose wie lange nicht mehr. Die wirtschaftliche Lage scheint ausgezeichnet, und jetzt haben wir auch die Olympischen Spiele in Deutschland. Das spricht ja wohl für sich! Dein Großvater, der hat's gewusst. Der hat die Hoffnung nie aufgegeben, dass Deutschland wieder ein starkes Land wird. Natürlich hat er auf einen Kaiser gehofft. Aber wir haben Hitler. Ich jedenfalls bin stolz, Deutscher zu sein!"

* * *

*Margaretes Tagebuch, 20.09.1937*
*Infolge eines Pfänderspieles auf einer Geburtstagsrunde fiel auf mich das Los, mit Hans, meinem Klassenkameraden, ins Café „Paulchen" zu gehen. Plötzlich tauchte Victor dort auf. Ich wurde ganz rot und konnte es zu meinem Ärger nicht verbergen. Ein paar Tage später hörte ich von Victor die Äußerung: „Ist Margarete denn nicht mehr fromm? Ich sah sie doch neulich bei ‚Paulchen'?" Da man sich dort auch zum Tanzen trifft, hätte er ja die Gelegenheit wahrnehmen können, mich für ein Tänzchen zu „schnappen". Aber er tanzte erst, als ich schon weg war. Das hat mich bitter enttäuscht, denn er soll einmal geäußert haben: „Wenn Margarete nicht so fromm wäre, hätte ich sie mir längst schon mal für ein Tänzchen geschnappt." So ist's mir zugetragen worden.*
*Ich bin sehr traurig, was soll ich von ihm halten? Ist alles Lug und Trug, was mir über ihn zugeflüstert wird? Die Pennäler denken, ich*

*renne Victor nach. Und solchen Gerüchten bin ich ausgeliefert, aber ich bin auch selber schuld daran!!! Jetzt sage ich jedem, der es wissen will, Victor ist für mich nur Luft, auch wenn ich dabei lüge. Gestern zeigte die HJ-Riege turnerische Übungen im Schützenhaus. Ich habe bei allen Beifall geklatscht, nur bei Victor nicht, das konnte jeder bemerken.*

* * *

„Inge, du bist die nächste. Margarete, du bist gleich anschließend dran." Die Ausbilderin wartete, bis Inge sich unter Glückwünschen von den Mädchen verabschiedet hatte, und begleitete sie dann in den Nebenraum, wo ihr die Prüfung zum Unfalldienstmädel abgenommen werden sollte.

Margarete knetete ihre kalten Finger. Sie war sehr aufgeregt. Vier Wochen verbrachte sie nun schon im Ostkurmarklager der HJ. Diesen Sommer war sie mit ihrer BDM-Gruppe in die riesige Zeltstadt am Zeuschtsee bei Drossen an der Oder gefahren. Unter hohen Kiefern lebten viele hundert BDM- und JM-Mädel in Zeltgruppen zu je fünfzig zusammen.

Die vielen neuen Mädels, die sie hier traf, die täglichen Appelle, die Wanderungen und Kurse, an denen sie teilnehmen durfte – das alles hätte so schön sein können. Wenn da nicht diese Postkarte gewesen wäre. Margarete hätte sich ohrfeigen können, dass sie völlig gedankenlos „... und meine Bibel lese ich täglich" darauf geschrieben hatte. Und das in einem Zehner-Zelt, wo zwischen den einzelnen Strohsäcken kaum Platz war. Da musste es ja jemand mitbekommen.

Als sie in der zweiten Woche nach dem Appell namentlich aufgerufen wurde, hatte sie noch geglaubt, dass sie ein besonderer Auftrag erwartete, vielleicht sogar eine Auszeichnung. Aber was dann kam, würde sie nie vergessen. Die Untergauführerin hatte sie in Grund und Boden gestampft, kein gutes Haar an ihr gelassen und hätte sie beinahe sogar wieder nach Hause geschickt. Und das bei Margarete, die sich doch wirklich solche Mühe gab, ein gutes BDM-Mädel zu sein.

Trotz dieser Demütigung hatte sich die Fünfzehnjährige nun erst recht ins Zeug gelegt. Alle Arbeiten, die sonst niemand tun wollte, hatte sie übernommen. Sogar für die Wachen am Haupttor meldete sie sich. Und das, obwohl gerade nachts oft Überfälle vom Jungenlager auf der anderen Seite des Sees zu erwarten waren. Alle in ihrer Zeltgruppe zeigten ihr die kalte Schulter, und der Gedanke, dass nicht nur sie, sondern auch ihre Gruppenführerin all die spöttischen Bemerkungen und Sticheleien aushalten musste, war für Margarete unerträglich. Gerade an diesem Morgen hatte sie ihre Gruppenführerin noch um eine Unterredung gebeten, die diese aber ungerührt abblitzen ließ.

Irgendwie hatte Margarete nun den Lehrgang für Unfalldienstmädel durchgestanden. Jetzt ging es nur noch darum, diese Prüfung zu bestehen, die letzten Tage im Zeltlager auszuhalten, und dann wäre alles vorbei. Da kam auch schon die Ausbilderin. Mit ausdrucksloser Stimme forderte sie Margarete auf, ihr zu folgen. Resigniert stellte Margarete fest, dass ihr niemand Glück wünschte.

Sie konnte sich kaum konzentrieren unter den eisigen Blicken des Prüfungskomitees. Die Ablehnung stand so greifbar im Raum, dass sie am liebsten weggerannt wäre. So gut es ging, versuchte Margarete die Fragen zu beantworten, die ihr die Prüfer stellten.

„Was gibt man bei Durchfallerkrankungen?", klang die Stimme der Prüferin hart durch den Raum. Aber Margarete konnte nicht mehr denken.

„Äh, Rizinus, glaube ich", stammelte sie und wusste schon im gleichen Moment, dass es die falsche Antwort war. Sie hatte auf der ganzen Linie versagt.

* * *

„Also Margaretlein, da war ich vorhin wirklich hin und weg! Dass du uns aber auch kein Wort verraten hast, dass du bereits Lautenunterricht bekommst." Friedrich umarmte seine Tochter. „Aber du hast ganz wunderbar gespielt, doch Heiligabend gabst du dich so stümperhaft, als du die Laute in die Hand nahmst."

Deta pflichtete ihm bei: „Das ist wirklich ein wunderschönes Weihnachtsgeschenk, das du uns damit gemacht hast. Solche Überraschungen sind mir die liebsten."

Margarete hatte am Heiligabend von ihren Eltern eine Laute geschenkt bekommen, übte aber schon seit geraumer Zeit heimlich mit einer Schwester aus der Gemeinschaft. Sie hatte sich sehr das Lachen verbeißen müssen, als sie sich mit den anderen Jugendlichen auf das Podium begeben musste, so als würde sie schon immer im Lautenchor spielen. Sie hatte sich kein einziges Mal verspielt, die Eltern wollten ihren Augen und Ohren kaum trauen.

Gerade gestern, am Weihnachtsabend, war sie als Weihnachtsmann verkleidet durch den hohen Schnee gestapft. In der Nachbarschaft wohnte ein Mädchen, das vor kurzem seine Mutter verloren hatte. Margarete wusste, dass der Vater trank und dass die Familie nicht viel zum Leben hatte. Mit einem kleinen Päckchen unter dem Arm, in dem ein Büchlein von ihr, eine Anstecknadel, ein Gesellschaftsspiel, ein Nadeletui und einige Lebensmittel waren, hatte sie sich ins Haus geschlichen. Leider nicht ganz so leise, wie sie es sich erhofft hatte. Mit verstellter Stimme hatte Margarete schnell ihr Sprüchlein aufgesagt und war schon wieder zur Tür hinaus, ehe jemand ihr danken konnte. Aber das wollte sie auch gar nicht. Dieses Gefühl, jemandem etwas Gutes getan zu haben, reichte ihr aus.

Auf dem Heimweg kamen sie wieder am Haus dieser Familie vorbei, und Margarete spähte kurz durch die Fenster, sah aber nur Kerzenschein und ein paar Schatten.

Über Weihnachten war Familie Bartsch wieder einmal nur zu dritt. Die Jugendlichen, die sonst in der Bartschen Pension wohnten, waren zu den Feiertagen alle zu Hause, und Margarete genoss es nun, ihre Eltern für sich allein zu haben. Nach einem einfachen, aber reichlichen Festtagsessen machten sich Margarete und ihr Vater auf zu einem Spaziergang durch den frischen Schnee. Schnäpschen begleitete sie und war schon bald weiß überpudert, weil er durch die Schneewehen tobte.

„Guck mal, Vati, Schnäpschen hat seinen Festtagspelz angelegt“, kicherte Margarete. An den Beinen des Rauhaardackels war der Schnee zu kleinen Eiskugeln zusammengeschmolzen, die er vergeblich zu zerbeißen versuchte, und auf Kopf und Rücken hatte er kleine Schneehauben.

„Du siehst vielleicht aus, Schnäpschen. Komm mal her, ich befreie dich vom Eis“, lockte Friedrich den Hund. Nach wenigen Minuten sah er aber wieder genauso aus, und Vater und Tochter ließen ihn weiter um sich herum tollen.

„Vati, was ist denn das für ein Prozess, an dem du gerade arbeitest?", wollte Margarete wissen. „Du hast erzählt, dass es so eine komplizierte Entscheidung wäre."

„Es ist nie einfach, Recht zu sprechen, Margaretlein. Aber ja, der Prozess ist nicht ohne. Weißt du, ich möchte bei keinem meiner Urteile zu sehr nach den Paragraphen gehen und dabei die Menschen aus dem Blick verlieren. In der Gefahr ist man sehr schnell. Ich versuche dir mal zu erklären, worum es geht. Mal sehen, wie du entscheiden würdest. Ob wir wohl wieder einer Meinung sind?"

Margarete hörte aufmerksam zu, als Friedrich die unterschiedlichen Positionen erläuterte. Ein- oder zweimal hatte er sie schon gefragt, ob sie denn nicht auch Jura studieren wolle, aber das konnte sie sich nicht vorstellen. Viel zu viel musste man da wissen, bedenken und abschätzen. Aber sie freute sich, dass ihr Vater die für ihn wichtigen Dinge mit ihr teilte und ihre Meinung dazu wissen wollte.

Auch diesmal stellten sie fest, dass Margarete genauso entschieden hätte wie ihr Vater.

„Du solltest doch Jura studieren, mein Kind", neckte Friedrich. „Eigentlich müsstest du sogar das Studium verkürzen können. Schließlich habe ich dir ja schon alles beigebracht!"

„Ach, besser nicht, Vati."

„Nein, du hast recht. In den heutigen Zeiten wäre das nicht gut. Wer kann heute schon noch sagen, was Gerechtigkeit ist ...", seufzte Friedrich

„Wie meinst du das?", fragte Margarete irritiert.

Ihr Vater suchte nach den richtigen Worten: „Ich weiß gar nicht, ob ich dir das erzählen sollte. Nicht, dass du dir unnötig Sorgen machst. Es ist nun einfach so, dass meine Vorgesetzten mit meinen Entscheidungen nicht ganz einverstanden sind. Du weißt ja, dass sich gerade viele Gesetze verändern. Es gibt unendlich viele Neuerungen, und mit vielen bin ich nicht einverstanden. Natürlich muss ich mich an geltendes Recht halten, aber ich entscheide zum Beispiel nicht zugunsten eines Klienten, nur weil er in der NSDAP ist."

„Macht man dir daraus einen Vorwurf?", fragte Margarete.

„Ja und nein. Mach dir keine Sorgen, versprich mir das. Meine Vorgesetzten haben ein paar meiner Urteile kritisiert. Aber weißt du, die Predigt von heute hat mich sehr beeindruckt“, beruhigte Friedrich seine Tochter. „Weißt du noch, worum es ging?“

„Natürlich, ich habe mich schon oft gefragt, was dieser Vers aus dem Matthäus-Evangelium bedeuten soll. Zuerst nach dem Reich Gottes zu trachten erscheint mir so schwierig“, antwortete Margarete.

„Ich weiß, jeder von uns muss sich dieser Frage, ob er dem Reich Gottes die erste Stelle einräumt, stellen. Aber mich hat heute besonders die Verheißung begeistert, die damit zusammenhängt.“

Im Kopf ging das Mädchen den Bibelvers weiter durch: „‚... so wird euch alles andere zufallen.‘ Meinst du das, Vati?“

„Genau das meine ich. Deshalb werde ich wahrscheinlich nicht mehr lange als Richter arbeiten“, schloss Friedrich.

„Aber was willst du denn dann machen? Ich meine, wovon sollen wir denn dann leben?“ Margarete war verwirrt. Das hatte sie nicht erwartet. Aber Friedrich legte ihr besänftigend den Arm um die Schultern.

„Deine Mutter und ich reden schon seit einer Weile darüber, ob ich nicht das Angebot von Pfarrer Krawielitzki ...“

„Der Direktor des Deutschen Gemeinschafts-Diakonie-Verbandes?“

„Genau der. Er hat mir ein Angebot gemacht, als Syndikus im Diakonieverband zu arbeiten. Das hieße, dass ich kein Beamter mehr bin. Deine Mutter und ich glauben, dass es der richtige Weg ist.“

* * *

*Margaretes Tagebuch, 03.03.1938*
*Ach, wenn ich doch nur ein einziges Mal mit Victor sprechen könnte, damit Klarheit zwischen uns herrscht und wir nicht immer nur von dem abhängig sind, was andere über uns wissen und reden. Ich weiß ja nicht, was ich für wahr halten kann.*
*Heute hatte Victor Schulaufsicht in den Pausen, ganz allein. Der Korridor war schon leer, aber ich sah ihn im Vorbeigehen überhaupt nicht an und gab mir einen völlig kühlen und gleichgültigen Anschein, obwohl es ganz anders in mir aussah.*

* * *

*Margaretes Tagebuch, 17.07.1938*
*Das neue Leben, das Gott mir schenkt, streitet wider das alte Leben, in dem mein Ich regiert. Ich will doch meine schlechten Seiten bekämpfen und damit so früh wie möglich beginnen, damit ich mich erst gar nicht an das Schlechte gewöhne. Wenn ich doch schon so weit wäre! Aber die Menschen ...! Nur ihretwegen, und wegen dem, was sie über mich denken, verscherze ich mir so viel. Wie dumm und feige bin ich doch! Um in der Nachfolge zu wachsen, müsste ich immer der leisen Stimme in mir gehorchen. Doch das kriege ich nicht allein fertig. In der Bibel steht: „Ich vermag alles durch den, der mich mächtig macht, Jesus Christus." Das möchte ich ja gerne beherzigen. So will ich mich bemühen und ihn bitten, mir zu helfen, Gisela T. zu lieben, die mich immer wieder verletzt. Jesus liebte seine Feinde!*

* * *

„He, Werner, nicht so schnell!" Margarete trat mit aller Kraft in die Pedale. Sie waren gerade auf dem Weg zur Ordensruine Balga am Frischen Haff. Vor ihnen und hinter ihnen fuhren die Jungen und Mädchen aus ihrer Klasse in einer langen Reihe auf der Landstraße. Der Klassenlehrer, Herr Schwabe, führte den Zug von Fahrrädern, und hin und wieder konnte Margarete hören, wie er Bemerkungen und Informationen, die Gegend betreffend, über die Schulter hinweg seinen Schülern zurief.

Vor fünf Tagen waren sie zur Klassenfahrt nach Nordostpreußen aufgebrochen. Nachdem sie sich in der recht feudalen Jugendherberge in Marienburg eingerichtet und den Blick über die Nogat auf die am anderen Ufer gelegene stattliche Burg hatten schweifen lassen, war die ganze Klasse noch für einen kurzen Spaziergang dorthin aufgebrochen. Am zweiten Tag waren sie die fünf Kilometer nach Elbing gefahren, hatten die Schichau-Werft gesehen und waren mit dem Dampfer in zwei Stunden über das Frische Haff nach Kahlberg gefahren. In dem kleinen Ostseebad waren sie bis zum Abend geblieben, um dem Kurkonzert zu lauschen.

Am Tag darauf ging es mit den Rädern auf der Frischen Nehrung in Richtung Pillau. Margarete hatte vom Fahren auf dem sehr sandigen und unebenen Weg schon bald ordentlichen Muskelkater. Der Regenschauer, der sie dann noch überraschte, hätte ihr fast die Laune verdorben, weil sie völlig durchnässt wurde. Aber das anschließende Bad in den Ostseewellen und eine kräftige Pilzsuppe in der Jugendherberge „Grenzhaus" stärkten die müden Glieder. Am Nachmittag waren sie dann in Pillau angekommen, wo Herr Schwabe sie im großzügig angelegten Hafen von Pillau herumführte und einen abendlichen Gang auf der Nordermole mit seiner Klasse machte. In Pillau lag gerade die ‚Gneisenau' vor Anker und präsentierte sich den Jugendlichen vor dem Hintergrund aufblitzender Übungsschüsse der Flakbatterien. Romantisch und abenteuerlich zugleich war es Margarete erschienen.

Der vierte Tag begann mit dem Ruf ‚Auf nach Königsberg!'. Die neue Chaussee dorthin erleichterte ihnen das Vorankommen mit den Rädern. Alle waren begeistert von der Schönheit der Stadt. Margarete hatten es vor allem die Speicher, die wie aufgebaute Theaterkulissen hinter einer Pregelbrücke standen, angetan. In Gedanken schmiedete sie schon Pläne, nach dem Abitur in Königsberg zu studieren. Und am liebsten würde sie dann im Schloss wohnen, in den königlichen Gemächern der Königin Luise. Als sie durch die Räume geführt wurden, konnte sich das Mädchen lebhaft vorstellen, wie es dort zugegangen war, bevor die Königin damals zu ihrem Bittgang zu Napoleon in Tilsit aufbrach.

Dann erholte sich die Klasse im historischen Weinlokal ‚Blutgericht', wo sich jeder mit der Erlaubnis von Herrn Schwabe ein Glas Rotwein bestellen durfte. Margarete war aber noch so begeistert von dem Erlebten, dass sie beim wilden Gestikulieren ihr noch volles Glas umstieß.

Und nun waren sie schon den fünften Tag unterwegs, und die Stimmung wurde immer ausgelassener. Herr Schwabe und Jochen stimmten eine bekannte Melodie an, als sie Rast machten. Margarete summte zuerst mit, weil sie den Text nicht kannte, aber dann horchte sie auf. Jochen sang lauthals Spottverse über das Christentum und bereitete allen einen Riesenspaß. Die Jungen johlten und klatschten ihm Beifall, und Herr Schwabe schlug ihm freundschaftlich und mit ein paar lobenden Worten auf die Schulter.

Das konnte doch nicht wahr sein, dass ausgerechnet ihr Deutschlehrer, von dem sie so viel hielt, mit allen anderen derartig über ihren Glauben herzog! Margarete nahm ihren Mut zusammen und zwängte sich zwischen den Jungen hindurch:

„Ich finde es nicht fair, mit so einem Lied den christlichen Glauben zu verspotten. Und vor allem solltet ihr das nicht auf offener Straße im Ort singen, sondern nur dann, wenn ihr unter euch alleine seid!"

„Reg dich nicht so auf, Margarete. Es weiß doch jeder, dass ich recht habe mit dem, was ich sage", spielte Jochen ihre aufgebrachten Worte herunter. Doch als sie sich zu ihm umwandte und mit energischen Schritten auf ihren Mitschüler zuging, hielt er inne.

„Oh nein, du hast nicht recht. Dieser Glaube an Christus ist nun mal auch mein Glaube, und der geht mir über alles! Mit solchen Worten wird auch meine Ehre angetastet. Wir Christen verspotten ja auch nicht euren Glauben, sondern achten ihn. Warum sollte es umgekehrt nicht gelten?"

„Also Margarete", mischte sich Herr Schwabe ein, „was fällt dir ein, so mit deinem Mitschüler umzuspringen! Dieses Lied haben wir auf der NS-Lehrerfortbildung gelernt, und es ist klar, dass wir es hier singen können. Das soll uns kein Mensch verbieten. Morgen werden wir es wieder singen."

Sie konnte ihm ansehen, dass der Lehrer sehr aufgebracht war. Aber in dem Moment war ihr das egal. Margarete machte auf dem Absatz kehrt und stolzierte zurück zu dem Platz, wo sie ihre Sachen gelassen hatte. Ihre Klassenkameraden waren einigermaßen verblüfft. Aber im Laufe des Tages kamen einige zu ihr und stimmten ihr zu. Herr Schwabe war in ihrer Achtung zwar enorm gesunken, aber Margarete war froh, dass sie zu ihrem Glauben gestanden hatte.

* * *

*Margaretes Tagebuch, 08.09.1938*
*Morgen feiere ich meinen 16. Geburtstag. Obwohl ich mein Leben mit niemandem tauschen möchte, habe ich solche Sehnsucht nach Tanzen und Liebe, oder wie immer man es nun nennen will. Anderen Menschen kann ich das nicht sagen. Christen in meiner Umgebung*

*meinen dann gleich, ich wäre innerlich nicht ganz in Ordnung, also auf dem falschen Weg, obwohl das doch gar nichts mit meinem Glauben zu tun hat! Oder? Wie gut, dass ich mein Tagebuch habe und ihm alle meine romantischen Gefühle, die oft stärker sind als die Liebe zu Jesus Christus, anvertrauen darf.*
*Oft klimpere ich auf unserem Flügel Operettenarien und singe mit hingebender Einfühlung die Texte mit. Je älter ich werde, desto mehr ersetzen sie auch die heroischen Vaterlandslieder, die mich früher so begeisterten.*

* * *

„Mutti, hast du schon gehört: Aaron, der Lumpensammler, ist nicht mehr da. In der Schule sagen sie, dass er in ein Arbeitslager gebracht wurde. Meinst du, das haben sie gemacht, weil er Jude ist?"

Deta schälte weiter Kartoffeln. Ihr war schon den ganzen Tag unbehaglich zumute. Der Druck, den man auf die Juden in Preußisch Friedland ausübte, war immer stärker geworden. Sie ging zwar trotzdem noch in den gleichen Läden einkaufen, auch in den jüdischen, aber sie merkte deutlich, unter welcher Anspannung diese Menschen lebten. Viele waren schon aus der Stadt weggegangen. Mit einigen hatte sie gesprochen, die nach Amerika auswandern wollten. Und irgendetwas lag in der Luft.

„Mutti, was ist denn? Ist alles in Ordnung?", fragte Margarete.

„Ach, mein Kind, ich mache mir ein bisschen Sorgen. Erinnerst du dich noch an die Geschichte mit Herrn Böttcher vor einem Jahr?"

„Du meinst meinen Klavierlehrer? Wo ich die Aussage bei der Polizei machen musste, weil meine Handarbeitslehrerin ihn einen Vaterlandsverräter genannt hatte?"

Deta stellte die Schüssel mit den Kartoffeln zur Seite und ergriff die Hände ihrer Tochter, die sich neben sie gesetzt hatte.

„Ja, das meine ich, Margaretlein. Weißt du, es gibt mir einfach zu denken, dass Leute, die nicht mit der Meinung der NSDAP übereinstimmen, besonders die Juden, so schlecht behandelt werden. Die Sache mit Herrn Böttcher war noch harmlos. Die Anzeige deiner Lehrerin gegen ihn wurde ja damals fallen gelassen. Aber es verändert sich etwas. Die Menschen verändern sich. Und zwar auf eine Art und Weise, die mir gar nicht gefällt."

In dem Moment kochte das Kartoffelwasser über und Margarete sprang zum Herd.

„Ach Mutti, ich glaube, du musst dir keine Sorgen machen. Sicher ist alles in bester Ordnung. Komm, ich helfe dir noch mit den restlichen Kartoffeln."

Nur wenige Stunden später erwachte Margarete, weil Leute durch die Straßen rannten und Parolen brüllten. Es musste mitten in der Nacht sein. Zumindest war es draußen noch dunkel. In der Wohnung hörte sie ihre Eltern und das Dienstmädchen reden. Aber sie machte sich keine Gedanken darüber und schlief schnell wieder ein.

Am nächsten Morgen erwachte die Sechzehnjährige erst spät. Mit einem Ruck setzte sich Margarete auf. Sie hatte verschlafen! Die Schule hatte schon längst angefangen.

Mit fliegenden Fingern kleidete sie sich an, warf alle nötigen Dinge in ihre Schultasche und rannte hinaus auf den Flur. Ihr Vater kam gerade zur Haustür herein.

„Ah, Margaretlein, hast du gut geschlafen?"

„Warum hat mich denn keiner geweckt, Papilein? Ich muss doch zur Schule. Jetzt komme ich doch viel zu spät", erklärte sie hektisch.

„Komm erst mal mit in die Küche. Wir haben dich schlafen lassen, weil du heute nicht zur Schule gehen wirst, mein Kind. Komm, ich werde dir gleich alles erklären." Friedrich nahm ihr die Schultasche aus der Hand und schob sie sanft vor sich her in die Küche. Dort saßen schon Deta und Herta, die ganz blass im Gesicht war und aufgeregt erzählte: „... die Synagoge ist vollständig abgebrannt. Viele Geschäfte sind nur noch Trümmerhaufen. Es ist furchtbar!"

Deta legte ihr beruhigend die Hand auf die Schulter und bedeutete ihrer Tochter und ihrem Mann, sich mit an den Tisch zu setzen.

„Was ist denn nun los?", fragte Margarete. Der leicht gereizte Unterton in ihrer Stimme entging ihren Eltern nicht.

„Hast du denn gar nichts mitbekommen, Margaretlein?", fragte Herta bestürzt. „Die ganze Stadt ist in Aufruhr. Letzte Nacht sind überall in Deutschland die Synagogen in Brand gesteckt worden. Sämtliche jüdischen Geschäfte in Preußisch Friedland sind verwüstet und man treibt die Juden gerade am Bahnhof zusammen."

„Herta, es ist genug", unterbrach Deta das Hausmädchen.

„Lass nur, Deta, ich glaube, Margarete sollte wissen, was hier passiert", schaltete sich Friedrich ein. „Mein Kind, du weißt ja selbst von all den schrecklichen Dingen, die über die Juden erzählt werden."

„Ja, im BDM bringen sie uns bei, dass die Juden die Christen ermorden würden, sie seien unser Verderben, würden Kriege anzetteln, betrügen und das alles. Aber das kann ich mir nicht vorstellen!"

„Es stimmt auch nicht", sagte Friedrich mit Nachdruck. „Ich habe auf einer Konferenz einmal eine jüdische Diakonisse kennengelernt, und sie ist eine der Personen, die mich am tiefsten beeindruckt haben. Ich habe noch nie jemanden erlebt, der eine solche Ausstrahlung hatte.

Auch die Juden, mit denen wir in unserer Stadt zu tun hatten, sind Menschen wie wir. Die Propaganda gegen sie ist völlig unbegründet!"

„Und was machen wir jetzt?", fragte Margarete ratlos.

Deta fasste die Hände ihres Mannes und ihrer Tochter: „Wir werden Konsequenzen ziehen."

* * *

Die Mädchen gingen hinter dem Kartoffelpflug her. Margarete, Gisela und Ilse liefen hintereinander in der Furche. Ihre Klasse war von der HJ zum Arbeitseinsatz aufgerufen worden und half seit Anfang der Woche bei der Ernte. Plötzlich stöhnte Margarete auf. Sie stützte sich auf den Korb, in den sie die Knollen sammelten, und war ganz bleich im Gesicht.

Gisela lief schnell zu ihr: „Was ist denn mit dir? Geht es dir nicht gut, Margarete?"

„Ach, es ist bestimmt nichts. Ich hatte nur gerade so ein Ziehen im Rücken. Es ist bestimmt nichts", versuchte sie die besorgte Freundin zu beruhigen. Aber Gisela sah ihr an, dass es nicht nur ein harmloses Ziehen im Rücken war.

„Es geht schon. Der Schmerz ist ja wieder weg. Danke für deine Sorge, Gisela, aber es ist wirklich nichts."

Die letzte halbe Arbeitsstunde überstand die Sechzehnjährige noch irgendwie. Sie versuchte sich nichts anmerken zu lassen. Als sie zu Hause ankam, sah ihr Deta aber sofort an, dass etwas nicht stimmte:

„Margarete, geht es dir gut? Du bist ganz blass. Komm, setz dich. Ich muss noch etwas mit dir besprechen."

Gehorsam nahm das Mädchen am Küchentisch Platz. Sie fühlte sich wirklich nicht gut.

„Doktor Zmud war vorhin hier", begann ihre Mutter, „und wir haben beschlossen, dass du noch einmal mit der Schule aussetzen und mit uns nach Gunzenhausen umziehen sollst."

„Aber ich sollte doch als Schülerin hier in Pension bleiben. Dann müsste ich meine Freundinnen nicht verlassen, und die Schule könnte ich doch auch hier fertig machen."

Deta nickte: „Aber du bist so zart, mein Kind. Wir halten es für besser, wenn du noch ein paar Monate pausierst und dann in Bayern weiter die Schule besuchst. Bis es so weit ist, kannst du noch in Wedderwill sein, dich gut erholen, und dann sehen wir weiter. Vertrau mir, Margaretlein, es ist besser so."

Ihre Tochter nickte. Vielleicht war es ja wirklich besser so. Bis zum Umzug im Januar des nächsten Jahres war ja auch noch etwas Zeit. Und wer weiß, welche spannenden neuen Dinge noch bis dahin vor ihr lagen.

* * *

*Rudolstadt 1939*

Schwungvoll warf Margarete ihre Haare in den Nacken. Unter den bewundernden Blicken und den Komplimenten des Oberleutnants fühlte sie sich zunehmend wohler, obwohl sie nach außen hin nach wie vor die Abweisende und Kühle gab. Nach solcher Aufmerksamkeit hatte sie sich oft gesehnt.

Die Zeit auf Gut Wedderwill bei den Großeltern war zwar auch schön gewesen, aber sie hatte das Faulenzen dann doch irgendwann satt gehabt. Dafür war hier in Rudolstadt, wo sie nun seit ein paar Wochen bei den Verwandten Hantelmann wohnte, reichlich Zeit zum Lesen gewesen. Besonders angetan hatte es ihr der Roman „Vom Winde verweht", und Margarete gab sich ganz dem Herzschmerz von Scarlett O'Hara hin. So sehr wünschte sie sich dabei, doch auch begehrt und erobert zu werden.

Heute war der Standortball der Luftwaffe in Rudolstadt, und Tante Gertrud und Onkel Erich hatten ihre Kinder und Margarete mitgenommen. Eine willkommene Abwechslung für alle.

„Gnädiges Fräulein, darf ich noch um den nächsten Tanz bitten?“, sagte der Oberleutnant, verbeugte sich und zwinkerte ihr zu.

Gerne ließ Margarete sich auffordern, blickte ihn trotzdem forschend und kühl von unten herauf an, nickte gnädig und ließ sich dann auf die Tanzfläche führen.

Erhitzt, aber in bester Laune, brachte der junge Offizier Margarete später an ihren Tisch zurück, bestellte zwei Gläser Wein und setzte sich dann ihr gegenüber.

„Nun, gnädiges Fräulein, Sie haben mir immer noch nicht verraten, was so eine hübsche junge Dame wie Sie nach Rudolstadt verschlagen hat“, neckte er sie.

„Wenn Sie es ganz genau wissen wollen – die Schule“, erwiderte Margarete.

„Das glaube ich Ihnen nicht!“, gab der Oberleutnant zurück. „Sie nehmen mich doch auf den Arm, nicht wahr? Wollen Sie wirklich in diesem Nest zur Schule gehen? Auf Sie wartet doch die weite Welt!“

Margarete fühlte sich geschmeichelt. Von diesem Mann wurde sie wirklich wie eine Dame behandelt. Irgendwie genoss sie es, sich ein geheimnisvolles Äußeres zu geben und eine spannende Geschichte über ihr Leben zu erfinden. Andererseits wollte sie bei der Wahrheit bleiben, und die war alles andere als spannend. Es war ihr schon ein wenig unangenehm, darüber zu reden.

„Bitte verzeihen Sie, wenn ich Ihnen mit der Frage zu nahe trete“, räusperte sich ihr Gegenüber. Ihm war die Veränderung in Margaretes Gesicht nicht entgangen.

„Nein, es ist schon in Ordnung“, seufzte Margarete. „Es ist nur so, dass ich gerne die große, weite Welt kennenlernen würde. Aber meine Eltern haben mich aus der Schule genommen, weil ich zu zart sei, wie die Ärzte meinen. Deshalb habe ich nur die Obersekunda beendet. Nun sind wir von Pommern nach Bayern gezogen, weil mein Vater nahe Nürnberg tätig sein wird. In ein paar Wochen soll ich dort die Haushaltsschule besuchen.“

„Aber das ist doch nichts Schlimmes“, meinte der Oberleutnant, „und Sie sind nun mit Ihren Eltern hier in Rudolstadt? Darf man dann auch weiterhin mit Ihrer Gesellschaft rechnen?“

Sein ungebrochenes Interesse und die Komplimente, mit denen sie schon den ganzen Abend überhäuft wurde, ließen Margarete wieder erröten. Aber schlagfertig, wie sie war, gab sie zurück: „Als ob Sie hier nicht genug angenehme Gesellschaft hätten! Aber meine Eltern sind nicht in Rudolstadt. Im Moment lebe ich bei Familie von Hantelmann. Und da mein Onkel Kommandeur der Standorte von Jena, Rudolstadt und Saalfeld ist, kann es durchaus sein, dass wir uns wieder über den Weg laufen."

Und so geschah es denn auch. Auf dem Weg zur Heidecksburg, jenem alten Gemäuer, das über der Stadt thronte, begegneten die beiden Cousinen dem forschen Oberleutnant am nächsten Tag ganz zufällig. Schock und Freude ließen Margaretes Herz schneller schlagen. Spontan wandte sie sich an ihre Begleiterin: „Gehe nur schon voraus. Wir wollen noch ein wenig unter vier Augen reden", so flüsterte Margarete Erika ins Ohr. Die blickte sie stirnrunzelnd an: „Glaubst du, dass es eine gute Idee ist, dich nach Hause bringen zu lassen? Komm bloß nicht zu spät! Da lassen meine Eltern nicht mit sich scherzen."

„Mach dir keine Sorgen", beruhigte sie Margarete. Tante Gertrud und Onkel Erich werden gar nicht merken, dass ich später komme."

Ganz so einfach, wie sie sich das vorgestellt hatte, war es dann doch nicht. Kaum dass Margarete die Haustür so leise wie möglich hinter sich geschlossen hatte, kam auch schon Georg-Wilhelm auf sie zugestürmt.

„Du sollst sofort zu meinen Eltern kommen. Keine Ahnung, wie sie gemerkt haben, dass du nicht bei uns warst, aber sie regen sich fürchterlich auf", sagte er, zuckte auf ihren fragenden Blick hin mit den Achseln und ging ihr voran zum Elternschlafzimmer, wo Tante Gertrud und Onkel Erich sich aufhielten.

„Was fällt dir eigentlich ein, Margarete?", empfing sie der Onkel. „Einfach eine halbe Stunde später nach Hause zu kommen. Und noch dazu mit einem Offizier, der sich bei mir nicht einmal vorgestellt, geschweige denn um Erlaubnis gebeten hat, mit der Nichte des Kommandeurs auszugehen. Er hätte hier zuerst einen Besuch machen müssen! Und selbst dann wäre es äußerst zweifelhaft, ob er meine Erlaubnis bekommen hätte. Dieses Benehmen – also wirklich! Wo soll es mit der Jugend von heute noch hinführen! Und du unterstützt ihn darin auch noch, Margarete. Das kann ich nicht dulden. Es hätte wer weiß was geschehen können ...

„Aber es ist doch noch gar nicht spät, Onkel", unterbrach sie den aufgeregt im Zimmer auf und ab gehenden Onkel. „Was hätte denn schon passieren sollen?"

„Margarete, ich bin für dich verantwortlich! Deine Eltern haben dich in unsere Obhut gegeben. Das bedeutet auch, dass du nach den Regeln in diesem Haus zu leben hast. Jeder Besuch, insbesondere der von Soldaten aus meinem Verantwortungsbereich, muss bei mir angekündigt werden", schimpfte Onkel Erich. „Das ist wirklich unglaublich! Geh jetzt auf dein Zimmer."

„Aber Onkel Erich, der Oberleutnant hat mich doch zum offenen Sonntag der Luftwaffe eingeladen. Darf ich da mit ihm hingehen? Ich kann ihm ja ausrichten, dass er zuerst bei dir einen Besuch machen muss!", bettelte Margarete. Sie sah ihr neugewonnenes Glück schon wieder dahinschwinden. Und als sie nun in das Gesicht ihres Gastvaters blickte, wusste sie, dass es nicht der richtige Zeitpunkt gewesen war, ihre Bitte auszusprechen.

„Du wagst es tatsächlich, mich zu fragen, ob du noch einmal mit diesem Mann ausgehen kannst? Raus! Geh auf dein Zimmer, und kein Wort mehr darüber. Du wirst ihm ein Telegramm schicken, dass du ihn nicht wiedersiehst!"

* * *

Nach dieser Standpauke war die Stimmung beim Frühstück am nächsten Morgen nicht allzu gut. Margarete ärgerte sich immer noch, dass sie von ihrer Einladung erzählt hatte. Wenn sie doch nur geschwiegen hätte. Vielleicht wären Erika und Georg-Wilhelm sowieso hingegangen und sie hätte sich unauffällig anschließen und den netten Oberleutnant wiedersehen können. Aber daraus wurde nun nichts.

In das Schweigen hinein, das nur vom gelegentlichen Klappern der Löffel und Messer unterbrochen wurde, schellte die Türglocke. Tante Gertrud kam gleich darauf mit einem Telegramm in der Hand zurück und reichte es an Onkel Erich weiter.

„Es ist von Onkel Karl!", verkündete Georg-Wilhelm, der seinem Vater über die Schulter schaute.

„Von wem?“, fragte Margarete. Einen Onkel Karl kannte sie noch nicht.

„Das ist der Mann von Mutters Cousine Ursula aus Meesow. Sie leben auf Gut Lebehn bei Stettin und sind reich. Außerdem ist Onkel Karl ein Verehrer von Mutter“, erklärte Erika. „Ab und zu besucht er uns mal. Das ist eigentlich immer etwas Besonderes, weil er uns dann stets großzügig verwöhnt.“

„Was schreibt Karl denn?“, fragte Gertrud.

„Er kommt nach Rudolstadt, in zwei Tagen schon, und lässt fragen, ob er uns alle zu einem Essen im Rathauskeller einladen kann. Na, du kennst ihn ja. Dann werde ich ihm wohl unsere Zustimmung melden können. Oder hat hier jemand etwas dagegen? Margarete, du kannst gleich mit mir zur Post kommen und das Telegramm mit deiner Absage an den Oberleutnant aufgeben“, fügte Onkel Erich noch hinzu.

* * *

Zwei Tage später saßen sie tatsächlich alle zusammen im Rathauskeller. Nach einem ausgiebigen und fulminanten Festessen à la carte saß die Familie nun noch bei Tee und Kaffee im Rathauskeller. Sie hatten sich gerade von Onkel Karl verabschiedet, der mit einem letzten Winken in seiner Kutsche davongefahren war.

Jetzt konnte Georg-Wilhelm sich das Lachen nicht länger verkneifen. Er hatte schon während des ganzen Essens gelegentliche Hustenanfälle vorgetäuscht und sich krampfhaft hinter seiner Serviette versteckt. Irgendetwas musste ihn sehr amüsieren. Nun prustete er los, und es dauerte eine ganze Weile, bis er überhaupt ein Wort herausbringen konnte, um die drängenden Fragen, was denn passiert sei, beantworten zu können.

„Margarete, du bist echt unglaublich! Einerseits willst du wie eine Dame behandelt werden und machst ein Theater, weil du diesen Oberleutnant nicht wiedersehen darfst. Andererseits bestellst du dir im besten Restaurant des Ortes Würstchen mit Senf und Kartoffelsalat! Und das in aller Öffentlichkeit.“

Nachdem Margarete im ersten Moment etwas verdutzt und fast ein wenig beleidigt war, musste sie bei dem Gedanken an den Blick des Obers, der ungläubig ihre Bestellung aufgenommen hatte, ebenfalls in das Gelächter der anderen einstimmen.

„Die Leutnants ein paar Tische weiter haben sich jedenfalls auf deine Kosten amüsiert", neckte sie Georg-Wilhelm, „aber dass du Erika auch noch dazu überreden konntest ..."

„Wieso denn?", empörte sich seine Schwester. „Es hat sehr lecker geschmeckt. Ich kann verstehen, dass das Margaretes Lieblingsgericht ist. Allerdings ist Mutters Kartoffelsalat besser."

„Das freut mich aber", meinte Tante Gertrud. „Dann haben wir ja noch ein Rezept, das ich dir beibringen kann, Margarete. Vorausgesetzt, du hilfst mir auch weiterhin in der Küche."

„Natürlich, Tante Gertrud. Eine bessere Vorbereitung auf die Haushaltsschule könnte ich mir gar nicht wünschen."

* * *

„Ach, wie schön, wieder hier zu sein!", schwärmte Margarete. Vor zwei Stunden war sie am Bahnhof in Preußisch Friedland angekommen, wo sie von Ulla und Käthchen schon erwartet wurde. Für die Sommerferien hatten ihr die Eltern erlaubt, ihrer langjährigen Heimat einen Besuch abzustatten.

Allerdings hatte sich das Städtchen doch sehr verändert. Es war voller Militär, und eine Spannung lag in der Luft, die durch die umgehenden Gerüchte nur noch verstärkt wurde.

„Ja, aber die polnische Grenze ist eben auch nur zehn Kilometer entfernt. Wir wissen alle nicht, was hier passieren wird. Es ist nur sehr auffällig, dass gerade so viele Truppen in der Umgebung zusammengezogen werden", meinte Ulla. Margarete kicherte und stieß die Freundin in die Seite: „Du glaubst gar nicht, wie ich diese Sorgenfalten auf deiner Stirn vermisst habe!"

„He", meinte Ulla entrüstet, „du musst hier ja nicht mehr wohnen. Was ist, wenn die Soldaten wirklich nicht nur zum Spaß hier sind?"

„Jetzt lass Margarete doch erst mal erzählen, wie es ihr ergangen ist", schaltete sich Käthe ein und ergriff die Hand der lang vermissten Freundin. „Du hast doch geschrieben, dass du auf diese Haushaltsschule gehst und dass alles ganz furchtbar ist."

Die drei Mädchen gingen eifrig erzählend die Straße hinunter und balancierten Margaretes schweren Koffer zwischen sich.

„Seht mal, wer da kommt", rief Käthe plötzlich. Eine Gruppe Soldaten kam ihnen entgegen. Käthe winkte ihnen, und zwei der jungen Männer kamen auf sie zu.

„Hallo, Käthe, hallo, Ulla, wen habt ihr denn da bei euch?", begrüßte sie einer der Leutnants. „Ach, das ist doch Margarete! Bist du zu Besuch hier? Kommt, gebt mal den Koffer her. Das kann ja nicht angehen, dass ihr euch damit abschleppt."

„Margarete, meinen Bruder Günther kennst du ja, und das ist Wilhelm. Sie sind gerade beide im Städtchen stationiert", stellte Ulla sie einander vor.

„Freut mich, dich kennenzulernen, Margarete", sagte Wilhelm und küsste ihr die Hand. „Solch hübscher Besuch ist uns hier immer willkommen!"

Margarete wurde rot unter dem Blick, den ihr Wilhelm dabei zuwarf, aber sie hatte nicht viel Zeit, verlegen zu sein. Ulla hakte sie wieder unter und wollte nun endlich erfahren, was sie in den letzten Monaten erlebt hatte. So zogen die Freundinnen weiter. Die Schmetterlinge in Margaretes Bauch ließen sich allerdings nicht so leicht ablenken, und auch Wilhelm schien sie nicht aus den Augen zu lassen.

* * *

In den nächsten Tagen hatten die Mädchen viel Spaß miteinander. Oft waren auch Günther und Wilhelm, der sein Interesse an Margarete gar nicht erst versteckte, mit von der Partie.

Einen schönen Sommernachmittag hatten sie am See verbracht und spazierten gemeinsam nach Hause.

„Nun, die Diakonissen sind schon sehr streng. Beim Fensterputzen darf nicht ein Staubkrümelchen übrig bleiben", erzählte Margarete wieder einmal von ihrem Kummer mit der Haushaltsschule. Käthe und ihr Bruder liefen ein ganzes Stück vor ihnen und Ulla hatte schon eher nach Hause gemusst. Nun schlenderte sie mit Willhelm den Waldweg entlang.

„Aber ihr dürft bei den Mahlzeiten lesen", warf Wilhelm ein.

„Das ist auch nur erlaubt, damit wir nicht so laut sind", unterbrach ihn Margarete.

„Trotzdem, als Soldat hat man kaum Zeit dazu. Außerdem wirst du später mal eine sehr gute Hausfrau sein. Die Männer werden sich um dich reißen", neckte er sie.

„Aber es ist so langweilig! Gut, Stenografie macht Spaß. Das kann ich sicherlich später brauchen. Nur, muss ich tatsächlich lernen, wie man aus Nudelteig Spätzle macht? Stell dir vor", ereiferte sich Margarete, „sogar die Kopfkissen müssen wir im rechten Winkel ausrichten! Als wenn es mich interessieren würde, wie mein Kissen liegt, wenn ich müde bin."

„So, das interessiert dich also nicht. Aber was ist damit?", sagte der Leutnant, hielt sie fest, hob ihren Kopf und küsste sie.

Margarete brauchte einige Sekunden, um zu realisieren, was gerade geschehen war.

„Das war mein erster Kuss", war schließlich alles, was sie herausbrachte.

„Ach ja? Und wie vielen anderen hast du das von mir schon erzählt?", zog sie Wilhelm auf. Im nächsten Moment hielt sich der junge Mann die Wange. Margarete hatte ihm ohne groß nachzudenken eine schallende Ohrfeige verpasst. Jetzt machte sie auf dem Absatz kehrt und ging mit energischen Schritten den Weg zur Straße hinunter. Was nahm er sich eigentlich heraus, ihr einfach den ersten Kuss zu stehlen!

„He, Margarete, was ist denn los? Jetzt sag bloß, ich bin wirklich der Erste, der dich küsst. Warte doch!"

* * *

*Marburg 1939*

Im Haus der Hauns herrschte helle Aufregung. In Marburg, wo Pfarrer Haun nun mit seiner Familie wohnte, hatte Margarete ihre Rückreise von Preußisch Friedland nach Gunzenhausen unterbrochen.

„He, kommt mal alle her! Die Zeitung ist da!", brüllte Gotthold die Treppe hinauf.

„Hier, es stimmt, was sie im Radio gesagt haben. Unsere Soldaten sind in Polen einmarschiert." Hans beugte sich über den Artikel.

„Lies laut vor", forderte Elisabeth, die immer zwei Stufen auf einmal nehmend heruntergestürmt kam. Doch ihr Bruder nahm davon keine Notiz. Er studierte nur weiter intensiv die Zeitung.

„Kinder, setzt euch erst einmal, damit wir essen können", versuchte Tante Else sie zu beruhigen. In dem Moment fiel die Haustür ins Schloss und Pfarrer Haun stand gleich darauf in der Küche. Er machte einen erschöpften Eindruck.

„Vater, hast du etwas in Erfahrung bringen können? Weißt du, was genau in der Nacht passiert ist?", bestürmte ihn Elisabeth.

„Lasst mich ein paar Minuten verschnaufen. Dort draußen steht die Welt Kopf. Ich komme gerade vom Bahnhof. Es ist unglaublich." Pfarrer Haun fuhr sich mit der Hand über die Augen, als könnte er so die schweren Gedanken wegwischen. „Nun sind wir also im Krieg."

Ima, die langjährige Haushälterin, stand mit der Suppenterrine mitten in der Küche. Es war ihr anzusehen, wie ihr das Ausmaß dieser Nachricht langsam bewusst wurde.

„Und was bedeutet das nun für uns?", fragte Gotthold vorsichtig.

„Nun, für Margarete bedeutet es, dass sie erst einmal nicht nach Hause fahren kann. Der komplette Bahnverkehr ist für Truppen und Evakuierte reserviert. Du wirst wohl zumindest die nächste Woche bei uns bleiben müssen", erklärte Pfarrer Haun und blickte die Sechzehnjährige ernst an. „Nachher gehst du zur Post und gibst ein Telegramm an deine Eltern auf. Nicht, dass sie sich Sorgen um deinen Verbleib machen."

Nach dem Essen erledigten Elisabeth und Margarete gemeinsam den Abwasch. Natürlich gab es kein anderes Gesprächsthema als den Ausbruch des Krieges.

„Margarete, weißt du was, ich werde mich zum freiwilligen Bahnhofsdienst melden. So kann ich auch meinen Beitrag leisten, während unsere Armee an der Front kämpft", sagte Elisabeth entschlossen.

„Ja, du hast es gut. Du musst ja nicht auf diese dumme Haushaltsschule", schimpfte Margarete. „Ich würde alles dafür geben, mit meiner Klasse das Abitur zu machen. Aber jetzt kann ich erst recht nicht nach Preußisch Friedland zurück."

„Da hast du wohl recht. Aber ich bin mir noch nicht sicher, ob

Essenausteilen oder Windelnwaschen so viel spannender ist als deine Haushaltsschule", erwiderte Elisabeth.

Margarete überlegte einen kurzen Moment. Marburg konnte sie in den nächsten Tagen sowieso nicht verlassen, und viel anderes gab es auch nicht für sie zu tun.

„Weißt du was, Elisabeth, ich komme einfach mit dir. Wer weiß, wann ich hier weg kann. Dann tue ich wenigstens etwas Sinnvolles."

„Ist Möbel Polieren etwa nicht sinnvoll?", neckte Elisabeth die Freundin.

„Nein, ich finde nicht. Genauso wenig sinnvoll wie das Bohnern des Fußbodens im Uhrzeigersinn oder die Muster, die man auf die Butter kratzen kann", witzelte Margarete.

* * *

Der strenge Blick des Studienrates schweifte über die Klasse. Die Hände hinter dem Rücken verschränkt, stand er vor der Tafel und beaufsichtigte die Mädchen, während sie die Klassenarbeit in Englisch schrieben. Margarete kaute auf dem Ende ihres Füllfederhalters herum. Als Studienrat Henkel in die andere Richtung blickte, schlug sie unter dem Tisch schnell wieder das kleine Wörterbuch auf. Englisch war wirklich nicht ihre Stärke, aber sie hatte sich so gewünscht, doch noch in ihrem Jahrgang das Abitur zu machen, dass sie nun alles daransetzte, gute Noten zu bekommen.

Plötzlich kamen Schritte auf sie zu. Ganz unauffällig ließ Margarete das Buch in die Falten ihres Dirndlrockes gleiten. Sie ließ sich den Schreck nicht anmerken, als Studienrat Henkel zielstrebig auf sie zu steuerte. Er musste wohl irgendetwas gemerkt haben.

Margarete schrieb das Wort, das sie gerade gesucht hatte, auf und vollendete den Satz. Aus den Augenwinkeln sah sie, wie Studienrat Henkel sich schräg hinter ihr postierte. Als würde sie das überhaupt nicht beunruhigen, warf die Siebzehnjährige einen Blick auf ihre englische Übersetzung und schrieb dann, so gut sie eben konnte, weiter an ihrem Text. Nach ein paar Minuten hatte sie den Lehrer wohl davon überzeugt, dass sie wie all die anderen Mädchen ganz normal ihre Klassenarbeit schrieb, denn Studienrat Henkel setzte seine Wanderung durch das Klassenzimmer fort.

Margarete atmete auf. Das war ja gerade noch einmal gut gegangen. Erst jetzt merkte sie, dass ihr das Herz bis zum Hals schlug.

„Ihr habt noch zehn Minuten Zeit", verkündete Herr Henkel in diesem Moment. Sie versuchte sich noch ein letztes Mal zu konzentrieren, aber ihr Kopf schien wie leergefegt. Doch sie wagte es nicht, das Wörterbuch noch einmal zu benutzen.

* * *

*Nürnberg 1940*

Ein paar Stunden später saß Margarete im Wohnzimmer des Studienheims und brütete über ihren Hausaufgaben. Doch sie kam nicht recht voran, was mehrere Gründe hatte. Einer davon war die Temperatur im Zimmer, die sie dazu zwang, mit Mütze, Schal, Handschuhen und Mantel versehen und in eine Decke eingewickelt, am Tisch zu sitzen. Die Kohle war knapp in diesem kalten Kriegswinter und das Wohnzimmer war der einzige beheizte Raum im ganzen Studienheim. Doch selbst für diesen einen Ofen reichte es manchmal nicht.

Margarete blies in ihre kalten Hände. Noch merkten sie alle nicht viel vom Krieg. Bis auf die Wochenschauen im Kino und die portofreien Feldpostbriefe hatte sich nicht viel verändert. Auch die Verluste hielten sich in Grenzen. In der letzten Woche hatte Margarete das erste Mal gehört, wie ein Mädchen von einem fernen Verwandten erzählte, der im Kampf getötet worden sei, und über Nürnberg war noch keine Bombe gefallen. Nur die gelegentlichen Arbeitseinsätze, bei denen sie und ihre Mitschülerinnen Lebensmittel- oder Textilkarten verteilen mussten, ließen sie spüren, dass nicht alles normal war.

Die Diakonisse, die das Studienheim betreute, betrat den Raum mit einem Eimer Kohlen.

„Mädchen, dankt Gott, dass er uns so gut versorgt. Gerade hat jemand einen ganzen Sack Kohlen für uns abgegeben", sagte sie und machte sich am Ofen zu schaffen. Gespräche flammten hier und da im Raum auf. Die Aussicht auf Wärme weckte die Lebensgeister der Mädchen.

Die Schwester schloss die Tür, prüfte mit den Händen, ob der Kachelofen schon ein wenig wärmer war, und kam dann auf Margarete zu.

„Ist alles in Ordnung, mein Kind? Du wirkst so bedrückt." Fürsorglich nahm sie Margaretes kalte Hand zwischen ihre warmen und massierte die Finger.

„Mir geht es gut, Schwester Else. Wir haben heute nur eine schwierige Englischarbeit geschrieben."

„Und jetzt ist dir bange, dass du keine gute Note bekommst?", fragte Schwester Else. „Ach, Margaretlein, so sehr, wie du dich bemühst, musst du dir wirklich keine Sorgen machen. Vertraue auf Gott und tue, was in deinen Kräften steht. Dann wird es gelingen."

Das Mädchen sah der Diakonisse nach, die hier und da bei ihren Mitbewohnerinnen stehen blieb, Ratschläge gab oder mit den Mädchen scherzte.

Ja, die Schule. Das war der zweite Grund, warum Margarete sich nicht wirklich konzentrieren konnte. Nachdem sie aus Marburg zurückgekommen war, hatte sie den Eltern ihren Wunsch offenbart, doch das Abitur zu machen. Dass seine Tochter mit der Haushaltsschule unterfordert war, war ihrem Vater längst aufgefallen, und mit seiner Unterstützung gelang es Margarete schließlich, ihren Willen durchzusetzen. Allerdings hatte sie ein komplettes Jahr verloren, das es nun vom Schulstoff her aufzuholen galt. Der Siebzehnjährigen graute es schon vor der Prüfung, die sie Ostern vor der Aufnahme in die Oberprima würde bestehen müssen.

Zumindest hatte das Schuljahr an der Mädchenoberschule Labenwolf in Nürnberg, die sie nun besuchte, gut angefangen. Margarete mochte die Stadt und genoss es auch, in einem Wohnheim und nicht mehr zu Hause zu wohnen.

Andererseits passierten dann solche Dinge wie heute in der Englischarbeit, die ihr Gewissensbisse bescherten. Eigentlich wusste sie ganz genau, dass es unfair ihren Klassenkameradinnen gegenüber war, heimlich ein Wörterbuch zu benutzen. Und nicht nur das, sie war auch Gott gegenüber ungehorsam gewesen. Zu Hause hatte sie gelernt, dass Gott nur den Gehorsamen segnen wird, und sie hatte es heute wieder einmal verpatzt. Jetzt wünschte Margarete sich von ganzem Herzen, dass sie gar nicht erst auf die Idee mit dem Wörterbuch gekommen wäre. Leise bat sie Gott um Vergebung.

„Magst du mitkommen, Margarete?"

Unsanft wurde sie aus ihren trüben Gedanken gerissen. Grete stand vor ihr, die Hände in die Hüften gestemmt, und strahlte sie an.

„He, was ist denn los? Du machst ein Gesicht wie sieben Tage Regenwetter. Wir wollen in die Oper. Kommst du mit? Sie spielen heute Mozarts ‚Zauberflöte'. Das wäre doch auch was für dich, Margarete. Komm schon. Die fünfzig Pfennige sind gut investiert. Auch wenn es nur ein Stehplatz im obersten Rang des Opernhauses ist."

* * *

Was für ein Tag! Margarete hätte Luftsprünge vor lauter Freude machen können. Dass sie ihr Abitur so gut bestehen würde, wäre ihr im Traum nicht eingefallen. An diesem wunderschönen Sonnentag im Frühjahr 1941 hatte sie ihr Abiturzeugnis erhalten, zwar nur mit einer Fremdsprache auf dem hauswirtschaftlichen Zweig, aber sie war damit immerhin zum Hochschulstudium berechtigt, wie es damals hieß. Tänzelnd und singend lief sie durch ihr Zimmer im Wohnheim und überlegte, wie sie dieses großartige Ereignis feiern könnte.

Leider gab es kein großes Fest zum Schulabschluss. Der Krieg forderte allmählich seinen Tribut von der Zivilbevölkerung. Aber irgendetwas Besonderes musste sie heute tun. Schließlich hatte sie die letzten eineinhalb Jahre hart dafür gearbeitet, um ihren Schulabschluss zu schaffen.

Ohne lange weiter zu überlegen, steckte Margarete ihr Portemonnaie in die Tasche und machte sich auf den Weg in die Innenstadt Nürnbergs. Sie würde sich jetzt etwas gönnen, hatte sie beschlossen!

Während die Achtzehnjährige durch die Straßen schlenderte, fühlte sie sich unendlich frei. Jetzt konnte das Leben beginnen! Die letzten Monate in Nürnberg waren schön gewesen. Der BDM war nicht so streng militärisch organisiert wie in Preußisch Friedland, was Margarete sehr gut gefiel. Die Nürnberger Riege hieß „Glaube und Schönheit", und sie hatten im Sommer auf den Dutzendteichen das Rudern gelernt und sich im Winter im Florettfechten geübt. Das war ganz nach Margaretes Geschmack.

Mittlerweile war die frischgebackene Abiturientin in der Innenstadt angekommen und spähte in die Schaufenster der Geschäfte. Ein Musikgeschäft, aus dem immer, wenn jemand hinaus oder hinein ging, die Töne irgendeines Konzertes auf die Straße drangen, zog Margaretes Aufmerksamkeit auf sich. Damit war die Entscheidung getroffen, und schon wenig später stand sie mit dem ersten Band der Beethoven-Sonaten in den Händen wieder auf der Straße und fühlte sich wie der glücklichste Mensch der Welt.

Nun war nur noch die Frage, wie es für sie weitergehen sollte. Vor wenigen Tagen erst hatte sie mit ihren Eltern gesprochen und Zukunftspläne gesponnen. Wenn es nach Margarete ging, dann hätte sie sofort eine Krankenschwesternausbildung angetreten. Das aber hatte ihr Deta ausdrücklich verboten. Sie hatte ihrer Tochter immer wieder das eigene Schicksal, das Schicksal der Frontkrankenschwestern vorgehalten, das ihr Leben bis heute so schwer machte, und wollte Margarete mit allen Mitteln davor bewahren. Ein Medizinstudium traute sich das junge Mädchen nicht zu, womit der Traum, medizinisch tätig zu sein, sich zunächst in Luft aufgelöst hatte.

Eigentlich stand nun sowieso erst der RAD, der Reichsarbeitsdienst an. Sechs Monate „Ehrendienst am Deutsche Volke", so hatten sie es in der Schule und im BDM gelernt. Arbeiten an der frischen Luft, Landstriche erschließen, sehen, wie Neues entsteht, und das mit vielen anderen gemeinsam. Das würde ihr schon Spaß machen. Aber Margarete hatte sich nach Ostpreußen gemeldet, und ihre Enttäuschung war groß, als die Einberufung auf Mainfranken lautete. Jetzt war das alles sowieso hinfällig ...

Ganz in Gedanken versunken, lief sie die Straße zum Wohnheim entlang, die neuen Noten fest an sich gedrückt. Als Margarete gerade ins Wohnzimmer wollte, um ihren erworbenen Schatz nun endlich auf dem Klavier auszuprobieren, hielt sie Schwester Else zurück: „Margarete, da bist du ja! Die anderen warten schon auf dich. Ich habe doch extra einen kleinen Kuchen gebacken für meine Mädchen. Schließlich habt ihr euer Abitur bestanden!", freute sich die Diakonisse. „Ach, schau, und dieser Brief ist heute für dich gekommen."

Sie umarmte Margarete so herzlich und resolut, dass sie fast keine Luft mehr bekam, gab ihr den Brief und schob sie dann zu den anderen Mädchen ins Wohnzimmer.

Gleich darauf saß sie an einem der Tische, erzählte den Freundinnen von ihrem Ausflug in die Stadt und spielte dabei mit dem Umschlag zwischen den Fingern.

„Und dann hast du dir einfach ein paar Beethoven-Sonatennoten gekauft?“, fragte Rosemarie ungläubig. „Warum denn keine Süßigkeiten? Oder Schmuck? Oder ... ach, du hast schon recht. Musik ist eine gute Wahl. Davon hat man wenigstens etwas. Gibst du uns gleich eine Hörprobe? Sag mal, was hast du da eigentlich für einen Brief?“, fragte Rosemarie plötzlich dazwischen.

„Ich habe noch nicht nachgeschaut, aber wenn das deine Neugier beruhigt, kannst du gerne mitlesen.“

Margarete ahnte, was das für ein Brief war. Entweder handelte es sich um eine Zu- oder eine Absage für eine Blitzmädchen-Laufbahn. Blitzmädchen – so nannte man die Nachrichtenhelferinnen im Ausland, die für die Wehrmacht den gesamten Telefon-, Funk- und Fernschreibverkehr abwickelten.

Sorgfältig öffnete sie den Umschlag und holte den beschriebenen Bogen heraus.

Grete, die auf Margaretes anderer Seite saß, atmete hörbar ein: „Du gehst zur Wehrmacht?“

* * *

*Margaretes Tagebuch, 25.04.1941*
*Wer das Christentum als schwächlichen Glauben bezeichnet, der kennt es wirklich noch nicht. Ich schöpfe so viel Kraft aus meinem täglichen Bibellesen. Vor allem bin ich auch dankbar, dass sich unsere Zimmergemeinschaft hier in der Ausbildung weltanschaulich ungefähr einig ist. Hoffentlich habe ich später, unter vielleicht ganz anders denkenden Kameradinnen, auch immer den Mut zur stillen Zeit frühmorgens! Denn wenn man morgens oder vormittags gar nicht zum Bibellesen und Beten kommt und meint, man könne es ja am Abend nachholen, dann gleicht man einem Soldaten, der sich ohne Waffen in den Kampf stürzt und dann abends geschlagen und verwundet seine Waffen heraussucht, um sie mit ins Bett zu nehmen.*

* * *

„Fräulein Bartsch, unseren herzlichen Glückwunsch zu Ihrer bestandenen Prüfung! Wir haben Sie trotz Ihrer Jugend unbedingt zur Führerin vorgeschlagen und hoffen, dass Sie Ihre zukünftigen Aufgaben mit dem gleichen Ernst und ebensolcher Gewissenhaftigkeit ausführen, wie Sie das hier getan haben."

Mit feierlichem Gesichtsausdruck überreichte der Oberleutnant Margarete ihr Zeugnis. Was für eine Auszeichnung! Wie auf Wolken schwebte sie hinaus auf den Flur, über den Hof und hinauf in ihre Stube. Mit ihren achtzehneinhalb Jahren war sie eine der jüngsten Absolventinnen im stellvertretenden Generalkommando XIII in Nürnberg und hatte die vierwöchige Ausbildung mit Bravour bestanden. Auch auf ihrer Stube war sie das Nesthäkchen und genoss doch gleichzeitig so viel Anerkennung von ihren Zimmerkameradinnen, dass sie den Altersunterschied gar nicht bemerkte.

Jetzt lag eine weitere Ausbildungszeit von ungefähr sechs Monaten vor ihr. Alles war neu, aufregend und spannend. Wie schön wäre es, in Athen eingesetzt zu werden. Nach Griechenland zu reisen und auf die Akropolis zu steigen war Margaretes großer Traum, und den hoffte sie nun zu verwirklichen. Sie sah es als ihre Pflicht an, auch etwas für ihr Land in diesem Krieg zu tun. Und wenn sich so das Angenehme mit der Pflicht zum Dienst am Vaterland verbinden ließ, dann wäre das noch viel besser.

Leider stockte der Vormarsch auf dem Balkan momentan, und Margarete hatte sich deshalb zum Stab in Gießen gemeldet.

Das letzte Gespräch mit ihren Eltern kam ihr in Erinnerung. Wie stolz würden sie sein, wenn Margarete ihnen von diesem tollen Abschluss erzählte. Sie vertrauten ihr, das hatten sie ihrer Tochter ganz deutlich gesagt. All ihre Verwandten hatten kopfschüttelnd und mit Unverständnis reagiert, als Margarete von ihren Ausbildungsplänen bei der Wehrmacht erzählte, aber man hatte sie gewähren lassen. Noch dazu, weil es ein Einsatz auf absehbare Zeit war.

Aber nun ging es für sie erst einmal in die Gießener Verdun-Kaserne. Dort gab es eine Heeresnachrichtenschule für weibliche Wehrmachtsangehörige, wo junge Frauen zu Fernsprecherinnen für Heer und Marine ausgebildet wurden. Die Begeisterung und Freude für ihre Arbeit wurde mit jedem Tag größer.

Margarete schloss die Zimmertür hinter sich und ließ sich auf ihren Strohsack fallen. Noch war sie alleine, aber die Stubenkameradinnen würden sicherlich bald heraufkommen. Sie streckte sich aus und phantasierte von einer Zukunft in fremden Ländern.

Wenig später polterten viele Füße die enge Stiege zu ihrer Stube hinauf.

„Margarete, du hast ja mit Auszeichnung bestanden!“ – „Du bist ein Überflieger!“ – „Herzlichen Glückwunsch zur bestandenen Prüfung!“, schallte es durcheinander.

„Jetzt bist du ein Blitzmädel“, malte ihr Hannelore aus, „mit dieser schicken Uniform, dem Schiffchen und dem Blitzabzeichen am Ärmel.“

„Ja“, fiel ihr Gertrud ins Wort, „und du darfst dich mit der Fernschreibmaschine und dem Klappenschrank herumplagen.“ Sie kicherte in sich hinein.

„Oh, natürlich, Herr General, ich stelle Sie sofort durch“, alberte Marianne herum und steckte imaginäre Kabel an einem imaginären Klappenschrank um.

„Und dann erst das Leben als Blitzmädel. Welche Chancen warten da auf dich!“, ergänzte Elfriede.

„Ihr habt gut reden“, lachte Margarete, „ihr habt ja genau dasselbe vor euch. Wie schade, dass unsere Stubengemeinschaft dadurch auseinandergeht, aber wir werden alle ein wunderbares Leben haben!“

* * *

*Gießen 1941*
*Margaretes Tagebuch, 05.06.1941*
*Im Zuge des Wechsels zum Stab wurde ich einer anderen Kameradschaft und damit auch einer neuen Kameradschafts-Ältesten unterstellt. Es fällt mir sehr schwer, sie über mir anzuerkennen und mich ihr zu fügen, war ich doch, bevor ich zum Stab ging, selber KÄ.*
*Einige meiner Nürnberger Kameradinnen beginnen schon heute mit dem Lehrgang zur Technischen Aufsicht, und ich, die ich sie in Nürnberg alle geführt hatte, komme nun so ins Hintertreffen. Das ist nicht ganz leicht zu ertragen. Doch ich will dieses Gefühl überwinden und mich mit den anderen freuen! Aus all dem aber erkenne ich, dass mein Ich noch ein starkes Regiment führt. Es hat mich zur Wut, zum*

*Neid und zum Hass treiben können. Ich muss noch viel, viel lernen, um mit mir selber recht umgehen zu können. Gerade in so einem Gemeinschaftsbetrieb sollte man stets aufmerksam und rücksichtsvoll sein, anderen zur Seite stehen, ihnen helfen, wo man Nöte spürt, und ihnen durch kleine Zuvorkommenheiten freundlich begegnen. Das schafft Vertrauen.*
*Dazu muss ich meine Bequemlichkeit, in der ich in dieser Hinsicht als einziges Kind zu Hause sicher aufgewachsen bin, überwinden. Mein Grundsatz ist doch: Nur, was ich für andere tue, bestimmt den Wert meines Lebens!*

* * *

Was fiel dieser Kuh nur ein, sie so zu behandeln! Margarete kochte vor Wut. Sie lief mit großen Schritten auf dem Flur auf und ab und versuchte sich unter Kontrolle zu halten. Gerade war ihr alles zu viel. Sie, die sie doch ebenfalls Oberhelferin mit Dienstgradabzeichen war, musste sich hier so von ihrer Kameradschafts-Ältesten herumkommandieren lassen. Dabei verrichtete sie ihre Arbeit nicht nur zur allgemeinen Zufriedenheit, sondern wurde von allen als überaus fähig eingeschätzt.

Warum war sie nur zum Stab gegangen? Natürlich, der Vorteil, den sie durch einen Einsatz beim Stab bekam, war der, dass sie dann selbst entscheiden konnte, wo sie später eingesetzt werden wollte. Und da der Traum von Griechenland für sie noch längst nicht ausgeträumt war, war es eine überaus reizvolle Aussicht gewesen.

Aber nun so etwas. Nicht genug, dass ihr die gute Gemeinschaft mit den Stubenkameradinnen aus Nürnberg fehlte, auch ihre Arbeit war nicht das, was Margarete erwartet hatte. Sie wollte so gerne Fernschreiberin werden, übte fleißig das Zehn-Finger-Schreiben auf der Schreibmaschine, aber an der Heeresnachrichtenschule wurden gerade nur Fernsprecherinnen ausgebildet. Es war kein Bedarf im Heer für Fernschreiberinnen. Margarete schnaufte aufgebracht bei diesem Gedanken.

Die Arbeit beim Stab war auch nicht besonders spannend. Außer dem Schreiben von Tabellen, ein paar Akten hier- und dorthin zu tragen und etwas Schreibmaschine zu üben, hatte sie nichts zu tun.

Plötzlich öffnete sich die Tür ihrer Vorgesetzten am Ende des Ganges.

„Helferin Bartsch, was machen Sie denn hier auf dem Gang?", fragte die Führerin etwas verwundert. „Jedenfalls ist es gut, dass Sie gerade hier sind. Kommen Sie doch mal eben in mein Büro."

Bei diesen Worten war Margarete wie elektrisiert. Hatte sie etwas falsch gemacht? Gab es einen Grund, sie zu tadeln? In Gedanken ging sie die letzten Wochen durch, und mit wackeligen Knien betrat sie das Büro. Ihre Vorgesetzte bot ihr einen Stuhl an und nahm dann selbst hinter ihrem Schreibtisch Platz.

„Helferin Bartsch, Sie wissen ebenso gut wie ich, dass Sie hier unterfordert sind. Ihre KÄ hat mir auch gemeldet, dass Sie selbst sehr gut in der Lage sind, andere anzuleiten und anzuführen. Deshalb möchten wir Ihnen einen Vorschlag machen. Nehmen Sie doch am nächsten Lehrgang zur Technischen Aufsicht teil. Damit können Sie sich weiter qualifizieren und Ihre Fähigkeiten ausbauen. Morgen ziehen Sie in die Baracken mit technischem Mobiliar am anderen Ende des Geländes um."

* * *

*Margaretes Tagebuch, 14.06.1941*
*Der graue Alltag mit seinen tausend Kleinigkeiten kann mir, besonders wenn Uneinigkeiten zwischen den Menschen bestehen, das Leben oft sauer machen. Das sollte mich mehr in die Nähe Jesu treiben. Dort allein finde ich Wahrheit und Klarheit und Hilfe. Da erkenne ich auch immer wieder, wie schrecklich egoistisch ich bin. Sollte ich demnächst als Oberhelferin Verwendung finden, so darf ich ja größere Verantwortung tragen. Stets daran zu arbeiten, Vorbild zu sein, besonders in den kleinen Dingen des Alltags, das will ich. Dafür muss ich aber noch viel mehr Selbstbeherrschung lernen. Sie ist – wie es uns Sextaner einmal unsere Klassenlehrerin lehrte – die Voraussetzung einer starken Persönlichkeit. Ja, Selbsterziehung hört nie auf!*
*Ich glaube, dass ein führender Beruf innerhalb einer Gemeinschaft eine Lebensaufgabe für mich werden könnte. Mein bisheriges Wissen und Können reicht dafür noch lange nicht aus, aber ich denke, Anlage und Fähigkeit in mir zu haben. Und das verpflichtet.*

* * *

Sie standen frierend auf dem Hof und warteten darauf, dass es endlich losging. Für eine Juninacht war es erstaunlich frisch, und auf die angesetzte Nachtwanderung hatte Margarete sich nicht unbedingt gefreut.

In dem Moment kamen ihre Ausbilderinnen aus dem Haupthaus und riefen die Helferinnen zusammen. Ein Schweigemarsch war angesetzt, und so lief gleich darauf eine Gruppe junger Frauen nahezu lautlos durch die Nacht.

Margarete lief allein. Die anderen waren in Zweier- oder Dreiergruppen unterwegs, hatten sich untergehakt oder hielten sich zumindest dicht beieinander. Dieser Marsch war einer der raren Momente, wo die Achtzehnjährige Zeit zum Nachdenken fand. Die letzten Monate, eigentlich die gesamte Zeit, seit sie in Nürnberg die Schule verlassen hatte, waren dermaßen voll gewesen mit Ereignissen, neuen Eindrücken und Inhalten, die sie sich aneignen musste, dass Margarete kaum zum Nachdenken gekommen war.

Ihre Kameradinnen forderten sie als Menschen und vor allem als Christin heraus. Sie musste Stellung beziehen, ihren Glauben verteidigen und Werte und Lebensformen in einer neuen Art und Weise hinterfragen. Eins war ihr besonders wichtig geworden: Margarete merkte immer wieder, wie nötig es für sie war, nicht einfach so in den Tag hineinzuleben. Jeden Morgen mit Gott zu beginnen und zuerst nachzudenken, bevor sie etwas tat, war ihr in der letzten Zeit zum Maßstab ihres Lebens geworden.

Vor allem angesichts ihrer neuen Zimmerkameradin war sie viel ins Nachdenken gekommen. Sie war schon 22, klug, gerissen, reich und sehr modern in ihren Anschauungen. Sie prahlte oft mit den Erfahrungen, die sie schon mit Männern gehabt hatte, was Margarete eher abstieß, anstatt Bewunderung für die Kameradin hervorzurufen. Sie wollte so nicht leben. Noch dazu herrschte zwischen den beiden jungen Menschen eine gewisse Rivalität. Bis zu ihrer Zeit an der TA-Ausbildungsstätte in der Verdun-Kaserne war immer Margarete diejenige gewesen, die am besten reden konnte. Gegen die neue Zimmergenossin kam sie aber nicht an. Hier machte sich wohl auch der Altersunterschied bemerkbar.

Aber andererseits fühlte Margarete sich vielen ihrer Kameradinnen, auch wenn diese älter waren, durchaus überlegen. Dieses Gefühl war ganz unabhängig von der Erziehung, der Schulbildung oder Persönlichkeit der anderen Frauen. Aber sie schien den weiteren Horizont zu haben, einen Blick für mehr, als die anderen sahen oder sehen wollten. Und trotzdem blieb neben diesem Selbstbewusstsein doch eine innere Unsicherheit, die Margarete nicht ablegen konnte.

In dieser hellen Mondnacht fiel es ihr leicht, darüber nachzudenken. Die Stille um sie herum verbreitete eine feierliche, andächtige Stimmung. Es hatte etwas Erhebendes, so unter dem Sternenhimmel über die vom Mondlicht erleuchteten Pfade zu laufen und sich ein wenig in dem Gedanken zu verlieren, dass man nur ein winziger Teil der wunderbaren Schöpfung Gottes war und doch so wichtig in den Augen dieses Schöpfers.

Margaretes Gedanken wanderten weiter zu ihrer Familie. Sie wusste, dass die Einheit ihres Vaters im Osten lag. Wie es ihm jetzt wohl ging? Seit Tagen gingen Gerüchte um, dass die Einheiten an der Grenze zur Sowjetunion verstärkt wurden. Sie wusste nicht, was sie davon halten sollte. Dass der Einmarsch der deutschen Truppen unmittelbar bevorstehen musste, ließ sich kaum noch anzweifeln. Und ihr Vater war doch an der ostpolnischen Grenze stationiert ...

Manchmal fehlten ihr die Eltern. Margarete genoss es zwar sehr, auf eigenen Beinen zu stehen, aber manchmal fühlte sie sich doch allein.

Da tauchten plötzlich hinter den Bäumen die Häuserblocks der Ausbildungsstätte auf. Sie waren fast drei Stunden unterwegs gewesen, aber Margarete hatte kaum gemerkt, wie die Zeit verging. Als sie durch das Tor auf den Hof traten, kam ihnen aufgeregt eine der anderen Ausbilderinnen entgegen.

„Sie haben es gerade im Radio gebracht. Die deutschen Truppen sind in die Sowjetunion einmarschiert!"

* * *

*Margaretes Tagebuch, 25.07.1941*
*Für meine Auseinandersetzungen mit Kameradinnen – gut, dass sie nicht ausbleiben – muss und will ich noch viel begeisterter und über-*

*zeugender Christus bekennen. Ob er eine historische Persönlichkeit ist, interessiert uns nicht in erster Linie. Wenn uns der lebendige Herr begegnen will, dann haben wir genug mit der Frage, beziehungsweise der Tatsache, des gegenwärtigen und zukünftigen Herrn der Welt zu tun. Nicht der Glaube an das Dogma – sei es einer evangelischen oder einer katholischen Kirche – macht uns zu Christen. Sondern der ist ein Christ, der von der unendlichen Liebe Gottes in Jesus Christus erfasst ist und begriffen hat, was Kreuzigung und Auferstehung für eine, heute würde man sagen globale Bedeutung hat – aber zuerst natürlich, was sie für mich selbst für eine Bedeutung hat!*
*Heißt das nun in erster Linie: Ich will dem gehorchen? Bedeutet dies nicht, dass der eigene Wille damit abdankt? Es ist nicht richtig, wenn Menschen behaupten, als Christ müsste man ganz und gar den eigenen Willen aufgeben, und man würde dadurch unselbstständig und entwickle sich zu einem Schwächling, weil man völlig dem Einfluss Jesu ausgesetzt ist.*
*Ich sage dagegen, Jesus Christus steht nicht vor dir und trichtert dir seinen Willen ein. Sein Einfluss ist die innere Stimme in dir, der du dich freiwillig im Gehorsam unterordnest. Sie ist Gottes Stimme, die dich zum Guten gegen das menschlich Schlechte in dir leiten und führen will. Es spielt sich ein unermüdlicher innerlicher Kampf ab. Das erfordert keinen schwächlichen, sondern einen starken, mutigen Menschen!*
*Noch immer warte ich auf die Einnahme Athens, doch daraus wird vorläufig nichts. Den Lehrgang zur Technischen Assistentin bestand ich inzwischen mit „Sehr gut“, und nun melde ich mich zum Einsatz in jene Stadt, die meine Phantasie schon seit Schülerzeiten beflügelt: Paris.*

* * *

*Paris 1941*
„Nein, Mutti, es geht mir gut! Natürlich, ja.“ Margarete saß, die Augen geschlossen wegen des blendenden Sonnenlichts, das durch die großen Fenster des Empfangsbereiches hereinfiel, in einem Korbsessel und telefonierte mit ihrer Mutter in Gunzenhausen. Seit ein paar Monaten war sie nun in Paris stationiert und wohnte im Hotel

Regina am Place des Pyramides. Sie erinnerte sich noch genau an den Augenblick, als sie kurz nach ihrer Ankunft Ende Juli 1941 das erste Mal ans Fenster ihres Zimmers getreten war, hinunter auf die Rue de Rivoli geblickt hatte, im Hintergrund die Tuilerien, einen der wunderschönen Pariser Gärten, und unweit des Hotels den Louvre gesehen hatte.

„Wie im Märchen!“, hatte ihre Zimmernachbarin Lorchen ausgerufen, sich rückwärts auf das Bett fallen lassen und angesichts des reichen Stucks an der Decke und des Kronleuchters weitere Bewunderungsrufe von sich gegeben.

Das Hotel Regina hatte die Wehrmacht als schönste Nachrichtenhelferinnenunterkunft unter vielen kleineren Hotels der Stadt beschlagnahmt. Neben Margarete wohnten hier 120 NHlerinnen, die alle der Marine überstellt waren. Jetzt saß sie neben dem Tresen der Rezeption und ließ sich von dem geschäftigen Treiben ihrer Kameradinnen kaum beeindrucken.

„Aber natürlich, ich passe schon auf. Mutter, du musst dir wirklich keine Sorgen machen“, sagte Margarete betont ruhig und gelassen. „Es ist alles gar nicht so schlimm, wie die Leute sagen. Paris ist eine wunderschöne Stadt. Wir dürfen ja auch nicht alleine hinausgehen. Ja, natürlich habe ich immer Begleitung. Es ist alles streng geregelt. Ich muss mich abmelden, sagen, wo ich hingehe und mit wem und wann ich wieder zurück bin.“

Es herrschte ein strenges Reglement mit Zapfenstreich um 22 Uhr. Alles wird im Ausgangbuch eingetragen. Die aufgeregte Stimme am anderen Ende der Leitung schien vor lauter Sorgen überzusprudeln.

„Nein, Mutti, die Leute reden dummes Zeug über die Blitzmädchen. Wir laufen nicht jedem Mann hinterher. Nein, wir freuen uns über nette Kontakte, aber es sind nur Gerüchte, dass wir leicht zu haben sind. Du kennst mich doch. Schau mal, Anne – das ist eine andere Kameradin, die ich gut leiden mag – und ich sind viel mit zwei Obergefreiten von der Propaganda-Bild-Kompanie unterwegs. Und in deren Begleitung haben wir uns sogar schon in die vielen kleinen Gässchen in Montmartre vorgewagt. Ach, Mummilein, das würde dir auch gefallen!“

Lebhaft erinnerte sich Margarete noch an diesen Nachmittag. Letztlich waren sie sogar auf die Moulin Galette gestiegen, die direkt neben der berühmten Moulin Rouge lag. Dass es sich bei beiden Etablissements um Nachtclubs handelte, musste ihre Mutter nicht wissen. Und da sie sowieso nur tagsüber die Möglichkeit hatten, weil der Zapfenstreich sehr streng gehandhabt wurde, sagte sie lieber niemandem etwas davon.

„Und weißt du, was das Beste ist, Mummilein? Ich kann dir Fotos von all den schönen Orten schicken. Unsere beiden Kameraden machen laufend Schnappschüsse von uns auf den schönen Boulevards von Paris. Wie bitte?" Margarete lauschte. „Aber nein, wie kommst du denn darauf. Wir haben eine ganz wunderbare Kameradschaft untereinander."

Sie setzte sich in ihrem Sessel zurecht und hörte sich die Bedenken ihrer Mutter an. Die Sonne war schon so viel weitergerückt, dass das Zimmer langsam wieder mit Schatten erfüllt wurde. Margarete schätzte es sehr, dass ihre Mutter so an ihrem Leben teilnahm, aber das hier war Paris!

„Oh, wir dürfen frei die Metro benutzen, kostenlos ins Kino und, Mutti, du solltest die Pariser Prachtstraßen sehen! Auf der Rue de la Paix gibt es so viele elegante Läden, dass man gar nicht weiß, wo man zuerst hinschauen soll. Und es ist alles so billig! Wirklich unglaublich. Ich habe ein wunderbares Parfum entdeckt. Davon muss ich dir unbedingt etwas schicken. Nicht ‚Soir de Paris', das die meisten Helferinnen kaufen, sondern von Chanel ‚Cuir de Russie'. Das hat keine sonst. Es ist eher herb und passt zu mir."

Margarete geriet ins Schwärmen darüber, auf dem Schwarzmarkt endlich wieder lang entbehrte Leckereien kaufen zu können oder im vornehmen Speisesaal des Hotels de Ritz eine Pause zu machen. Eine verspiegelte Ankleidenische im eigenen Apartment zu haben, war für sie zwar immer noch Luxus, aber sie hatte sich doch schnell daran gewöhnt. Einerseits konnte sie deshalb die Sorge ihrer Mutter verstehen, dass ihr dieser ganze Luxus zu Kopf steigen könnte. Andererseits genoss sie dieses Leben in vollen Zügen.

„Und wie geht es Vati?", fragte Margarete. Die Feldpostbriefe brauchten eine Weile von Frankreich bis an die Ostfront und zurück. Sie hatte seit ein paar Wochen nichts mehr von ihrem Vater gehört. Umso irritierter war sie, als ihre Mutter zögerte.

„Es geht ihm doch gut?", hakte sie alarmiert nach.

„Ach, Margaretlein, ja, ihm geht es gut. Ich habe gestern mit ihm gesprochen. Aber es passieren schreckliche Dinge an der Front. Er will mir immer gar nicht viel erzählen. So viel Not gibt es dort“, antwortete Deta zögernd. „Du glaubst gar nicht, wie froh ich bin, dass es dir so gut geht! Der Vormarsch auf Moskau ist ins Stocken geraten. Und die deutsche Wehrmacht bewegt sich die meiste Zeit auf verbrannter Erde. Vieles ist schon zerstört. Und alles andere, egal ob Menschen, Nahrung oder ganze Dörfer, soll vernichtet werden. So lautet der Befehl vom Führer.“

Mutter und Tochter redeten noch ein paar Minuten, dann musste Margarete zu ihrem Schichtdienst aufbrechen.

Wenig später saß die Neunzehnjährige schon vor ihrem Klappenschrank und versuchte sich auf die ankommenden und ausgehenden Gespräche zu konzentrieren. Aber in ihrem Kopf tauchten immer wieder die Bilder auf, die durch die wenigen Aussagen ihrer Mutter heraufbeschworen worden waren. Sah es wirklich so schlimm aus im Osten? Sollte sie dann nicht lieber um Versetzung in den Osten bitten, anstatt hier im Luxus zu schwelgen? In ihrem letzten Brief hatte sie ihrem Vater gegenüber schon diesen Gedanken geäußert. Sie waren so weit voneinander entfernt, und Margarete sehnte sich manchmal sehr danach, ihn und ihre Mutter wiederzusehen.

Beim Abendessen wurde die Post verteilt, und zu Margaretes Überraschung war ein Brief ihres Vaters dabei. Schnell überflog sie die Zeilen. Ob er sich wohl freuen würde, wenn sie in den Osten käme?

„Ich habe dir nie etwas verboten, Margaretlein, aber hier sage ich ein väterliches Nein!“, las sie halblaut, als sie endlich die entsprechende Stelle im Brief gefunden hatte.

Ernüchtert sackte Margarete auf ihrem Stuhl zusammen. Sie wusste nicht, ob sie Erleichterung oder Enttäuschung empfinden sollte.

* * *

Margaretes Wecker klingelte um halb sechs Uhr morgens. Sie war sofort hellwach. Ganz leise stand sie auf und zog sich an. Einen Moment lang sah sie sich in der verbotenen zivilen Kleidung im Spiegel an und fragte sich, ob sie ihren Plan wirklich umsetzen sollte. Lorchen dreht sich leise murmelnd in ihrem Bett herum und kuschelte sich etwas tiefer unter ihre Decke. Margarete musste schmunzeln. Wenn ihre Zimmerkameradin wüsste, was sie vorhatte, würde sie keinesfalls so ruhig schlafen. Dann zog sie schnell das Regencape ihrer Uniform über, schlüpfte so leise wie möglich aus der Tür und machte sich auf den Weg in die Eingangshalle.

Es war noch keine Helferin vom Dienst da, die tagsüber das Buch führte, in dem alle An- und Abmeldungen notiert wurden. Nur der französische Concierge saß wie immer an seinem Platz hinter der Rezeption. Doch der lächelte ihr nur verständnisvoll zu und winkte ihr, einfach zu gehen. Das ließ sie sich nicht zweimal sagen.

Gleich darauf stand Margarete auf der noch dämmrigen Rue de Rivoli, sah sich einmal nach rechts und links um, sog tief die frische Morgenluft ein und ging dann mit raschen Schritten Richtung Metro. Als sie außer Sichtweite des Hotels war, nahm sie das Regencape ab und ließ es in ihrer Handtasche verschwinden. Jetzt konnte sie beim besten Willen niemand mehr auf den ersten Blick von einer französischen Mademoiselle unterscheiden.

Zum Glück waren die französischen Kontrolleure am Bahnhof nicht so besonders genau. Margarete schloss sich einfach einer größeren Gruppe Franzosen an und mogelte sich geschickt an den Männern vorbei. Eigentlich war die französische Kontrolle gar nicht für sie zuständig, aber sie wollte auch keinesfalls einer Wehrmachtsstreife in die Hände fallen. Dann wäre ihr Ausflug abrupt zu Ende gewesen.

Erst als Margarete im Zug saß, atmete sie erleichtert auf. Die erste Etappe ihres Abenteuers war geschafft. Sie hatte sich absichtlich ein volles Abteil gesucht und versuchte sich, so gut sie eben konnte, den Franzosen anzupassen. Die Fahrt nach Le Havre, bis an die Mündung der Seine, dauerte ein paar Stunden. Langweilig wurde ihr dabei nicht. Viel zu aufregend war die Aussicht darauf, endlich dem Strippenkameraden, von dem sie kaum mehr als die Stimme kannte, gegenüberzustehen.

Er war einer der Soldaten, die ebenfalls im besetzten Ausland Dienst in den Wehrmachtsvermittlungen taten. Besonders während der Nachtstunden, wo es nicht allzu viel zu verbinden gab, kamen deshalb des öfteren Gespräche unter den Kolleginnen und Kollegen zustande, die natürlich meistens nur ein Thema hatten. Da Margarete nicht viel von diesen kleinen Flirts, den anzüglichen Andeutungen und Schmeicheleien hielt, hatte sie sich immer sehr distanziert und trocken gegeben, wenn sie solche Angebote erhielt. Mit ihrem „Söhnchen“ war das etwas anderes. Sie hatten in den Nachtstunden schon viele gute Gespräche geführt, und so war eine für Margarete sehr wichtige Freundschaft gewachsen. Schließlich hatten sie den Plan gefasst, sich in Le Havre zu treffen.

Auf dem dortigen Bahnhof herrschte einiges Gedränge, und Margarete hatte Mühe, sich zu orientieren. Ihre Aufregung machte das alles auch nicht besser.

„Matz!“, rief hinter ihr eine vertraute Stimme. „Meine Matz, du hast es tatsächlich geschafft!“

Wenig später schlenderten sie über die Promenade, von wo man einen prächtigen Blick auf die Seine-Mündung hatte. Die beiden jungen Menschen waren sich auf Anhieb sympathisch, und natürlich gab ein Wort das andere und sie flirteten miteinander.

„Oh, in Paris gibt es viele Möglichkeiten Land und Leute besser kennenzulernen“, ereiferte sich Margarete. „Nun gut, eigentlich sind es weniger die Leute. Aber durch meine Französischlehrerin habe ich Kontakt zu einer jungen Französin bekommen, die gerne Deutsch lernen will. Sylvaine heißt sie, ist genauso alt wie ich und studiert an der Sorbonne.“

Gedankenverloren lehnte Margarete sich an das Geländer der Promenade und blickte über das Wasser. Sylvaine war ein solches Geschenk für sie. Nicht nur der französischen Sprache wegen, die die Zwanzigjährige dadurch schnell und gründlich lernte, sondern weil sie es genoss, eine Freundschaft zu erleben, die sich über alle völkischen, in diesen Kriegszeiten auch nur zu verständlichen Vorurteile hinwegsetzte.

„Was sagt denn ihre Familie dazu? Sie könnte doch nur allzu schnell in den Verdacht geraten, eine Kollaborateurin zu sein“, unterbrach er ihre Gedanken.

Margarete war einen Moment still. Sie wusste sehr genau um diese Gefahr.

„Nein, mit Sylvaine ist das anders. Ihre Eltern unterstützen sie in dieser Hinsicht. Ich bewundere ihre Einstellung, dass sie zwar gegen die deutsche Besatzung sind, aber dann den Unterschied zwischen dem System und den Menschen machen. Trotzdem muss sie vorsichtig sein. Wenn wir zum Beispiel gemeinsam durch die Stadt laufen und ich in Uniform unterwegs bin, dann reden wir nur Deutsch, damit auch niemand Verdacht schöpft. Sylvaine spricht schon so gut unsere Sprache, dass sie glatt als deutsche Zivilistin durchgeht."

„Nun ja", meinte ihr Begleiter gleich darauf, „von dem, was du mir so erzählt hast, gehst du ja auch anstandslos als französische Mademoiselle durch. Anscheinend habt ihr gut voneinander gelernt. Da sage noch einer, man erkenne die deutschen Frauen in Paris auf Anhieb. Weißt du eigentlich, mit welchem Sprüchlein die Kameraden euch hier necken?"

Dem jungen Mann machte es sichtlich Spaß, Margarete ein bisschen aufzuziehen.

„Les petites gris souris sont un remede contre l'amour. Die kleinen grauen Mäuse sind ein Mittel gegen die Liebe."

„Oh, wie unverschämt! Und das lässt du zu? Du Schuft", spielte sich Margarete auf. Aber das Zwinkern in ihren Augen verriet, dass ihr Zorn keineswegs ernst gemeint war.

„Nun ja, ich habe ja Glück gehabt", grinste er, „meine Strippenkameradin macht den Französinnen durchaus Konkurrenz!"

Margarete errötete. Um von sich abzulenken, schlug sie vor, sich in eines der vielen Cafés zu setzen. Einerseits genoss sie es, so ganz im Mittelpunkt seiner Aufmerksamkeit zu stehen, andererseits rief sie sich immer wieder selbst zur Ordnung, nicht auf seine Flirtversuche einzugehen. Doch ein Wort gab das andere, und schließlich stellte Margarete ihm sogar ein Küsschen in Aussicht, sollte er es schaffen, einen Faden durch eine Nadel zu fädeln, die sie halten wollte.

Zu ihrer beider Erstaunen gelang es sogar, und er bekam das versprochene Küsschen, bevor Margarete wieder in den Zug nach Paris stieg.

Eingeklemmt zwischen einer wild durcheinanderredenden Familie und einem tadelnd dreinblickenden älteren Ehepaar, durchlebte sie die vergangenen Stunden noch einmal. Leider hatten sie und ihre Kameradinnen in Paris die betrübliche Entdeckung machen müssen, dass viele der deutschen Männer den Reizen der weiblichen Schönheiten des Landes nicht widerstehen konnten. Eben deshalb – so war Margaretes Theorie –, weil die weiblichen Wehrmachtsangehörigen ihre Kameraden in dieser Schwäche ertappt hatten, versuchten diese nun den Ruf der Blitzmädchen zu schädigen. Dabei war das nun wirklich der größte Unsinn, den sie sich vorstellen konnte. Die Oberflächlichkeit, die ihnen vorgeworfen wurde, und dass sie leicht zu haben seien, war völlig unbegründet. Einige Male hatte Margarete auch schon feststellen dürfen, dass sich ein Soldat freute, ein natürliches, frisches deutsches Mädel zu treffen, ohne jeglichen Hintergedanken. Ihr ‚Söhnchen' war einer davon, und sie genoss diese saubere und reine Beziehung sehr.

In diesem Moment betrat der Schaffner ihr Abteil, und das deutsche Blitzmädchen musste sich wieder ganz darauf konzentrieren, Französin zu sein.

* * *

„Was habt ihr gemacht? Margarete, das hätte ich ja nicht von dir gedacht!" Eugen fiel aus allen Wolken. Sein Gesichtsausdruck machte es Margarete noch schwerer, ernst zu bleiben.

„Wir haben unsere Schichten so getauscht, dass wir dreieinhalb Tage am Stück frei hatten. Und dann sind wir ans Meer gefahren", sagte sie und konnte sich ein Kichern nicht verkneifen.

„Aber wo habt ihr denn die Erlaubnis herbekommen? Eigentlich dürft ihr doch nur bis Poirtiers fahren", sagte Eugen, sichtlich bemüht, hinter ihre rätselhaften Äußerungen zu steigen. Schließlich erbarmte sich Margarete und begann zu erzählen.

„Also, pass auf, eigentlich dürfen wir ja nur als Gruppe von zehn NHlerinnen solche weiten Ausflüge machen ..."

„Genau das meine ich doch", unterbrach sie Eugen.

„Nun ja, wir waren ja auch zu zehnt, und weil es weiter südlich in Frankreich keine NH-Unterkunft gibt, haben wir eben angegeben, dass wir bis Portiers fahren. Dann sind an unserem Abreisemorgen aber nur drei von zehn Teilnehmerinnen am Gare d'Austerlitz erschienen", redete Margarete sich in Fahrt.

„Aber ihr seid natürlich trotzdem gefahren", stöhnte Eugen.

„Natürlich, die Gelegenheit konnten wir uns doch nicht entgehen lassen", sagte Margarete und nahm schnell einen Schluck Kaffee, bevor sie weitererzählte.

„Bis zu diesem Zeitpunkt jedenfalls hieß unser Ziel noch Poirtiers. Unseren besonderen Plan haben wir erst im Zug ausgeheckt."

Wieder unterbrach Eugen sie: „Und wie seid ihr an den Wehrmachtsstreifen vorbeigekommen?"

„Nun, es reicht, die Vorhänge des Abteils zuzuziehen und sich schlafend zu stellen. Die armen Kameradinnen aus den Vermittlungen, die andauernd so anstrengende Nachtdienste leisten müssen, die lässt man lieber schlafen, weißt du?"

„Oh, wie raffiniert! Und dann? Wie habt ihr es geschafft, wirklich ans Meer zu kommen?"

Margarete amüsierte sich sichtlich: „Zunächst einmal haben wir Poirtiers natürlich verschlafen und sind erst in Bordeaux ‚aufgewacht'. Das hatten wir vorher so besprochen. Dort haben wir uns dann ganz reumütig in der NH-Unterkunft bei der Oberführerin gemeldet, die uns zornerfüllt gleich in einen Zug nach Poirtiers setzen wollte. Dumm nur, dass an diesem Tag kein Zug mehr zurückfuhr. Deshalb wurden wir in jenem alten Kloster einquartiert, was als NH-Unterkunft diente."

„Aber am nächsten Tag seid ihr nicht nach Poirtiers zurückgefahren, liege ich da richtig?", fragte ihr Gegenüber misstrauisch.

„Wie kommst du denn darauf?", fragte Margarete mit gespielter Entrüstung. „Da waren wir schon einmal so weit im Süden und sollten uns das Meer entgehen lassen? Oh nein! Also wurde ich zum Bahnhofsoffizier geschickt ..."

„Ich kann mir schon denken, was jetzt kommt", grinste Eugen.

„Gar nichts kannst du dir denken", schnitt ihm Margarete das Wort ab.

„Wieso? Du hast ihn doch wahrscheinlich mit deinem Charme um den Finger gewickelt, ihm erzählt, dass es für euch arme Pariser Nachrichtenhelferinnen unheimlich wichtig sei, einmal den Atlantik gesehen zu haben, und er hat euch sicher prompt einen Fahrbefehl ausgestellt, stimmt's? Fragt sich nur noch, wie weit er euch hat fahren lassen", spann Eugen den Faden weiter.

Jetzt war Margarete doch ein wenig überrascht. Aber so leicht ließ sie sich das Zepter nicht aus der Hand nehmen. „Man könnte meinen, du seist dabei gewesen. Er hat uns tatsächlich bis Arcachon fahren lassen. Dort haben wir dann die Kameraden von der Marinevermittlung besucht, die uns sogar ein Tretboot ausgeliehen haben. Und dann durften wir Großstädterinnen endlich Sonne, Strand und Meer genießen!"

„Was für ein Luxus! Jetzt musst du mir aber noch verraten, wie ihr es geschafft habt, so schnell wieder nach Paris zurückzukommen!", wollte Eugen jetzt wissen.

Margarete genoss es, seine volle Aufmerksamkeit zu haben, und zögerte ihre Antwort noch ein wenig hinaus, indem sie auf ihren noch heißen Kaffee blies und sich die Hände an der Tasse wärmte.

„Sagt dir der Irun-Paris-Nachtexpress etwas? Damit gelangt man ganz bequem über Nacht von der spanischen Grenze bis nach Paris. Leider gab es in diesem Zug keine Abteile für Wehrmachtsangehörige. Dort wären wir nicht so aufgefallen. Deshalb haben wir unsere Uniformen hinter den großen weißen Kissen versteckt, auf denen man normalerweise schlafen soll. Du hättest die Leute sehen sollen, die ab und an in unser Abteil schauten! Sie haben wohl gedacht, dass sie in ein Mutter-Kind-Abteil geraten sind, weil wir diese Kissen auf dem Schoß hatten. Das war ein Spaß!" Noch jetzt musste Margarete bei der Erinnerung lachen.

„Und das Beste war unsere Ankunft im Hotel Regina. Wir haben uns natürlich sofort bei unserer Hauptführerin gemeldet."

Eugen runzelte die Stirn: „Ist das nicht diese ganz Strenge? Eine Lehrerin oder so, stimmt's?"

„Du wirst lachen, aber das ist wirklich das Unglaublichste an dieser ganzen Geschichte: Sie sagte doch tatsächlich: ‚Kinder, ich beneide euch!' Das musst du dir mal vorstellen!"

Margarete gluckste fröhlich vor sich hin.

„Du bist wirklich unglaublich, weißt du das?", sagte Eugen. Der Ton, in dem er das sagte, machte sie stutzig. Eugen sah sie wieder mit diesem Blick an, den sie nicht ganz einordnen konnte.

„Weißt du", begann er wieder, „seitdem ich so oft mit dir Austausch haben kann, bin ich ein anderer Mensch. Die Arbeit und überhaupt alles macht mehr Freude."

Er schwieg einen Augenblick und erfüllte, als er fortfuhr, Margaretes schlimmste Befürchtungen: „Oh, ich armer elender Narr, dass ich dich nicht eher kennenlernen durfte, wo wir doch schon Jahre so dicht nebeneinander wohnten."

Sie wand sich unter seinem Blick: „Eugen, du wirst in wenigen Wochen heiraten. Vergiss das nicht. Wir sind nur Freunde."

Margarete wunderte sich selbst, wie schwer es ihr fiel, das zu sagen. Sie gab sich dem Oberleutnant und Diplom-Psychologen der Luftwaffe gegenüber fest in ihren Ansichten und Prinzipien. Sie wollte seiner zukünftigen Ehefrau keinesfalls gefährlich werden. Und je näher der März 1943, der Monat, in dem Eugens Hochzeit stattfinden sollte, gerückt war, desto mehr hatte Margarete auf Abstand bestanden.

Natürlich war die gemeinsame Zeit auch nicht spurlos an der Zwanzigjährigen vorübergegangen. Aber für sie war es eine Freundschaft, in der sie verzichten lernte.

Wenig später traten sie ihren fast schon zur Tradition gewordenen abendlichen Gang durch die Tuilerien an.

„Bitte, grüße deine Braut von mir", bat Margarete noch zum Abschluss. Als sie sich umdrehen wollte, hielt Eugen sie am Ellenbogen fest.

„Weißt du eigentlich, dass du das von Anfang an zu mir gesagt hast? Und Irene, meine Braut, lässt dich immer grüßen und dir danken sowie ich auch. Du glaubst gar nicht, wie sehr du mir damit hilfst, mein kleiner Engel. Jeder Mensch, dem wir nicht nur oberflächlich begegnen, wird auch immer ein Stück des Weges mit unserer Seele weitergehen. Er beeinflusst uns nur durch sein Dasein. Wir beide wollen immer dankbar bleiben, dass wir auf unserer gemeinsamen, kurzen Lebensstrecke davon etwas erfahren durften. Adieu, Margarete."

* * *

*Margaretes Tagebuch, 01.03.1943*
*Leuchtende Tage, nicht weinen, weil sie vorüber – lächeln, weil sie gewesen! Das hört sich wohl sehr schön an, und ich versuche zu lächeln und dankbar zu sein für das Gewesene ... Aber Tränen dürfen sein ... Um auf andere Gedanken zu kommen, ging ich gestern in die Opéra Comique, ohne zu wissen, was gespielt wurde. Es gab Cavalleria Rusticana, aber alle Karten waren ausverkauft. Da trat ein hochgewachsener, sehr gut aussehender Oberleutnant auf mich zu mit den*

*Worten, ob er mir wohl eine Freikarte anbieten dürfe. Er war gerade von der Ostfront kommend zum Wachregiment Paris abkommandiert worden. Ich nahm freudig an. Anschließend gingen wir noch ins Soldatenheim, und er bat mich, ihm hin und wieder meine Freizeit zu schenken und seine Stadtführerin in Paris zu sein.*

* * *

„Einen Moment, Margarete, das wollen Sie mir doch sicherlich nicht antun." Sanft hielt Alfred sie am Arm zurück. Margarete hatte sich ohne große Umschweife nach ihrer heutigen Stadtführung auf den Heimweg ins Hotel Regina machen wollen. Der lange Marsch zum Eiffelturm und zurück durch den Parc du Champ de Mars, an der Ecole Militaire vorbei zum Musée d'Orsay war zwar wunderschön gewesen, aber sie war nun auch reichlich müde und wollte sich, bevor ihr Dienst begann, noch ein wenig ausruhen.

„Ich möchte mich doch für den wunderschönen Nachmittag bedanken. Darf ich Sie auf einen Kaffee einladen?", fragte Alfred charmant.

Einen Moment zögerte Margarete, aber dann ließ sie sich doch in eines der nahegelegenen Cafés führen. Aus irgendeinem Grund konnte sie diesem Mann nichts abschlagen.

Nachdem sie bestellt hatten, fragte Margarete: „Wie geht es denn Ihrer Frau?"

„Ach, wollen wir denn nicht das dumme ‚Sie' ablegen, Margarete? Jetzt kennen wir uns schon gut einen Monat. Ich finde, da dürfen wir auch zum ‚Du' übergehen", lenkte Alfred ab.

„Nun gut, du hast wohl recht, Alfred", stimmte ihm Margarete zu. Aber wie geht es deiner Frau? Letzte Woche sagtest du, dass ihr die Schwangerschaft nicht besonders gut bekommt."

Alfred seufzte. An diesem Punkt war ihm die Hartnäckigkeit seines um zehn Jahre jüngeren Gegenübers manchmal direkt unheimlich. Er hatte ihr am Anfang auch verweigert, seine Frau von ihr zu grüßen. Sie sei nun einmal furchtbar eifersüchtig, obwohl sie nun schon ein Jahr verheiratet seien. Und er wolle es ihr in der Schwangerschaft nicht zumuten, sie durch so einen, wenn auch harmlosen Gruß unnötig zu beunruhigen.

Andererseits hatte Alfred bei einem ihrer ersten Treffen gesagt, dass seiner Meinung nach Freundschaft zwischen Mann und Frau nur funktionieren könne, wenn beide Seiten gebunden seien. Oder aber – und das sei seltener – der Mann als der Ältere und Reifere sich sage: Du wirst schuldig, wenn in dem unerfahrenen, wirklich noch keuschen empfindsamen Mädchen etwas zerbricht, das nicht mehr zu heilen wäre.

Daran hatte sich Alfred, so lange sie ihn nun kannte, mit eiserner Disziplin gehalten. Und gerade das imponierte Margarete besonders.

„Es geht ihr ganz gut. Und eigentlich wollte ich dich einladen, mich und meine Frau bald einmal in Wien zu besuchen", erzählte Alfred leichthin. „Ich würde dich dann einfach so vorstellen: Dies ist die Frau, die ich geheiratet hätte, wenn ich sie eher kennengelernt hätte. Oder eher: Diese Frau hat mich vor vielen Dummheiten in Paris bewahrt. Was hältst du davon, Margarete?"

Sie musste lachen: „Ich glaube kaum, dass das eine passende Vorstellung ist. Was soll denn deine Frau von mir denken?"

„Nein, im Ernst, Margarete. Du bist doch mein kleiner Pastor. Mit niemandem hier kann ich so reden und diskutieren wie mit dir", sagte Alfred mit einem Ton in der Stimme, der ihr eine Gänsehaut über den Rücken jagte.

Sie versuchte abzulenken: „Lass uns lieber nach Hause gehen, Alfred, meine Schicht beginnt bald."

So eilig hatte Margarete es dann aber doch nicht. Gemächlich schlenderten sie durch den Jardin des Tuileries und unterhielten sich wieder angeregt. Solange sie nicht auf ihre seltsame Beziehung zu sprechen kamen, war ihr Alfred ein sehr angenehmer Gesprächspartner.

„Können wir bald wieder etwas gemeinsam unternehmen, Margarete?" Alfred machte vor einer Bank halt und breitete seine Jacke über die Holzbretter aus.

„Setzen wir uns doch noch einen Moment. Komm, Margarete, so viel Zeit muss sein. Was hältst du denn davon, wenn ich dich zum Essen einlade?"

Sie schwieg einen Moment. Eigentlich hatte sie bewusst darauf geachtet, dass ihre Treffen immer mit etwas Unverfänglichem verbunden waren. Spaziergänge, auch der ein oder andere Restaurantbesuch, ab und an Schwimmen oder Radfahren – all das war doch im Rahmen einer normalen Freundschaft, oder?

„Alfred, ich weiß nicht, ob das so gut ist, wenn wir uns so oft treffen. Meinetwegen darfst du mich gerne zum Essen einladen. Irgendwann in der nächsten Woche. Aber das ist alles."

„C'est tout?", fragte Alfred. „Das ist alles?"

„C'est tout!", entgegnete Margarete mit Bestimmtheit. Beide schwiegen einen Moment.

„Darf ich dir einen Kuss geben, Margarete?", fragte Alfred schließlich.

Etwas überrascht, weil die Frage so unvermittelt aus einer Diskussion über ein völlig anderes Thema heraus kam, musste Margarete sich einen Moment lang besinnen, um seine Frage überhaupt zu erfassen.

Wie sollte sie sich hier nun wieder herausreden? Die Vernunft gebot ihr, Alfred einen Korb zu geben. Andererseits ... Margarete blickte sich um. Überall im Park standen große, relativ hohe, mit Sand gefüllte Kästen, in denen Blumen angepflanzt wurden oder exotische Palmen ihren Platz fanden. Das könnte funktionieren. „Aber nur, wenn du es schaffst, über einen dieser großen Kästen zu springen", forderte sie ihn heraus, in dem Glauben, dass es wohl unmöglich sei. Allerdings hatte Margarete vergessen, dass vor ihr der dritte Deutsche Meister im Zehnkampf stand. Alfred jedenfalls gelang es mit Leichtigkeit, über den Kasten zu springen, und Margaretes Herz machte einen ebensolchen Satz. Ob das nun vor Schreck oder vor Freude geschah, vermochte sie in diesem Moment nicht zu unterscheiden.

* * *

*Margaretes Tagebuch, 06.04.1943*
*Über vieles, was Alfred mir sagt, muss ich mehr nachdenken, als es vielleicht recht ist. Stehe ich in der Gefahr, auf die Worte eines routinierten Verführers hereinzufallen? Oder spricht er die Wahrheit und meint wirklich, was er sagt? Unsere Beziehung ist so grundverschieden von der mit Eugen. „Du bist die zweite Frau in meinem Leben", so sagte er mir, „bei der ich es lächerlich fände, irgendwelche Tricks, auf die Frauen oft hereinfallen, aufzutischen. Wenn du nicht auf so wundervolle Weise zurückhaltend wärst, hätte ich längst schon ein*

*paar Dummheiten mit dir angestellt, dazu gefällst du mir viel zu gut."*
*Ganz zu schweigen von den Komplimenten rein äußerer Art, mit denen er nicht geizt – und die höre ich doch gerne, damit wurde ich bisher nicht verwöhnt. Auch betont er, damit keinen Zweck zu verfolgen, wie das so gang und gäbe sei bei Männern, die etwas erreichen wollen.*

* * *

Lorchen machte ein Gesicht wie sieben Tage Regenwetter. Sie saß an ihrem Schreibtisch und starrte auf die Rue de Rivoli hinunter, wo ihre Zimmernachbarin gerade mit eiligen Schritten auf den Haupteingang zusteuerte.

Wenige Minuten später hörte sie die durch den dicken Teppich gedämpften Schritte auf dem Flur, den Schlüssel, der energisch ins Schloss gesteckt wurde, und gleich darauf stand Margarete im Zimmer. Sie warf ihre Tasche auf das Bett, rief ein „Hallo, Lorchen!" und verschwand im Badezimmer.

Lorchen hörte das übliche Geklapper hinter der Tür und haderte mit sich selbst. Sie wusste, dass Margaretes Dienst in einer halben Stunde begann. Sollte sie die Freundin jetzt damit belasten?

In dem Moment schoss Margarete auch schon wieder aus dem Bad und verschwand im Ankleidezimmer.

„Margarete, hast du einen Moment Zeit für mich?", fragte Lorchen zaghaft. Aber dann fasste sie sich ein Herz und sagte: „Margarete, bitte setze dich doch kurz. Ich muss dir etwas sagen."

„Ja, gleich", klang es dumpf von nebenan. Lorchen seufzte.

„So, da bin ich", sagte Margarete und schloss im Gehen noch die letzten Knöpfe ihrer Uniform. „Was ist denn los?"

Aber erst als sie Lorchens todernstes Gesicht bemerkte, blieb Margarete wirklich stehen. Die Verwirrung stand ihr ins Gesicht geschrieben.

„Was ist, Lorchen? Ist etwas Schlimmes passiert?", fragte Margarete unruhig.

„Würdest du dich bitte hinsetzen", sagte ihre Zimmerkameradin statt einer Erklärung. Diesen Ton war sie von Lorchen gar nicht gewohnt. Gehorsam setzte Margarete sich.

„Margarete, merkst du denn nicht, dass du mich komplett ignorierst? Du hast gar keine Zeit mehr. Weder für mich noch für die anderen Kameradinnen. Du bist ständig unterwegs", redete Lorchen sich in Fahrt. Ihre Stimme zitterte vor lauter Wut und Traurigkeit.

„Wie bitte?" Margarete fiel aus allen Wolken.

„Kriegst du denn gar nichts mit? Hast du überhaupt gemerkt, wie sehr du dich in letzter Zeit zurückgezogen hast? Du gehst nicht mehr mit uns spazieren. Du fährst nicht mehr mit uns in die Stadt. Du interessierst dich überhaupt nicht mehr für uns. In den letzten Wochen hast du mich kein einziges Mal gefragt, wie es mir geht, geschweige denn etwas von dir erzählt. Du bist doch nur noch zum Essen und Schlafen hier." Jetzt kamen Lorchen die Tränen.

„Du beschäftigst dich einfach nur noch mit dir selbst. Jede Minute ist bei dir verplant. Früher konnten wir immer zu dir kommen, wenn wir etwas auf dem Herzen hatten. Jetzt würdest du mir nicht einmal zuhören, wenn ich weinend zur Tür herein käme. Margarete, wir haben dich doch alle so gern. Du fehlst uns! Und mir ganz besonders!"

Schluchzend sank Lorchen auf ihren Schreibtischstuhl.

Margarete dagegen saß wie angewurzelt auf ihrem Bett. Was ging sie das an? Sie war doch nicht für die anderen zuständig.

„Weißt du, ich finde, dass du total egoistisch handelst. Dabei bist du doch immer diejenige, die uns erzählt, dass wir Gott lieben sollen und unseren Nächsten wie uns selbst und das alles. Aber bei dir sehe ich gerade nicht besonders viel davon!", brachte Lorchen, immer wieder von Schluchzern unterbrochen, heraus.

Das war zu viel! Margarete sprang auf, durchquerte mit langen Schritten das Zimmer und knallte die Tür hinter sich zu. Was erlaubte sich Lorchen da überhaupt! Sie hatte ja keine Ahnung, mit was Margarete sich herumschlagen musste. Sie hatte keine Ahnung, welches emotionale Chaos sie durchzustehen hatte. Lorchen wusste überhaupt nichts!

*Aber wie sollte sie auch,* verschaffte sich eine kleine Stimme in Margarete Gehör, *wenn du ihr nichts erzählst?*

Damit fiel ihr ganzer Zorn in sich zusammen. Den Rücken an die kühle Wand gelehnt, stand Margarete einen Moment da und versuchte, den Kopf frei zu kriegen. Alles schien sich zu drehen. Doch je mehr sie versuchte, sich zu beruhigen, desto mehr erschrak sie vor ihrer eigenen Gleichgültigkeit. Voller Schrecken erkannte sie, mit wie viel Kälte, Egoismus und eitler Selbstliebe sie ihren Kameradinnen in den letzten Wochen begegnet war. Dabei lag es doch gerade an ihr, die sie von sich behauptete, Christin, ihres ‚Bruders Hüter' zu sein.

Den Rücken an die Wand gelehnt, rutschte Margarete in die Hocke, legte die Arme um die Beine und ließ den Tränen freien Lauf. Vor ihrem inneren Auge spielten sich zahlreiche Szenen aus den letzten Wochen ab. Wie viele versäumte Gelegenheiten waren da gewesen, wo sie in das Leben ihrer Kameradinnen hätte hineinsprechen können. Was war nur aus ihrem Grundsatz geworden? ‚Nur was wir für andere tun, bestimmt den Wert unseres Lebens.' – Das war es doch, woran sie bis jetzt geglaubt hatte.

Die leisen Schritte, die sich Margarete näherten, hörte sie nicht. Erst als ihr eine Hand über den Kopf streichelte und sich Lorchen neben ihr niederließ, sah sie auf.

„Entschuldige, Lorchen. Vergib mir bitte, dass ich so gleichgültig dir gegenüber war. Das wollte ich nicht. Wirklich!"

„Margarete, ich bin dir nicht mehr böse. Glaub mir", beruhigte Lorchen die Freundin. „Lass uns einfach heute Abend noch ein wenig reden. Ich würde mich so freuen, wenn wir einfach mal wieder einen guten Wein zusammen trinken und ein bisschen plaudern würden. Du musst jetzt nur leider gehen. Sonst kriegst du den Bus nicht mehr, der dich zum Pariser Post- und Fernmeldeamt bringt."

„Danke, dass du mir so ins Gewissen redest. Du bist eine wahre Freundin!"

* * *

Am späten Abend stieg Margarete vor dem Hotel Regina wieder aus dem Bus und machte sich auf den Weg zu ihrem Zimmer. Sie hatte sich die ganze Zeit nur halbherzig auf ihre Arbeit konzentriert. Zu nahe war ihr das Gespräch mit Lorchen gegangen. Doch die empfing sie nun freudestrahlend in der Eingangshalle, umarmte sie herzlich und zog sie dann mit sich in den angrenzenden Salon.

Margaretes schlechtes Gewissen war noch nicht ganz beruhigt, aber sie freute ich nun wirklich auf den Abend mit der Freundin.

Versehen mit einem guten Wein und allerlei Gebäck, das Lorchen aufgetrieben hatte, kamen sie schnell ins Erzählen.

Schließlich fragte Lorchen: „Margarete, sag mal, was ist denn eigentlich aus Eugen geworden. Er hat doch nun geheiratet, oder? Und vor kurzem soll er noch einmal in Paris gewesen sein."

„Hm", machte Margarete.

„Wie, hm? Damit kannst du mich nicht abspeisen. Was war denn nun wirklich zwischen euch? Wir dachten doch schon alle, dass er seine Verlobung wieder löst. Ihr habt euch doch so wunderbar verstanden", bohrte Lorchen.

„Ach Lorchen, es ist schon so schwer genug. Sag doch nicht so etwas." Margarete wand sich auf ihrem Stuhl. Doch dann entschied sie sich dazu, zu erzählen.

„Weißt du, es war so vertraut, ihn wiederzusehen. Und es hat so gut getan, wieder mit ihm zu reden. Unsere Gedanken und Gefühle sind sich oft so ähnlich! Aber dann hat er mir etwas offenbart, womit ich einfach nicht gerechnet hätte."

Margarete stockte. Lorchen dagegen saß vor lauter Spannung nur noch auf der Kante ihres Stuhles und starrte ihre Freundin erwartungsvoll an.

Margarete seufzte. Wie sollte sie das erklären?

„Eugen sagte mir, dass ich mir gar keine Vorstellung davon machen könne, was für qualvolle Stunden er damals zwischen seinem letzten Urlaub und seiner Hochzeit durchlebt habe. Es sei ihm ganz wahnsinnig schwer geworden. Und jetzt, da er neben mir gehe, sehe es nicht viel anders in ihm aus. Oh, Lorchen, ich bin aus allen Wolken gefallen! Ich wusste doch nicht, dass ich so etwas in ihm auslöse", flüsterte Margarete. Jetzt, da sie Eugens Worte wiederholte, hörten sie sich noch ungeheuerlicher an.

„Ja, und wie ging es weiter?", fragte Lorchen ebenfalls im Flüsterton.

„Er sagte, dass ich ja gemerkt habe, dass er in den Tagen vor seiner Heirat weniger mit mir telefoniert habe. Er habe es einfach nicht gekonnt. Er habe nicht weitergewusst. Aber er habe doch seine Irene nach sieben Jahren so kurz vor dem Hochzeitstermin nicht verlassen dürfen", Margarete seufzte.

„Und auch ich hätte mir das nie verziehen, Lorchen, wenn er meinetwegen seine Verlobte verlassen hätte.

Eugen sagte, dass er am liebsten vier Wochen einfach weggefahren wäre, um sich ganz klar zu werden, welche Frau er wirklich wolle. Und darum habe er mich auch nicht eher sehen wollen. Ach, Lorchen, es tut mir so leid, dass ich ihn in solche Gewissenskonflikte gestürzt habe! Er sollte doch mit seinen Gedanken ganz bei seiner zukünftigen Ehefrau sein und nicht zwischen mir und ihr hängen."

Mit bedrücktem Gesicht sank Margarete zurück in ihren Sessel. Lorchen streichelte gedankenverloren über ihren Arm.

„Weißt du, ich habe ein Gefühl, als sei in mir alles weh und wund. Da ist nur dieses dumpfe, tieftraurige Gefühl, das erneut in meinem Inneren wühlt und Besitz von mir nimmt. Als Eugen vor mir stand und mir diese Worte sagte – nie habe ich ihn so geliebt wie in diesem Moment, als ich nun auch um seine Liebe wusste und um unser beider Verzicht."

Lorchen stand auf und nahm sie in den Arm.

„Ach Margarete, hat er sich deshalb nur mit einem Handkuss von dir verabschiedet? Ich habe mich gewundert ... War das ein Abschied für immer?", fragte sie zaghaft.

Margarete nickte, und zum zweiten Mal an diesem Tag liefen ihr Tränen über das Gesicht.

Als sie sich wieder etwas beruhigt hatte, fuhr sie fort: „Ich habe ihm auch von Alfred erzählt. Er hat unsere Beziehung eine Notlüge genannt. Ich wolle mich dadurch nur ablenken. Und er hat recht. Eugen war sehr traurig. Er hat Angst um mich, dass ich nicht wieder zu mir selbst zurückfinde. Und er misstraut Alfred."

„Margaretlein", begann Lorchen. Doch ihr kamen alle tröstenden Worte so leer vor, dass sie lieber schwieg.

„Aber was soll ich nur machen? Alfred betont immer wieder, welche Hilfe ich ihm durch meine Freundschaft in Paris bin. Da kann ich mich doch nicht einfach zurückziehen und ihn sich selbst überlassen."

* * *

*Margaretes Tagebuch, 27.04.1943*
*„Ich vermag alles durch den, der mich mächtig macht, Jesus Christus." Daran klammere ich mich wie eine Ertrinkende, denn ich fühle meine Kraft schwinden. Ich bin ein schwaches und eitles Geschöpf Gottes!*

*„L'amour est enfant de bohème qui n'a jamais connu de loi." – Die Liebe ist ein Kind der Bohéme, die nicht nach Recht und Gesetz fragt.*

*Die Stimme Carmens mit ihrer Arie aus La Bohème hätte mich Alfred gegenüber fast schwach gemacht. Ich verstehe mich selber nicht. Mein tiefstes Gefühl gehört nur Eugen, und das weiß auch Alfred. Ich will nicht begehren, was einer anderen gehört. Ich will mich auch nicht selber belügen! Und ich will mir selber treu bleiben! In welchen Zwiespalt bin ich nur geraten?*

*Gestern sagte Alfred, dass ich ihn in der kurzen Zeit unserer Freundschaft verändert, ihn zum Guten beeinflusst hätte. All das, was er sich von einer Frau erträumt, die ihm durch ihre Reinheit und Unberührtheit doch noch zu einem Glauben an ein Ideal führen könnte, das hätte er in mir gefunden. Darf ich da an eine Trennung denken? Wie werde ich mit diesem Zwiespalt in mir fertig? Ich handle ja wider all meine Ideale! Was gelten mir noch Reinheit, Ehre, Pflicht, Treue und Glauben – Begriffe, die mein Leben doch bestimmen sollten – wenn ich sie missachte!*

*Was ist mein Glaube wert, wenn er mich nicht trägt? „Das Reich Gottes steht nicht in Worten" – aber bei mir existieren nur die schönen Worte über den Glauben des Christen – „... sondern in Kraft", so heißt es weiter. Ich habe keine Kraft mehr. Und mein Wille? Was will ich eigentlich? Wie schaffe ich es, aus diesem Dilemma herauszukommen? Das sind meine ständigen Gedanken.*

* * *

Voller Spannung öffnete Margarete den lang erwarteten Brief, überflog rasch die wenigen Zeilen und sank dann halb enttäuscht, halb erleichtert auf ihren Stuhl zurück.

Eine Absage – irgendwie hatte sie damit gerechnet. Andererseits hatte sie aber gehofft, dass ihre Bewerbung um die Versetzung nach Rügen als Ausbildungsführerin bewilligt würde und damit ihre Bredouille in Paris ein Ende hätte.

Vor ein paar Wochen hatte sie nicht mehr anders gekonnt. Sie musste Alfred gestehen, dass sie ihn auch sehr gerne hatte. Das Wort ‚lieben' war ihr zwar nicht über die Lippen gekommen, aber selbst mit dieser Aussage hatte sie wieder eine Grenze überschritten. Andererseits gab es zwischen ihr und Alfred längst nicht dieses einzig glücklich machende Empfinden, wie sie es mit Eugen erlebt hatte.

Und doch – das musste sich Margarete eingestehen – traf sie Schuld vor Gott. Allein ihre Gedanken über Alfred waren doch ein Begehren. Zwar wehrte sie sich dagegen, aber auch das änderte nichts daran, dass sie etwas Unrechtes tat.

Auch die warnenden Worte ihrer Mutter, ihre Sorge und auch ihr Rat, der in den Briefen aus Gunzenhausen zum Ausdruck kam, machten es Margarete nicht leichter. Deswegen hatte sie schließlich um eine Versetzung gebeten, in der Hoffnung, dass ihr damit eine endgültige Entscheidung für oder gegen Alfred erspart würde. Fast schien es ihr jetzt, als wollte Gott nicht, dass sie flieht, als solle sie stattdessen der Versuchung Herr werden. Erst an diesem Morgen hatte sie im Römerbrief gelesen. ‚Lass dich nicht zum Bösen überwinden, sondern überwinde das Böse mit Gutem', hatte Paulus dort geschrieben.

Doch was war das Böse in ihrer Beziehung zu Alfred? So oft hatte Margarete in den letzten Wochen über diese Frage nachgegrübelt und war in Gedanken alle Argumente dafür und dagegen durchgegangen.

„Das Böse ist das, was mich von Gott trennt", gab sie sich selbst leise die Antwort. Ihre Beziehung zu Alfred war Ungehorsam gegen Gott. Margarete seufzte und drehte den Brief in den Händen, als würde sie dadurch noch Worte entdecken können, die sie vorher übersehen hatte. Aber da war nichts, was ihr hätte weiterhelfen können.

* * *

*Margaretes Tagebuch, 03.07.1943*
*Gott hat mir einen starken Willen gegeben, der soll siegen, soll überwinden, wenn ich drohe den Boden unter den Füßen zu verlieren. Man sagt zwar, gegen seine Gefühle anzukämpfen mache den Menschen unglücklich, aber ich setze dagegen: Froh und glücklich kann ich nur sein, wenn ich meiner inneren Stimme gehorche, und sie spricht*

*ständig und eindringlich. Es ist die Stimme des Gewissens, die mich aber leider sehr oft anklagt. Irgendwo las ich mal: Nicht der ist glücklich zu nennen, der alles tut, was er kann, sondern der alles tut, was er soll. Darunter verstehe ich den Willen Gottes, wie Jesus Christus ihn vorlebte.*

*Aber der Apostel Paulus hat auch geschrieben: „Ich weiß nicht, was ich tue, denn ich tue nicht, was ich will, sondern was ich hasse, das tue ich" (Römer 7). Ich weiß wohl, dass in mir nichts Gutes wohnt. Deshalb werde ich niemals das Gute tun können, so sehr ich mich auch darum bemühe. Ich will immer wieder Gutes tun und tue doch das Schlechte; ich verabscheue das Böse, aber ich tue es dennoch. Wie spricht mir da Paulus aus der Seele. Er trifft genau auf den Punkt! Das ist es ja gerade, was mich so umtreibt! Mein Versagen klagt mich an, auch wenn mich die Bindung an Gottes Gebot vor dem letzten Schritt bewahrt. Doch da mache ich mir etwas vor! In Gedanken habe ich das sechste Gebot längst überschritten. Bei diesem ständigen Auf und Ab widerstreitender Gefühle, die so tief sitzen, gibt es keinen Frieden in mir, und auch nicht bei Alfred. Eine endgültige Entscheidung muss getroffen werden, und sie kann nur von mir ausgehen!*

* * *

„Hallo? Spreche ich mit Margarete Bartsch?" Die Frauenstimme am anderen Ende der Leitung kannte Margarete nicht. Sie saß im Pariser Postamt in einer der unterirdischen Etagen vor ihrem Klappenschrank, dort, wo die Nachrichtenhelferinnen des Heeres, der Luftwaffe und der Marine arbeiteten.

Als Margarete bejahte, sagte die Stimme: „Ich soll ganz herzlich von Hauptmann Ludwig Fauls grüßen! Er lässt ausrichten, dass er sich sehr darauf freut, Sie in der Heimat endlich wiederzusehen."

Ihr Herz machte einen kleinen Satz. Seit ein paar Monaten flogen so die Grüße hin und her. Begonnen hatte alles mit eben einem solchen kurzen Telefonat mit einer anderen NHlerin. Über deren Verlobten wurden ganz herzliche Grüße vom Bataillonskommandeur Fauls von der Ostfront ausgerichtet. Margarete musste zunächst etwas überlegen, bevor ihr einfiel, wer sie da grüßte. In Gunzenhausen war sie 1939 diesem Hauptmann begegnet, und er hatte über Umwege erfahren, dass sie in Paris als Nachrichtenhelferin eingesetzt wurde. Eigentlich war ihr das alles gleichgültig. Aber Margarete hatte nicht mit seiner Beharrlichkeit gerechnet. Der zwei Jahre ältere Ludwig schickte ihr immer wieder einen Gruß über die Fernleitungen, und schließlich entstand auf seine Initiative hin ein Briefkontakt. Zwar imponierte der Zwanzigjährigen diese Hartnäckigkeit, aber sie sah es doch mehr als ihre Pflicht zur moralischen Stärkung der Frontsoldaten an, seine Briefe zu beantworten.

Auf diesem Wege erfuhr sie aber auch einiges über den jungen Mann. Nach seinem Abitur und dem Reichsarbeitsdienst war er seit Kriegsbeginn immer an der Front gewesen. Auf diese angespannte Situation schob Margarete auch, dass ihre Gespräche nie besonders tief gingen. Und obwohl sie der Meinung war, dass sie von jemandem, der sich in den schwersten Kriegstagen das Deutsche Kreuz in Gold und viele andere Tapferkeitsorden verdient hatte, nicht verlangen konnte, dass er seine Zeit mit großartigen philosophischen Überlegungen vergeudete, fühlte sie sich ihm doch überlegen.

„Vielen Dank!", sagte Margarete deshalb nur, unterhielt sich noch kurz mit ihrer auf deutschem Boden stationierten Kameradin und wandte sich dann wieder ihren eigentlichen Aufgaben zu.

Aber ihre Gedanken wanderten doch wieder zurück zu Ludwig, während sie fast schon mechanisch die Telefonate entgegennahm und entsprechend weiterleitete. Schließlich stützte sie die Ellenbogen auf den Tisch und verbarg das Gesicht in den Händen. Eigentlich glaubte sie nicht, dass er der Mann für's Leben war, den Gott ihr bestimmt hatte. Er war kein Nazi, hatte – soweit Margarete das kritisch einschätzen konnte – eine sehr ehrenvolle, saubere Gesinnung, und auch ihr christlicher Glaube war für ihn kein Hindernis. Noch dazu sah er sehr gut aus. Sie zog ein Bild aus der Tasche, das er ihr in einem seiner Briefe geschickt hatte. Und trotzdem fand sie kein Ja zu ihm.

In wenigen Wochen schon würde sie nach Gunzenhausen auf Heimaturlaub fahren. Ludwig hatte sich für die gleiche Zeit Urlaub geben lassen, damit sie sich dort treffen könnten. Doch viel erwartete Margarete nicht davon. Und dann war da immer noch Alfred.

Mit beiden Händen massierte sie ihre Schläfen. Das alles verursachte ihr nicht nur Kopfzerbrechen, sondern jetzt auch noch Kopfschmerzen.

* * *

Mit einem leichten Rucken fuhr die Metro an. Margarete hatte für den Heimweg von den Hochschulwochen dann doch die Pariser U-Bahn gewählt. Das Petit Palais war zwar nicht so weit vom Hotel Regina entfernt, aber sie war sehr müde nach den Vorträgen und legte nicht besonders viel Wert darauf, zu Fuß zu gehen.

Gerade fanden die Hochschulwochen für Akademiker und Studenten in der Wehrmacht in Paris statt, und auch Margarete durfte als Abiturientin daran teilnehmen. Humanismus und Milton stand nun auf ihrem Stundenplan neben Griechischer Kunst von den Anfängen bis zu den Perserkriegen. Außerdem hatte sie eine Vorlesung ausgewählt, die „Englische Geistesrichtung des 17. Jahrhunderts mit ihrer Auswirkung bis in die Gegenwart" betitelt wurde. Sie hoffte, hier einen wissenschaftlich begründeten, objektiven Vortrag zu hören, der einmal frei von der üblichen nationalsozialistischen Propaganda war.

Mit den Gedanken noch ganz bei ihrer Vorlesung über Altgermanische Dichtung, blätterte Margarete in ihren Aufzeichnungen. Die Türen der Metro öffneten sich mit dem üblichen Surren und mit dem steten Luftzug, der das Tunnelsystem unter Paris beherrschte. Es kamen und gingen sowohl Deutsche in Uniform als auch Franzosen in Zivil. Obwohl sich das mittlerweile nicht mehr so pauschal sagen ließ. Auch den Wehrmachtsangehörigen war es seit einiger Zeit erlaubt, sich in Zivil in der Stadt zu bewegen, wovon Margarete reichlich Gebrauch machte, weil sie dann unter den Franzosen nicht so auffiel.

Es wurde voll in der Metro, und ihr gegenüber nahmen zwei junge Soldaten Platz. Neugierig sahen sie sich um und ihre Blicke blieben an Margarete hängen. Unsicher, ob sie nun eine Französin oder eine Deutsche vor sich hatten, stießen sie sich erst nur an und warfen sich ein paar dumme Kommentare zu. Da ihr junges Gegenüber sie nicht beachtete, wurden sie wohl in der Meinung bestärkt, eine Mademoiselle vor sich zu haben.

Margarete verzog keine Miene. Insgeheim amüsierte sie sich allerdings sehr über die bewundernden Aussagen, die die beiden jungen Männer austauschten. Schließlich raffte sie ihre Blätter zusammen. An der nächsten Station musste sie aussteigen. Als die Metro gleich darauf hielt, warf sie den Soldaten ein kokettes Lächeln zu und wünschte ihnen in ihrem besten Deutsch einen wunderschönen guten Abend. Aus den Augenwinkeln sah sie noch, wie die beiden mit offenen Mündern dasaßen und ihr sichtlich verblüfft hinterherstarrten.

Bester Laune stieg Margarete die Treppen zum Ausgang hinaus und schlenderte die Rue de Rivoli entlang, die in der Herbst-Abendsonne vor ihr lag. An der Rezeption hatte Sylvaine eine Nachricht für sie hinterlegt, dass sie ihr Treffen für diese Woche leider absagen müsse, weil sie für ihr Studium so viel zu tun habe.

Damit hatte Margaretes gute Laune einen leichten Dämpfer erhalten. Erst mit diesen Hochschulwochen war ihr bewusst geworden, welche akademischen Möglichkeiten ihr eigentlich entgingen. Die nagenden Fragen kamen wieder auf, ob sie nicht doch lieber ein Studium hätte beginnen sollen, wo das doch die Zeit in ihrem Leben war, wo sie am ehesten dafür aufnahmefähig war. Ihr Fernkurs für Latein jedenfalls war ein einziger großer Reinfall gewesen. Der Spott ihrer Kameradinnen hatte Margarete schon nach wenigen Wochen das Handtuch werfen lassen. Nur den Französisch-Unterricht und die regelmäßigen Treffen mit Sylvaine wollte sie nicht missen.

Aber vielleicht sollte sie es ja wirklich versuchen. Vielleicht. Mit diesem Gedanken schloss Margarete die Zimmertür hinter sich und ließ sich mit einem Seufzer auf ihr Bett fallen. Lorchen steckte den Kopf aus dem Badezimmer und fragte: „Was ist denn los? Du siehst so bedrückt aus? War es nicht gut heute?"

„Doch, sehr sogar", erwiderte Margarete, „aber weißt du, ich werde wohl beantragen, mich für ein Medizinstudium freizustellen. Und das muss man sich schon gut überlegen."

* * *

Die Notre Dame war mehr als gut gefüllt. Zwar saßen Deutsche und Franzosen auch an Weihnachten in getrennten Bankreihen, aber immerhin kamen sie in einer Kirche zusammen, um das Weihnachtsoratorium von Johann Sebastian Bach zu hören.

Margarete stand in ihrer Chorreihe und beobachtete die Leute, deren leise Gespräche langsam verstummten. Das Orchester stimmte noch. Dann betrat der Organist und Dirigent des Wehrmachtschores, Herr Rienecker, das Podest. Nachdem der Applaus sich gelegt hatte, trat erwartungsvolle Stille ein.

Margarete liebte diese Momente. Es war, als wäre die Luft dick von Erwartung, Hoffnung und Vorfreude. Eine seltsame Einheit stand im Raum, die alle, egal, welcher Nationalität oder Institution sie angehörten, einbezog.

Das Orchester begann, und fast schien es ihr, als müssten die Töne erst die Größe des Raumes erkunden. Rienecker hob den Taktstock für den Choreinsatz. Und als habe er einen vielstimmigen, schlafenden Riesen geweckt, schallte das „Jauchzet, frohlocket!" des Chores durch die Kirche.

Für Margarete war es ein erhebender Moment. Sie wusste, wie viel Arbeit hinter diesem Konzert steckte. Doch alle Arbeit hatte sich gelohnt, wenn so in diesen Kriegszeiten die Weihnachtsbotschaft zu den Menschen gelangte.

Der Wehrmachtschor war der deutschen Gemeinde in der Rue Blanche angegliedert, wo Margarete regelmäßig die Bibelstunden besuchte. Sonntags und in ihrer Freizeit auch wochentags ging sie außerdem in die Gottesdienste der lebendigen Wehrmachtsgemeinde in der Rue George V. und nahm an den Freizeitangeboten teil, die Pfarrer Damrath und Pfarrer Raeder organisierten. In deren klaren biblischen Botschaften und dem Gemeindeleben hatte sie eine unerhoffte geistliche Heimat gefunden. Durch ihren Dienstplan konnte Margarete aber nur sehr begrenzt zu diesen Veranstaltungen kommen. Nur die Chorproben, die wollte sie nicht verpassen. Organist Rienecker hatte hohe Ansprüche und studierte auch schwere Kantaten mit ihnen ein, und Margarete kamen diese Herausforderungen gerade recht. Das Weihnachtsoratorium war ihr ganz persönlicher Höhepunkt in jedem Jahr.

Nun sang sie aus vollem Herzen mit. Wie hätte sie sich gefreut, wenn jetzt Alfred im Publikum säße. Aber er war vor zwei Tagen zu seinem Heimaturlaub aufgebrochen, und insgeheim dachte Margarete, dass es vielleicht besser so war. Sie hatten beschlossen, sich vorläufig nicht mehr zu sehen.

Als sie sich das letzte Mal trafen, hatte Margarete ihm von Ludwig erzählt. Nach einem kurzen Schweigen sagte Alfred: „Es wäre mir ein Leichtes, doch das Ehrgefühl einem Kameraden an der Front gegenüber gebietet, den Vorteil einer räumlichen Nähe nicht auszunutzen! Ich werde dich niemals mehr drängen. Ich will verzichten!"

Daran hatte er sich, auch um Margaretes Entscheidung willen, gehalten, die – ob nun für oder gegen Ludwig – unbeeinflusst reifen sollte.

Zumindest war sie sich nun sicher, dass sie in Paris an der richtigen Stelle war. Ihr Antrag auf eine Freistellung zum Medizinstudium war nicht bewilligt worden, und Margarete wollte das als ein Reden Gottes sehen, auch wenn es ihr nicht leichtfiel.

Applaus brandete auf und Organist Rienecker verbeugte sich, ließ dann das Orchester aufstehen und sich ebenfalls verbeugen, präsentierte den Chor und strahlte über das ganze Gesicht.

Jetzt sollte erst einmal Weihnachten sein, beschloss Margarete, und konzentrierte sich wieder auf ihren Einsatz für den nächsten Teil des Oratoriums.

* * *

*Margaretes Tagebuch, 02.01.1944*
*Wir hatten beschlossen, uns vorläufig nicht mehr zu treffen. Um mir zu beweisen, dass er wirklich willensstark sei und auf etwas Liebgewohntes verzichten kann, hatte Alfred sich sogar das Rauchen abgewöhnt. Und nach seinem Heimaturlaub, so hoffte ich und rechnete auch fest damit, würde er für einen neuen und mehr distanzierten Anfang in unserer Beziehung bereit sein. Und ich auch!*
*Doch was ist der Fall? Ich bin ganz durcheinander! Nach seiner Rückkehr vom Weihnachtsurlaub gestand er mir leidenschaftlicher und flehender seine Liebe. Ich allein sei die Frau, die zu ihm gehöre. Alle Liebe, die ihn mit seiner Frau verband, sei geplatzt wie eine Seifenblase. Wie soll ich mich verhalten? Bin ich schuld daran? Aber ich kann ihn gerade jetzt nicht im Stich lassen. Und so trafen wir uns doch wieder. Er hat mir geschworen, nur mehr ein brüderlich verehrendes Gefühl für mich in sich aufkommen zu lassen.*
*Hölderlins Gedicht ‚Die Liebenden' fiel mir heute in die Hände. Dort*

*heißt es: Trennen wollten wir uns, wähnten es gut und klug; Da wirs taten, warum schröckt' uns, wie Mord, die Tat? Ach! wir kennen uns wenig, denn es waltet ein Gott in uns.*

* * *

„Das heißt, dass ihr euch in Gunzenhausen treffen werdet?“, fragte Lorchen aufgeregt.

„Wie spannend! Dann stehst du Ludwig endlich gegenüber. Was meinst du, wird er dir einen Heiratsantrag machen?“

„Oh Lorchen“, entrüstete sich Margarete, „ich kenne ihn doch gar nicht! Und er mich auch nicht. Wieso sollte er mir einen Heiratsantrag machen?“

Sie saßen in ihrem Zimmer und nutzten ihre Freizeit, um Briefe zu schreiben und zu lesen. Margarete schrieb ihren täglichen Brief an Ludwig, der ihr mitgeteilt hatte, dass sein Antrag auf Heimaturlaub genehmigt worden sei. So könnten sie sich endlich einmal gegenüberstehen. Aber sie war sich noch nicht sicher, was sie davon halten sollte. Ludwig kam ihr oft noch so jung, ja jungenhaft vor, auch wenn er zwei Jahre älter war als sie.

Aber schließlich war das, was sie aus seinen Briefen wusste, auch nur ein kleiner Ausschnitt aus seinem Leben. Zumindest würden sie sich nun ein wenig kennenlernen.

„Ach Margaretlein, du solltest dich wirklich glücklich schätzen, dass die Männer dir so hinterherlaufen. Und Ludwig ist noch dazu ein außerordentlich gut aussehender Mann.“

„Ach, du spinnst doch! Mir läuft niemand hinterher“, hielt Margarete dagegen.

Margarete sah sich die Bilder an, die in Ludwigs Briefen ihren Weg nach Paris gefunden hatten. Hochgewachsen, schlank, der kurze blonde Haarschopf – Lorchen hatte recht. Attraktiv war er wirklich. Und nach dem, was man ihr über ihn berichtete, war Ludwig einer der jüngsten, aber erfolgreichsten Kommandeure. Sein Bataillon liebte ihn, weil er selbstlos und ohne sich in Schutz zu nehmen an vorderster Front im Kampf stand. Eigentlich hatte sie wirklich nur Gutes über ihn gehört.

Und trotzdem – irgendetwas hielt Margarete davon ab, in das Lob und das Wohlwollen derer einzustimmen, die ihr von Ludwig berichtet hatten.

Andererseits waren seine täglichen Briefe für sie ein wichtiger Schutz gegen ihre Sehnsucht nach Alfred. Vergessen konnte sie diesen Mann nicht, aber ablenken konnte sie sich. Nur wenn ein paar Tage einmal keine Post von Ludwig kam, weil die Kämpfe an der Ostfront ein Durchkommen für die Feldpostbriefe unmöglich machten, dann wurde ihr bewusst, wie gut ihr dieser Briefkontakt tat.

Lange überlegte Margarete heute, wie sie ihren Brief beenden sollte. Warum konnten ihre Gefühle für Ludwig nicht klar sein? Warum konnte sie kein eindeutiges Ja oder Nein zu ihm finden? Schließlich entschloss sie sich für ein einfaches „Herzlich, Deine Margarete" und faltete die wenigen Seiten zusammen.

* * *

*Margaretes Tagebuch, 11.01.1944*
*Ich hatte solche Sehnsucht nach Alfred, und wir trafen uns wieder. Herrgott, warum muss ich ausgerechnet einen verheirateten Mann lieben? Du wirst mich noch einmal sehr strafen müssen, denn ich laufe dir immer wieder aus der Schule, und du kannst mich nicht segnen. Vergib mir, Herr, und schenke mir doch einen gläubigen Mann, dem ich mit reinem Herzen Geliebte und Frau sein darf, damit ich Alfred vergessen kann.*
*Erst gestern hatten wir eine sehr temperamentvoll und leidenschaftlich geführte Auseinandersetzung, in der unsere unterschiedlichen Haltungen in Sachen „Triebe" aufeinanderprallten. Schlussendlich dankte er mir tief bewegt für das, was ich ihm nie sein könnte: seine Geliebte. Werden wir auch zukünftig die Kraft dazu haben? Gott hilf mir!*

* * *

Er hatte geweint. Er hatte beim Abschied in Nürnberg wirklich geweint, und erst da hatte Margarete zu ahnen begonnen, was sie ihm bedeutete.

Jedes Detail ihrer Zugfahrt war noch präsent in ihrem Kopf. Wie Ludwig sie abgeholt und zum Bahnhof gebracht hatte. Wie er, weil er schließlich Offizier war, zwei Fahrkarten für die Erste Klasse gelöst hatte. Wie aufgeregt er war, als er ihr im leeren Abteil gegenübersaß. Der Kuss, bevor sie in Nürnberg ausstiegen. Sein Blick, als sie ihm aus dem offenen Abteilfenster ihres Zuges nach Paris zuwinkte. Und die Tränen, die sie auf seinem Gesicht sah, als der Zug an Fahrt gewann und Ludwig immer kleiner und kleiner auf dem Bahnsteig wurde.

Margarete seufzte. Und nun so etwas. Mitten in der Karwoche hatte sie ein Brief aus dem Osten erreicht, in dem Ludwig sie bat, seine Frau zu werden. Eigentlich war sie über sich selbst verwundert, dass sie dies nicht hatte kommen sehen. Die drei Tage, die sie letztlich gemeinsam in Gunzenhausen hatten, waren natürlich nicht viel Zeit gewesen. Durch eine russische Offensive hatte sich sein Heimaturlaub verschoben und Ludwig hatte erst kurz vor Margaretes Abreise kommen können. Trotzdem hatte ihm diese Zeit gereicht, um zu erkennen, dass sie die Frau war, mit der er sein Leben teilen wollte.

Für Margarete hatte die Zeit keinesfalls gereicht. Sie fühlte sich innerlich zerrissen und rastlos. Wie sollte sie nur Klarheit über all dies bekommen? Wie sollte sie diese schwere Entscheidung treffen? Sie hatte so große Angst, etwas falsch zu machen. War sie mit ihren einundzwanzig Jahren nicht noch viel zu jung, um sich schon festzulegen? In ihrem tiefsten Inneren wusste Margarete, dass es vor allem die Gedanken an Alfred waren, die wie eine tiefe, schmerzende Wunde immer wieder hochkamen und ihr die Entscheidung so schwer machten. Eigentlich wusste sie genau, dass ihre Gefühle für Ludwig bei weitem nicht an das heranreichten, was sie für Alfred empfand, geschweige denn mit der seelischen Verbundenheit mit Eugen zu vergleichen waren.

Heute war nun der Sonntag nach Ostern, Margarete hatte einen freien Tag und damit viel zu viel Zeit zum Nachdenken. Besonders über die Antwort, die sie Ludwig geschickt hatte. Die Worte waren noch wie eingebrannt in ihrem Kopf: *„Versteh bitte, dass ich entgegen deiner Anfrage doch mit dem Einwand komme, nichts übereilt zu beschließen. Sieh, Ludwig, es ist die wichtigste Entscheidung überhaupt, die man als junger Mensch neben der Berufswahl zu treffen hat. Und das geht bei mir nicht so eins-zwei-drei; zumal ich keine Frau bin, die in* *dieser Frage nur aus dem Gefühl heraus handeln will. Wenn wir in unserer jungen und noch nicht bewährten Beziehung auch meinen, uns lange genug zu kennen, was im brieflichen Austausch ja möglich ist, sodass ein Urteil klar und unabänderlich gereift wäre, so weiß ich doch nicht, ob da der Wunsch nicht mehr der Vater des Gedankens ist ... Genügt das? Nein!*

*Ludwig, ich habe den aufrichtigen Willen und den heißen Wunsch, dich auch immer lieber zu gewinnen, und dann als deine Frau dir mit allem, was ich bin, zu gehören. Doch die Gewissheit darüber kann ich erst haben, wenn ich nicht nur an deinem äußeren Erleben, sondern auch an all deinen Vorstellungen, deinen Lebenszielen, deinen Grundsätzen teilnehme.*

*Du weißt, dass ich bewusst als Christ leben will. Nach meiner Überzeugung ist das geistlich-seelische Verstehen zweier Menschen die Grundlage einer Liebe, die Bestand haben und in eine glückliche Ehe führen soll. Ich sehe so viele Beispiele von Kameradinnen, die sich ohne langes Besinnen schnell und himmelhoch jauchzend verlieben und verheiraten ohne das tiefe Bewusstsein, einen sehr verantwortungsvollen Schritt zu tun. Ob solche schnell geschlossenen Kriegsehen halten werden? Bitte schreibe mir zu allem, wie du stehst, auch wenn es meinen Gedanken nicht entspricht. Du sollst das, was du für richtig erkennst, immer vertreten. Ich finde nichts Schrecklicheres, als einen Mann, der aus Liebe zu allem Ja und Amen sagt. Ich hab dich lieb!"*

Fast gewaltsam musste Margarete sich aus ihrer Lethargie reißen, um nicht jedes Wort ein weiteres Mal in ihrem Kopf durchzugehen. Entschlossen nahm sie ihren Mantel und verließ, nachdem sie sich vorschriftsmäßig hatte austragen lassen, das Hotel, um im Jardin de Tuileries spazieren zu gehen.

Hier war alles zum Leben erwacht und der Frühling hatte längst Einzug gehalten. Ihre Füße trugen sie von ganz allein über die mittlerweile so vertrauten Wege.

In seinem letzten Brief hatte Ludwig ihr geschrieben, dass er ihre Bedenken verstehen könne, und war bereitwillig auf ihr Anliegen eingegangen, ihr Einblick in sein ganzes Leben zu geben. Konnte sich Margarete eigentlich mehr wünschen als einen Mann mit solch einer ehrlichen und guten soldatischen Gesinnung, der immer bestrebt war, anderen ein Vorbild zu sein?

Plötzlich stand sie vor der Bank, wo ihr Alfred den ersten Kuss gegeben hatte. Ein Gefühl, als würde sie jemand auseinanderreißen, bemächtigte sich ihrer. Margarete musste sich setzen und ließ den Tränen freien Lauf.

„Gott, was soll ich denn tun? Sag mir doch, was ich tun soll!"

* * *

*Margaretes Tagebuch, 05.05.1944*
*Heute sah ich Alfred auf der Rue de Rivoli in Begleitung der Rot-Kreuz-Schwester, von der er mir schon erzählt hatte. Offensichtlich hatte er mich nicht gesehen – oder wollte er es nicht? Mein Herz setzte aus.*
*Aber ich muss ja weiter leben. Manchmal habe ich Angst um ihn, dass er wieder ‚Dummheiten' macht. Ich würde ihm gern ein gutes Wort sagen wie es Goethe in ‚Iphigenie auf Tauris' tat: „Ein edler Mann wird durch ein gutes Wort der Frauen weit geführt." Wer kennt denn seine Seele so wie ich?*
*Möge doch die Schwester, an die er sich angeschlossen hat, ein starker, wertvoller Mensch sein, die ihm Stütze sein kann.*

* * *

Die schweren Vorhänge waren noch geschlossen. Nur durch einen schmalen Spalt fiel Sonnenlicht in den Raum, in dem Margarete und Lorchen noch fest schliefen. Staub tanzte in dem Lichtstrahl hin und her. In den Bäumen gegenüber dem Hotel sang eine Amsel.

Es war Pfingstsonntag, und die beiden jungen Frauen hatten eine Nachtschicht im Pariser Fernmeldeamt hinter sich.

Margarete würde nicht mehr lange hier in Paris sein. In einer Woche sollte sie zum Lehrgang für Marine-Unterführerinnen nach Leer in Ostfriesland fahren. Danach war eine Versetzung sehr wahrscheinlich, wenn auch nicht gewiss. Und für sie bedeutete es eine neue Herausforderung, auf die sich die Einundzwanzigjährige sehr freute.

Allerdings hatte sie immer noch keine Entscheidung getroffen, was Ludwig anbelangte. Viele Briefe waren zwischen der Ostfront und Paris hin und her gewandert, viele Gedanken waren ausgetauscht und Hoffnungen und Sehnsüchte zum Ausdruck gebracht worden. Trotzdem war sich Margarete noch nicht sicher, trotzdem wagte sie es noch nicht, eine Entscheidung zu treffen.

Und Gott antwortete nicht. So schien es ihr zumindest.

Die Amsel war nun in den Baum direkt vor dem Zimmer der beiden jungen Frauen geflogen und stimmte erneut ihr Lied an. Lorchen drehte sich in ihrem Bett auf die andere Seite und zog sich die Decke über den Kopf. Bei Margarete schien der Vogel mehr Glück zu haben. Sie brummte irgendetwas vor sich hin und schlug dann die Augen auf, schloss sie aber, geblendet von dem hellen Lichtstrahl, schnell wieder. Und mit dem ersten klaren Gedanken in ihrem Kopf hörte sie die deutliche Weisung: „Gib Ludwig dein Ja-Wort!"

Plötzlich saß Margarete in ihrem Bett. Was war das nur? Wo war das hergekommen?

Doch im gleichen Moment erfüllte sie eine Klarheit wie nie zuvor. Sie würde ihr Leben mit ihm teilen und ihn mit all ihren Kräften unterstützen. Plötzlich wusste sie sich an die Hand genommen und war sich ganz sicher, den richtigen Weg eingeschlagen zu haben – trotz all ihrer Vorbehalte und Zweifel in den vergangenen Monaten.

Der Amsel vor ihrem Fenster war das egal. Sie sang unbekümmert weiter.

Margarete dagegen konnte ihr Glück kaum fassen. Sie sprang aus dem Bett und rannte hinüber zu Lorchen, zog die Decke weg und weckte die Freundin unsanft.

„Lorchen, jetzt bin ich mir sicher. Ich werde ihn heiraten!", sprudelte es aus Margarete heraus. Sie hüpfte durch das Zimmer, riss die Vorhänge auf und erschreckte die Amsel so sehr, dass der Vogel davonflog als sie die Fenster aufstieß.

Lorchen dagegen war das alles egal. Sie schlief einfach weiter.

Kopfschüttelnd stand Margarete an ihrem Bett. Schließlich schlich sie sich ins Bad, holte ein Glas kaltes Wasser und schüttete es prompt über der Zimmerkameradin aus. Prustend und völlig überfordert wachte Lorchen auf und verhedderte sich so ungünstig in ihrem Deckbett, dass sie sich gleich darauf auf dem Fußboden wiederfand.

Als sie die Freundin so freudestrahlend neben sich stehen sah, murmelte sie: „Was ist denn los?"

„Ich heirate, du Langschläferin!“, rief Margarete und schüttete den Rest des kalten Wassers über Lorchens Kopf aus.

* * *

*Leer/Ostfriesland 1944*

Schon wieder ein ganzer Stapel Briefe mit dem Vermerk ‚Zur Zeit unzustellbar‘. Margarete schüttelte den Kopf. Viele Briefe, die sie von Paris aus an Ludwig geschrieben hatte, waren ihr nach Leer, wo sie ihre Ausbildung zur Marine-Unterführerin machte, nachgeschickt worden, und seitdem war jeder Brief unbeantwortet von der Ostfront wiedergekommen. Nun war es bereits August, und noch immer gab es keine Nachricht, wie es Ludwig ging.

Sie wussten ja, dass seit der russischen Offensive dort schwer gekämpft wurde. Da gab es wichtigere Dinge, als die Post zuzustellen. Ludwigs Antwort hatte Margarete immerhin noch erhalten: „Nun will ich bei deinem Vater um deine Hand bitten. Das fällt mir nicht so leicht, denn darin habe ich ja keine Übung.“

Bei diesen Worten hatte sie lächeln müssen. Das war ganz Ludwig. Er würde dem Regimentskommandeur seiner Division, der Margaretes Vater war, aufgeregt, aber mit derselben soldatischen Disziplin und Ernsthaftigkeit gegenübertreten, die er bei allen seinen Aufgaben an den Tag legte. Diese Vorstellung löste ein warmes Gefühl tiefer Zuneigung in Margarete aus. Nichts wünschte sie sich sehnlicher, als endlich seinen Bericht über die Begegnung mit ihrem Vater zu lesen.

„Hier, Margarete, der ist auch noch für dich“, unterbrach sie eine der anderen Kameradinnen und reichte ihr einen weiteren Brief. Verwirrt starrte Margarete einen Moment auf den Umschlag. Es war keiner ihrer Briefe an Ludwig, sondern direkt an sie adressiert. Der Absender sagte ihr zunächst nichts. Oder doch? Der Name kam ihr irgendwie bekannt vor.

Beinahe zaghaft öffnete Margarete den Umschlag. Ein Bild fiel heraus und segelte zu Boden. Es war ein Bild von Ludwig in Uniform. Sie bückte sich und hob es auf. Mit liebevollem Blick betrachtete Margarete die Fotografie einen Moment lang.

Warum schickte ihr jemand dieses Bild, fragte sie sich, während sie die Blätter aus dem Umschlag zog: „Liebes Fräulein Bartsch, in meiner tiefsten Trauer schicke ich Ihnen nun die beiliegenden Zeilen. Sie haben meinem Sohn in seinen letzten Tagen so viel gegeben. Jetzt hoffe ich, dass dieser Brief Ihnen ein wenig Trost spendet. Herzlichst verbunden, Hanne Fauls."

Ungläubig starrte Margarete die Buchstaben an. Hanne Fauls, natürlich! Ludwigs Mutter hatte ihr geschrieben. Aber warum in tiefster Trauer? Warum sollte ihr der Brief Trost spenden?

Eine schmerzhafte Gewissheit bahnte sich den Weg durch ihre Fragen. Die zweite, engbeschriebene Seite zitterte in ihren Händen: „Sehr verehrte gnädige Frau, es ist für mich eine schmerzliche Pflicht, Ihnen die Gewissheit schreiben zu müssen, dass Ihr Sohn, Hauptmann Fauls, nimmer in die Heimat kehren wird. Unser junger, tapferer Kommandeur, auf den wir alle im Bataillon so stolz waren, erlitt am 25.06.1944 den Heldentod für seinen Führer und sein geliebtes Vaterland ..."

Margaretes Hände zitterten so stark, dass sie nicht weiterlesen konnte. Nein, dachte sie nur immer wieder, nein, das darf nicht sein! Und dann kamen die Tränen.

* * *

An einem der nächsten Tage saß Margarete in ihrem Zimmer und studierte einmal mehr den Brief von Ludwigs Adjutanten. Neben der tiefen Trauer, die sie, seit sie nun Klarheit über seinen Tod hatte, immer wieder zu überwältigen drohte, konnte sie den Trost wertschätzen, den ihr die Kameradinnen spendeten. Auch wenn es nur ein „Herzliches Beileid" und eine Umarmung waren, so bedeuteten diese kleinen Gesten Margarete doch sehr viel, weil sie wusste, wie viele der jungen Frauen schon Männer, Brüder und Väter verloren hatten und ihren Schmerz kannten.

Aber besonders das, was Ludwigs Adjutant über die näheren Umstände seines Todes schrieb, war Margarete Trost und Erleichterung. Mutig und unerschrocken sei er seinem Regiment vorangestürmt und dann dem benachbarten Bataillon zu Hilfe geeilt, als dort ein Durchbruch des Feindes drohte. Von einem Granatsplitter in der Herzgegend getroffen, sei er sofort tot gewesen.

Immer wieder las sie sich die Worte halblaut vor: „Nicht nur ein harter, selbstloser und tapferer Offizier war er, unser hochverehrter Herr Hauptmann, sondern auch ein edler, stets hilfsbereiter Mensch. Wie er an seinen Lieben zu Hause hing, kann ich sagen, weil er so oft von ihnen erzählte. Der Schmerz wird groß sein, ich kann Ihnen den Trost geben, dass er den schönsten Tod starb, den ein Soldat erleiden kann.

‚Süß ist es, für sein Vaterland zu fallen', sagt ein altes Sprichwort. Er starb, damit Deutschland lebe. Hauptmann Fauls wird als der jüngste, tapferste und beliebteste Kommandeur in seinem Bataillon und in der ganzen Division nicht vergessen werden. Er war bekannt und beliebt innerhalb der ganzen Division bei Vorgesetzten und Untergebenen.

Mir, der ich sein Adjutant war, war er nicht nur Vorgesetzter, sondern auch Kamerad. Es leidet mit Ihnen, in stolzer Trauer an seinen tapferen Kommandeur denkend, Ihnen gnädige Frau ergebenster Leutnant Mall."

Von Schluchzern geschüttelt, ließ Margarete sich auf ihr Bett sinken.

* * *

Die Unterrichtsstunden und praktischen Übungen, die zu ihrem Lehrgang gehörten, brachten die junge Frau in den nächsten Tagen auf andere Gedanken. Trotzdem gab es diese Momente, in denen es ihr noch so unwirklich erschien, dass der Mensch, mit dem sie sich entschlossen hatte, ihr Leben zu teilen, jetzt nicht mehr da sein sollte.

Großmutter Loeper hatte ihr geschrieben und ein Zitat von Hermann Hesse ihrem Brief vorangestellt, an das sich Margarete halten wollte. ‚Wohlan denn, Herz, nimm Abschied und gesunde', hieß es da.

Sie hatte für sich den Entschluss gefasst, das ernst zu nehmen, was Paulus der Gemeinde in Rom geschrieben hatte: Denen, die Gott lieben, würden alle Dinge zum Besten dienen.

Gerade saß sie über ihrem Antwortbrief an die Großmutter: *„Ja, ich bin still und ruhig, es geschieht nichts sinnlos in unserem Leben. Bisher* *hatte ich ein so schönes Leben, da will ich nun auch das Weh tragen. Das Wissen, meinem Ludwig in den Monaten vor seinem zu frühen Tod noch viel Freude und Glück, wenn auch nur in Gedanken und Vorstellungen durch unseren täglichen Briefaustausch geschenkt zu haben, das legt in all mein Trauern um ihn einen kleinen hellen Schimmer. Dafür bin ich dankbar!"*

Kurze Zeit später legte Margarete den Stift zur Seite und überflog noch einmal das, was sie geschrieben hatte. Nach kurzem Überlegen setzte sie unter ihren Gruß noch einen Satz: *„Großmama, in dem Zitat von Hesse heißt es vorher: ‚Es muss das Herz bei jedem Lebensrufe bereit zum Abschied sein und Neubeginne, um sich in Tapferkeit und ohne Trauern in andre, neue Bindungen zu geben. Und jedem Anfang wohnt ein Zauber inne, der uns beschützt und der uns hilft, zu leben', und darauf will ich hoffen."*

* * *

*Mukran/Rügen 1944*

Die Schreibtischlampe verbreitete einen warmen Lichtschein in dem sonst dunklen Zimmer. In ihrem Licht ordnete Margarete die Soldbücher der gut 50 auszubildenden Helferinnen alphabetisch, die an diesem Nachmittag in Mukran angekommen waren.

Nach bestandener Prüfung war die Zweiundzwanzigjährige nun Marine-Unterführerin und als solche an die Nordküste Rügens in die Ausbildungsstelle Mukran zwischen Sassnitz und Binz versetzt worden. Hier sollte sie nun neue Funkerinnen, Fernschreiberinnen und -sprecherinnen ausbilden.

Nach der Begrüßung beim Abendessen waren alle Ausbilderinnen dem neuen Kommandeur vorgestellt worden. Margarete hatte man ihm als Tüchtigste der Frauen angepriesen, und mit einem freundlichen Lächeln und kräftigem Händedruck hatte dieser seine Hoffnung auf eine gute Zusammenarbeit unterstrichen. Das hatte ihr wieder Antrieb gegeben, sich wirklich auf ihre neue Aufgabe zu konzentrieren.

Mehr sein als scheinen, hatte Margarete sich im Stillen gesagt und saß nun noch in den späten Abendstunden in ihrem Büro, um sich die Namen und Gesichter der Neuankömmlinge einzuprägen. Der komplette 2. Zug unterstand ihrem Kommando, und die motivierten jungen Auszubildenden waren Margarete umso mehr ein Ansporn, wirklich viel zu leisten.

Das würde sie von ihrem Kummer ablenken, da war sich Margarete sicher. Wieder einmal hatte sie sich den Satz vor Augen gehalten, den sie zu ihrem Lebensmotto gemacht hatte: ‚Nur was wir für andere tun, bestimmt den Wert unseres Lebens.'

Leise murmelte sie die Namen der Helferinnen vor sich hin und versuchte, sich die Gesichter zu merken.

„Hanne Behrendt, 24 Jahre alt, aus Hannover. Dunkle, lange Haare, freundliche schmale Augen", murmelte sie halblaut vor sich hin, schaute das Bild noch einen Moment intensiv an und nahm dann das nächste Soldbuch vom Stapel.

Gut, dass sie diese Aufgabe nun auf andere Gedanken brachte. In den Wochen, bevor die neuen Helferinnen in Mukran eingetroffen waren, hatte sie sich oft aus dem Kreis der anderen Helferinnen zurückgezogen. Die Trauer um Ludwig war noch zu frisch und zu schmerzhaft, als dass sie sich auf die Scherze und Geschichten der Kameradinnen einlassen konnte und wollte. Stattdessen hatte Margarete die Einsamkeit der Dünen vorgezogen und hielt Zwiesprache mit sich und Ludwig. Fast jeden Abend versteckte sie sich für eine Weile an einem kleinen geschützten Platz in den Dünen und beobachtete von Weitem die Flak-Feuer, wenn feindliche Bomber sich der Insel näherten, oder starrte einfach nur auf die Wellen, die sich am Strand brachen.

Anfangs war es ihr schwergefallen, ihre Gefühle und Gedanken überhaupt zu ordnen, aber dann hatte ihr eine der anderen Ausbilderinnen einen Gedichtband zugesteckt. In den Worten der Dichter und besonders in einem Gedicht Eichendorffs fand sie schließlich ausgedrückt und zu Papier gebracht, was sie so schlecht sagen konnte: ‚Was wisset Ihr, dunkle Wipfeln, von der alten schönen Zeit? ... Am liebsten betracht' ich die Sterne, die schienen, als ich ging zu ihr ...'

Schließlich begann sie selbst zu schreiben. Wind und Wellen bekamen ihre Lieder und Verse zu hören, und sie wären auch für niemanden sonst bestimmt gewesen. Aber es half ihr, den Schmerz um Ludwig etwas zu mildern.

Die Standuhr schlug eine Stunde vor Mitternacht, und Margarete ging ein letztes Mal in Gedanken ihre neuen Schützlinge durch. Ein bisschen stolz war sie schon, dass sie sich in so kurzer Zeit die Namen gemerkt hatte. Am nächsten Morgen würde sich dann zeigen, was sie sich wirklich davon eingeprägt hatte.

Leise lief sie den Gang zu ihrer Stube entlang. Dort angekommen, entzündete sie das Nachtlicht, legte noch die Sachen für den nächsten Tag zurecht und kletterte dann in ihr Bett.

Bevor sie das Licht löschte, holte sie ihr Tagebuch heraus und las noch einmal, was sie am Tag zuvor geschrieben hatte:

*„An Ludwig:*
*Deinen Namen geb ich dem Winde*
*er trägt ihn wohl weit von mir,*
*er trägt ihn wohl über die Lande,*
*bis einst er findet zu dir.*
*Und ob du vernimmst wohl den Klang,*
*aus deinem geliebtesten Mund?*
*Ach, Ludwig, ums Herz ist mir bang*
*und meine Seele ist wund!*
*In mir ist ein heimliches Sehnen,*
*das sucht dich und weiß doch nicht wie.*
*Wohin quellen all meine Tränen,*
*sie suchen – und finden dich nie ...*
*Gib Antwort, mein Liebster, und lass mich*
*in all meinem Schmerz nicht allein.*
*Ich weiß, du willst fröhlich mich sehen,*
*und doch kann ich's nimmermehr sein.*
*Ich denke noch so viele Dinge,*
*die alle bestimmt sind für dich!*
*Mein Sinn formt heimlich zwei Ringe,*
*mein Ich schon wähnt mütterlich sich.*
*Mein Alles, das wollt ich dir geben,*
*nur glücklich solltest du sein!*
*Was galt mir ein eigenes Leben?*
*In dir ja nur könnt ich's befrein!*
*Du warst mir Erfüllung und Leben,*
*in dir lag mein Hoffen, mein Glück.*

*Wen kümmert's, auch ich muss dich geben,*
*und nun kehrst du nie mehr zurück.*"

Mit Tränen in den Augen presste sie das Tagebuch an die Brust und kämpfte dagegen an, erneut in ihrer Trauer zu versinken.

Sie wollte sich Ludwig als Vorbild nehmen für ihre neue Aufgabe. Schließlich ging es bei der Ausbildung nicht nur darum, technisches Wissen und Können zu vermitteln. Kameradschaft, Disziplin, Ordnung und Sauberkeit waren mindestens ebenso wichtige Eigenschaften und Fähigkeiten. Darin war Ludwig seinen Soldaten immer ein Vorbild gewesen, und das wollte sie nun in seinem Andenken für die ihr anvertrauten Frauen werden. Neu entschlossen und seltsam getröstet schob Margarete das Tagebuch in den Nachtschrank zurück, löschte das Nachtlicht und war kurz darauf schon eingeschlafen.

* * *

*Margaretes Tagebuch, 12.10.1944*
*Wenn wir Menschen erziehen wollen und zeigen ihnen nach einem Tadel nicht, wie man's besser machen kann, so ist alles Strafen und Tadeln nichts nütze. Einmal machte ich ihnen mit eigenen Händen vor, wie man ein verdrecktes Klo wieder reinigt. Ich bin mit Leib und Seele meiner Führungsaufgabe hingegeben und sehne mich nicht nach der Bequemlichkeit im Hotel Regina mit unserer lieben fast mütterlichen französischen „femme de chambre" zurück, die täglich alles putzte. Unsere Unterkünfte hier in Mukran sind übrigens ehemalige Baracken der Arbeiter, die an dem lang gestreckten Hotelbau – für Tausende KDF-Urlauber geplant – beschäftigt gewesen waren. Letzterer steht nun im Rohbau und wartet auf bessere Zeiten. In unserem nun sogenannten „KDF-Seebad" liegen wir von aller Welt abgeschnitten, dafür aber herrlich hinter den Dünen und einem kleinen Waldstreifen direkt an der Ostsee. Meine Traumlandschaft!!! Am winzigen Ort gibt es nur einen Kramladen neben der Post und der Sparkasse und natürlich die Haltestelle der Reichsbahn-Nebenlinie Sassnitz-Binz. Adieu, ihr eleganten Pariser Geschäfte, ich vermisse euch nicht! Oder rede ich mir das nur ein?*

*Morgens stehe ich dann vor allen anderen früh auf und abends laufe ich schnell an den Strand und schwimme im Meer. Das ist unbeschreiblich schön, weit und breit keine Menschenseele in Sicht, nur ich in den Wellen und noch dazu textilfrei. Manchmal bleibe ich ein wenig in den Dünen, verträumt und nachdenklich dem Wind lauschend, der ganz sacht durch die Gräser streicht und dem ewig gleichen Spiel der Wellen zusehend, die leise, beinah liebkosend, den Strand umfangen.*

* * *

Am Ende des Speisesaals entstand ein Tumult. Eine der jungen Helferinnen schrie laut auf. Verzweifelt und von Weinen geschüttelt sank sie auf den Boden. Die Ausbilderin, die ihr gerade eine Nachricht überbracht hatte, versuchte, sie zu stützen. Unter lautem Weinen wurde die junge Frau schließlich aus dem Raum gebracht.

Die zwei Ausbilderinnen zu Margaretes Rechten hatten ihr Gespräch für den Moment unterbrochen. Nun fragte die eine trocken: „Ihr Bruder? Ich habe es schon vermutet. Sie hatte seit Wochen nichts mehr von ihm gehört.“

Die andere Ausbilderin nickte.

„Es sind schon so viele gefallen. Wie lange soll das noch so weitergehen?“, fragte sie.

Margarete beschlich wieder dieses beklemmende Gefühl. Den ganzen November über schilderte die jeweilige Führerin vom Dienst in den täglichen Berichten zur Lage, wie ernst es an den Fronten im Osten und im Westen aussah.

Fast täglich erreichten sie nun Nachrichten gefallener Verwandter oder Freunde. Margarete hörte über Umwege immer wieder vom Tod vieler Kameraden, mit denen sie jahrelang im Marine-Ministerium, dem Fernmeldeamt oder der Marine-Nachrichtenabteilung West in Paris gearbeitet hatte. Gewissensbisse plagten sie dann. Eine der Ausbilderinnen hatte zu ihr gesagt, dass sie sich doch glücklich schätzen sollten, vom totalen Krieg so gut wie nichts mitzubekommen, doch Margarete wäre es fast lieber gewesen, wenn sie neben den anderen im Kampf gestanden wäre. Mehr als einmal war ihr ein „Du könntest viel mehr tun ...“ durch den Kopf gegangen. Alfreds

Bataillon war völlig aufgerieben und er galt als vermisst. Von Eugen hatte sie auch nie mehr gehört. Dieses untätige Herumsitzen – so zumindest kam es Margarete manchmal vor – war gar nicht in ihrem Sinn. Doch aus irgendeinem Grund hatte Gott sie nach Rügen geschickt, und so musste sie hier wohl ausharren.

Und sie fürchtete sich vor ihrer eigenen Gleichgültigkeit. Der Tod lieber Menschen schien etwas Selbstverständliches geworden zu sein. Nur gelegentlich wurde diese Schutzmauer um ihre Seele von neuem Schmerz erschüttert und durchbrochen. Vor wenigen Tagen erst war die Nachricht vom Tod ihrer Pariser Kameradin Lore eingetroffen. Und wieder einmal hatte Margarete sich nichts sehnlicher gewünscht, als in den letzten Stunden an der Seite der Freundin gewesen zu sein.

Fast grausam war jedoch, dass es nicht einmal der Krieg selbst war, der sie das Leben gekostet hatte. Aus Paris hatte man sie als ungelernte Flak-Helferin nach Helgoland versetzt. Dort wurden die Kopfschmerzen, von denen Lorchen auch in Paris schon geplagt wurde, so heftig, dass sie kaum noch arbeiten konnte. Es war ein Gehirntumor, der durch die schlechte medizinische Versorgung nicht entdeckt worden war. Morgen wollte Margarete zu Lorchens Eltern in die Pfalz aufbrechen, um an der Beerdigung teilzunehmen. Durch die zunehmende Bedrohung an beiden Grenzen war diese Reise fast schon selbstmörderisch. Margarete war sich im Klaren darüber, dass es durchaus sein konnte, dass sie nicht wieder zurückkehren würde. Doch auch das war ihr seltsam gleichgültig geworden. Es lag in Gottes Hand. Auf etwas anderes konnte sie nicht mehr hoffen.

Das laute Geklapper riss Margarete aus ihren Gedanken. Teller und Besteck wurden gerade zusammengeräumt. Die nächste Unterrichtsstunde würde in einer Viertelstunde beginnen. Das Leben ging weiter. Auch wenn ihr das manchmal gar nicht gefiel.

* * *

*Margaretes Tagebuch, 06.11.1944*
*Heute ist Ludwigs Geburtstag. Er wäre 24 geworden. Ich habe wieder die ganze Nacht von ihm geträumt. Und gerade heute bekomme ich mit der Feldpost einen ganzen Stapel der in Paris täglich geschriebe-*

*nen Briefe zurück mit dem Stempel: „Empfänger gefallen." In einer besinnlichen Stunde nahm ich sie mir vor, und es berührt mich doch eigen: Soll ich das wirklich einmal alles geschrieben haben? Ja, ich wollte ihn glücklich machen! Wie dankbar bin ich, dass ich es tun konnte. Es war damals alles so licht und gut in mir und um mich, wenn ich voller Vorfreude an unsere gemeinsame Zukunft dachte.*
*Rosel, seine ältere Schwester – sie ist Pfarrfrau irgendwo in Ostdeutschland – schrieb mir, sie glaube jetzt nicht mehr, dass er sich noch nach unserem Leben hier zurücksehnt. In einem Brief an Ludwigs Mutter schrieb ich: ‚Nun jährt sich in einigen Tagen der Geburtstag unseres Ludwigs, und da möchte ich euch allen so von Herzen nahe sein. Wir wollen versuchen, seinen Geburtstag nicht nur mit Weh und Tränen um ihn, den für uns Verlorenen, zu füllen. Sondern daneben soll in uns das Bewusstsein wachsen: Er lebt, ist mitten unter uns, und soll drum mit seinem lieben, sonnigen Wesen nie als der Verlorene unter uns gelten.'*
*Ich denke oft an jenes tröstende und zugleich bittende Wort von Walter Flex aus dem Ersten Weltkrieg: ‚Gebt euren Toten Heimatrecht, ihr Lebenden, dass wir unter euch wohnen und weilen dürfen in dunklen und hellen Stunden. Weint uns nicht nach, gebt uns Heimatrecht, wie wir es im Leben genossen haben.'*

* * *

Auf dem Rückweg unterbrach sie ihre Reise in Halle bei Schwester Charlotte Midasch.

„Ach, Schwester Charlotte, wie gut ist es, zu wissen, dass uns in Christus vergeben ist", beendete Margarete ihren Bericht.

„Deine Freundin Lore scheint genau das selbst erfahren zu haben, oder täusche ich mich?" Die Diakonisse beugte sich vor und schenkte der jungen Frau Tee nach. Margarete bewunderte die Ruhe und Gelassenheit, mit der Schwester Charlotte alles verrichtete. Schon in Preußisch Friedland war es diese freundliche, bestimmte Art gewesen, von der Familie Bartsch so beeindruckt war.

„Nein, Sie täuschen sich nicht. Wir haben viel über Christus und seine Erlösungstat geredet, und ich glaube, dass Lorchen ihre Entscheidung getroffen hat."

Schwester Charlotte lächelte.

„Ich freue mich, Margarete, dass du auch an unserem Herrn festhältst. Besonders in diesen Kriegswirren ist er es, an dem wir uns orientieren müssen und können. Er steht uns bei. Du machst mir mit deinem Beispiel Mut, nicht aufzugeben."

„Das habe ich nur Ihnen zu verdanken", wehrte die Zweiundzwanzigjährige ab. „Wenn Sie uns damals nicht mit in die Landeskirchliche Gemeinschaft gebracht hätten, dann wäre ich heute wohl ganz anders."

„Nun, dann wollen wir Gott gemeinsam danken, dass er dich so gut geführt hat", erwiderte die Diakonisse.

„Mich hat es so erschüttert, Lorchens Mutter zu sehen, die sich von Vorwürfen zerfressen lässt. Sie hat mir den letzten Brief ihrer Tochter gezeigt. Lorchen muss wirklich verzweifelt gewesen sein. Mir hat die Qual, das Heimweh und die Einsamkeit, die aus ihren Worten sprachen, auch fast das Herz gebrochen." Noch jetzt bekam Margarete eine Gänsehaut bei der Erinnerung an diese gebrochene Frau, die, von Schuldgefühlen und Unterlassung geplagt, in einem fort geweint hatte.

Schwester Charlotte nahm ihre Hand: „Margarete, es ist nie leicht, einen Menschen zu verlieren. Aber unser Leben liegt nicht in unserer Hand. Die Wege des Herrn sind unergründlich, so sagte es Paulus der Gemeinde in Rom. Auch deine Geschichte mit Ludwig wird ihren Grund gehabt haben. Er ist mit einem fröhlichen Herzen gestorben. Doch ich weiß, dass das schwer zu verstehen ist."

Die beiden Frauen schwiegen kurz. Margarete starrte auf ihre Hände. Zu frisch und zu tief saß noch das Gefühl in ihr, etwas sehr Wichtiges verloren zu haben.

Schwester Charlotte betrachtete sie liebevoll. Sie gönnte der Jüngeren den Moment des Trauerns, aber dann ergriff sie wieder das Wort.

„Ich habe vor kurzem übrigens eine Nachricht von Familie Schröder bekommen. Erinnerst du dich noch an sie? Mehr als einmal hast du mir wegen Ottchen dein Herz ausgeschüttet."

Margarete errötete. Diese alten Geschichten – Jugendschwärmereien waren es, und es war ihr nun fast peinlich, wie sehr sie sich damals in ihre Gedankenspiele hineingesteigert hatte.

„Ich darf dich ganz herzlich von ihnen grüßen“, fuhr Schwester Charlotte fort, „und sie denken immer noch voller Liebe an dich. Und wohl auch nicht ganz ohne Hoffnung, wie ich zumindest Ottchens Worten entnehmen konnte.“ Sie schmunzelte.

Erstaunt blickte Margarete auf. Sie hatte, seit sie Preußisch Friedland verlassen hatte, kaum Kontakt mit den Schröders gehabt und gesucht. Zu viele andere Dinge hatten sie in der Zeit beschäftigt.

„Vielen Dank, dann grüßen Sie bei nächster Gelegenheit doch bitte zurück. Ich habe lange nichts mehr von ihnen gehört“, sagte sie, die ihre Verlegenheit kaum verbergen konnte.

„Wie wird es denn nun für dich weitergehen, Margaretlein?“, lenkte die Diakonisse schnell ab.

„Kehrst du denn direkt nach Mukran zurück?“

Dankbar für den Themenwechsel erzählte Margarete, dass sie noch einen Abstecher nach Wedderwill machen wolle, um ihre Familie zu besuchen.

„Bis jetzt weiß nur Onkel Hans davon, und ich hoffe, dass es eine ordentliche Überraschung für Mutti, die gerade zu Besuch da ist, und Großmama wird. Aber dann muss ich wieder zurück nach Rügen“, schloss sie mit ein wenig Wehmut in der Stimme.

„Dann werde ich dafür beten, dass du gut ankommst.“

* * *

„Darf ich bitten, Fräulein Bartsch“, sagte der Kommandeur, verbeugte sich und führte Margarete auf die Tanzfläche, damit sie den ersten Tanz eröffnen konnten.

„Nun, was sagen Sie? Das war Ihre erste Ausbildungsgruppe, wenn ich mich nicht täusche, und ich muss sagen, dass Sie Ihre Aufgabe mit Bravour gemeistert haben“, lobte ihr Vorgesetzter, während er sie gekonnt über das Parkett führte.

Margarete war eigentlich gar nicht nach Geplauder und Tanzen zumute, aber sie wollte auch nicht unhöflich erscheinen.

„Vielen Dank! Ich freue mich einfach, dass wir die Wochen so gut hinter uns gebracht haben“, erwiderte sie, „und ich bin mir sicher, dass unsere Helferinnen sehr gut auf ihre neuen Aufgaben vorbereitet sind.“

1914 Mutter

1914 Vater als Student
in Marburg

1918 Großeltern von Loeper in Metz

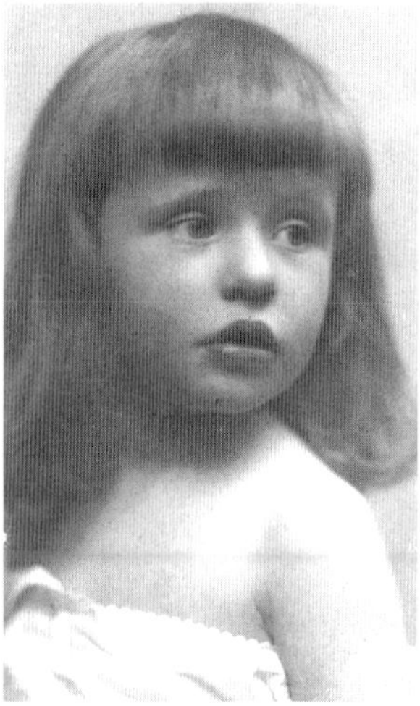

1924 in Kassel

1924 mit Mutter

1925 Margarete (links) mit Puppenmutterkonkurrenz

1925

1926 in der Kasseler Aue

1927 in Kolberg mit Vater

1928 mit den Eltern in Kolberg

1933 in der Sexta (5. Klasse) oben dritte von rechts

1933 in Pommern

1937 nach der Konfirmation

1941 im besetzten Paris als „Draht-amsel“

1941 – 1944 als Blitzmädchen in Paris

1942 in Paris in verbotenem Zivil

1942 Mutter und Tochter

1946 in Marburg nach dem Tod des Vaters

1948 Haustochter in London mit der gelähmten Charis

1951 London EC Weltkongress

1955 Familie Neitzel

1957 Ehepaar Neitzel

1958 in Köln mit Stieftochter Corry

1958 Ball in der Godesberger Redoute (Margarete am Tisch in der Mitte)

1961 Flensburg „Kommandeur und Kommandeuse“

1961 Ehepaar Neitzel

1964 Pommerntreffen (von links nach rechts: Herzog Christian Mecklenburg, eine verantwortliche Mitarbeiterin, Prinz Louis Ferdinand von Preußen, Prinzessin Kyra, Kai-Uwe von Hassel, Margarete Neitzel und die Sozialministerin von Schleswig-Holstein)

1969 als Masseurin in Bad Endbach

1971 am Amatitiansee in Guatemala

1973 im Karman-Ghia

1975 in den Rocky Mountains

1976 in Jerusalem

1978 in Ost-
jerusalem mit
arabischen Kindern

1992 im Kibbuz En Gedi

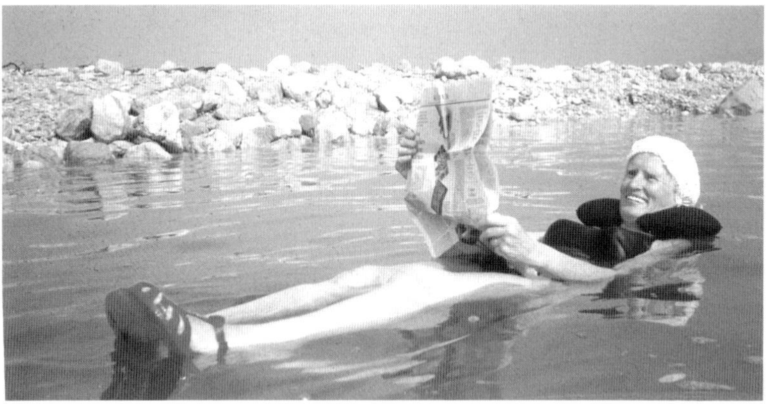

1994 im Toten Meer

1996 in London,
Trafalgar Square

1999 mit Urenkelin Svea

2000 im Kreis der Familie von Loeper

2002 Vier Generationen:
Urahne, Großmutter,
Mutter und Kind

2003 in Paris:
die Weltenbummlerin

2009 aktuelles Portrait

2009 in Yünnan zum 100-jährigen Bestehen
der Marburger Mission

2008 mit Roland Werner in Marburg

1939 Das Gutshaus der Großmutter Margarethe von Köller in Carow

1946 dasselbe Gutshaus nach der Zerstörung

„Und Sie selbst? Welche Aufgaben erwarten Sie in der Zukunft?“, hakte ihr Tanzpartner nach. Margarete konnte ihn gut leiden. In verschiedenen Gesprächen, die sie im Laufe der Zeit miteinander geführt hatten, hatte sie den Eindruck gewonnen, dass ihm seine Nachrichtenhelferinnen wirklich am Herzen lagen und er sich auch weiterhin fürsorglich für sie einsetzen würde.

„Ich werde hier bleiben. Die nächste Gruppe Auszubildender wird Anfang Januar hier eintreffen.“

„Das heißt, Sie werden Weihnachten auch hier verbringen?“

Margarete nickte. Der Kommandeur merkte, dass sie auf dieses oberflächliche Gespräch keine Lust hatte. In diesem Moment war der erste Tanz zu Ende und die Paare mischten sich neu. Er führte die junge Ausbilderin auf ihren Wunsch hin an den Tisch zurück und setzte sich zu ihr. Nach kurzem Zögern begann er: „Fräulein Bartsch, ich sehe, dass Sie viel trauern. Ich weiß nicht, wen Sie verloren haben, und ich weiß aus eigener Erfahrung, wie schmerzhaft das ist. Aber ich möchte Ihnen etwas vor Augen führen.

Sehen Sie, viele gute Menschen müssen in solch schlimmen Zeiten ihr Leben lassen. Es sind immer die Besten, die draußen bleiben. Aber hängen Sie sich nicht an das, was Sie meinen verloren zu haben, sondern sehen Sie auf das, was Sie durch diese Menschen bekommen haben.“ Er sah sie ernst und mitfühlend an.

„Sie haben recht, das weiß ich nur zu gut“, antwortete Margarete. „Ich war nicht mit vielen Menschen in meiner Pariser Zeit verbunden, aber wenn, dann war es immer eine Freundschaft, die weit in das private Leben und über den Krieg hinaus reichen sollte. Wahre Freunde prägen nun einmal mehr als die beste Pädagogik! Ich habe von ihnen gelernt. Und wie hat das Wissen, dass auch ich diesen wertvollen Menschen etwas geben konnte, mich zutiefst erfreut und erfüllt! Nun ist alles so ganz anders geworden.“

„Bleiben Sie im Hier und Jetzt, Fräulein Bartsch. Es lohnt sich nicht, der Vergangenheit nachzutrauern. Unsere Toten sind nicht die Vergangenen, sondern nur die Vorangegangenen. Ich lasse Sie jetzt einen Moment allein. Genießen Sie einfach diesen Abend. Das haben Sie sich verdient. Sie haben so viel gegeben in den letzten Wochen. Ich erinnere mich noch gut an Ihre Adventsansprache vor einer Woche: In der Welt ist es dunkel, haben Sie da gesagt. Aber wir sind diejenigen, die leuchten müssen." Mit diesen Worten erhob er sich und verließ den Raum.

Margarete versank wieder in ihren Gedanken. Ja, gesagt hatte sie das. Leuchten wollte sie, aber wie sollte sie das tun, wenn sie sich nur von Not und Tod umgeben fand? Aber sie konnte auch nicht so weitermachen! Von jedem Menschen gehen Ströme aus, und die ihrigen sollten gut, klar und vorbildlich sein. Soweit es in ihrer Macht stand, wollte sie sich dafür stark machen. Und eigentlich war gerade ihr eigenes „Das kann ich nicht, aber das sollte ich!" Ansporn genug, weiterzumachen.

Die Musik hatte währenddessen aufgehört und eine der Helferinnen war auf das Podium gestiegen.

„Die Unterführerinnen Bartsch, Kirsch und Hansen kommen doch bitte einmal zu mir herauf. Und Sie bitte auch, Kommandeur Heinrich."

Ein wenig überrascht, aber durch ihren gerade gefassten Entschluss neu motiviert, stieg Margarete mit den anderen auf das Podium.

„Wir möchten uns bei Ihnen allen bedanken. Sie haben uns viel beigebracht, und Sie alle sind uns zu Vorbildern geworden ..."

Während die frischgebackene NHlerin weiterredete, begann Margarete zu lächeln.

* * *

Anstatt Sektkorken und Feuerwerk knatterte die entfernte Flak durch die Nacht. Es war nur ein weiterer Jahreswechsel im Krieg. Während man sich in den Baracken in Mukran ein gutes und frohes neues Jahr wünschte, hatte sich Margarete auf ihre Stube zurückgezogen. Sie brauchte noch ein bisschen Zeit für sich, um dieses letzte Jahr zu verarbeiten. Es hatte ihr große Glücksmomente, aber auch tiefes Weh gebracht. Sie wollte dieses Jahr nicht missen in ihrem Leben, da war sich Margarete sicher. Durch all dieses Schöne und Schreckliche ein wenig gereift zu sein war ihre Hoffnung, und der Blick auf die vielen Begegnungen des Jahres erzählte ihr viel über sich selbst.

Sie machte es sich auf ihrem Bett bequem, stopfte das Kissen in ihrem Rücken zurecht und vertiefte sich in ihre Tagebuchaufzeichnungen. Briefe aus der letzten Zeit fielen ihr in die Hände.

Ludwigs Schwester Rosel hatte ihr geschrieben: „Da ich weiß, wie sehr lieb Ludwig Sie gehabt hat, sind Ihre Gedanken und Worte für mich gewissermaßen ein Vermächtnis von ihm, war doch alles, was Sie sagten und taten, für ihn ganz ideal. Wie glücklich wäre er mit Ihnen geworden!" Staunend hatte sie diese Zeilen gelesen und sich völlig übervorteilt gefühlt.

Der lange Brief von Frau Lorchens Mutter lag direkt darunter. Ihr Besuch dort hatte anscheinend Kraft und Trost hinterlassen. Obwohl sie dadurch auch ihr kleines Radio aus Paris zurückbekommen hatte. So ganz uneigennützig war ihre Reise gar nicht gewesen. Umso größer war nun Margaretes Dankbarkeit, dass Gott diese Fahrt dennoch gesegnet hatte.

Zuversicht überkam sie trotz all der Trauer. Das neue Jahr, das vor ihr lag, sah längst nicht mehr ganz so düster aus, wie es das noch vor ein paar Tagen getan hatte. Entschlossen nahm Margarete nun ihre Liste mit Vorsätzen für das neue Jahr in Angriff. Sie hatte sich vorgenommen, ein paar Dinge in ihrem Leben zu verändern. Vor allem ihre morgendliche Stille Zeit wollte sie wieder anfangen. Je mehr am Tag zu tun sei, desto länger sollte man morgens beten, hatte ihre Mutter ihr eingeschärft. Außerdem wollte sie für die Menschen beten, die ihr nicht besonders sympathisch waren. Allzu oft hatte Margarete sich bei abschätzigen Gedanken über eine Kameradin erwischt oder bei unbarmherzigen Worten gegenüber ihren Auszubildenden. Das sollte sich ändern, und es würde sich ändern, dafür würde sie persönlich sorgen.

* * *

*Margaretes Tagebuch, 14.01.1945*
*In dieser Woche liegt neben vermehrter Arbeit auch viel Freude hinter mir. Ich kann es gar nicht genug betonen, wie sehr es mich ausfüllt, wieder zwei Züge mit 80 neuen Helferinnen zu haben und daneben hin und wieder ‚Führerin vom Dienst' zu sein.*
*Mir wird bestätigt, dass meine Straffheit in der Führung und meine natürliche Fröhlichkeit gerade den richtigen Ton treffen. Eine meiner Helferinnen, noch aus dem alten Pariser Einsatz, sagte mir neulich: „Margarete, wir bewundern dich alle! Du machst deine Sache ganz*

*fabelhaft.“ So ein Urteil erfreut mehr als das kürzlich unverdient verliehene Kriegsverdienstkreuz. Für was eigentlich? Warum habe ich es nicht abgelehnt?*
*Sehr froh war ich, dass ich den ‚Bericht zur Lage‘ wieder aufgenommen habe. Eigentlich wollte ich mich am Donnerstag darum drücken, aber eine innere Stimme sagte mir: Sei kein Schlappschwanz, so faul und feige! So machte ich mich denn an die Vorbereitung, was stets eine lange Zeit dauert, denn ich bin gründlich und spreche stets völlig frei, die sich täglich verändernden Frontlinien im Osten und Westen stecke ich mit Fähnchen auf der großen Deutschlandkarte ab. Große Lust trieb mich nicht, aber es muss sein, so sagte ich mir immer wieder, wenn du vor dir selber bestehen willst. Gib deinem inneren Schweinehund einen kräftigen Stups, dann wirst du's schaffen! Und es gelang!*
*Aber was werden die kommenden Wochen und Monate bringen? Die Sowjets sind offensichtlich zur Entscheidungsschlacht gen Westen angetreten. Eine Hölle von Eisen und Feuer, wie sie die Welt noch nie gesehen hat, ist an den Ostgrenzen Ostpreußens und Schlesiens entbrannt. Und wenn es so weitergeht, sind sie bald in Hinterpommern. Ich bete, dass Gott Gnade vor Recht ergehen lassen möge, auch wenn wir seinen Zorn als Volk verdient haben.*

* * *

Die Tür ihres Büros sprang auf und eine völlig abgerissen aussehende Frau kam mehr hereingestolpert als gelaufen. Margarete erhob sich hinter ihrem Schreibtisch. Sie war heute Führerin vom Dienst und hatte sich gerade in einige Gutachten vertieft, die es zu bearbeiten galt.

„Führerin Neitzel, ich bin eine Überlebende der ‚Wilhelm Gustloff‘ und bitte darum, im Ausbildungslager unterkommen zu dürfen“, stammelte sie und hatte Mühe, sich aufrecht zu halten.

Nach dem ersten Schreck kam Margarete jetzt in Bewegung. Mit wenigen Schritten war sie um den Schreibtisch herumgelaufen, hatte die Frau, deren Knie nun endgültig nachgaben, untergehakt und rief in den Flur nach Hilfe.

Zwei Kameradinnen kamen aus dem Nebenraum, schoben einen Stuhl herbei und halfen Margarete.

„Schnell, sie braucht etwas Heißes zu trinken. Lauf doch bitte in die Küche, Gisela. Und ihre Kleidung ist ganz klamm. Sie braucht ein Bad. Schnell, ich glaube, sie ist ohnmächtig geworden", konstatierte Margarete, fühlte den Puls der Unbekannten und betrachtete die mitgenommene Uniform. Eine Marinehelferin, stellte sie fest, während sie weiter Anweisungen an die Schaulustigen gab, die sich mittlerweile auf dem Flur versammelt hatten.

Eine der Ausbilderinnen schrie plötzlich überrascht auf: „Erkennt ihr sie nicht? Das ist doch Hannelore Balder. Sie hat hier ihre Ausbildung gemacht und war dann in Gotenhafen stationiert."

„Das ändert nichts daran, dass sie dringend ein warmes Bad braucht", sagte Margarete unwirsch. „Hilft mir bitte jemand, sie in den Waschraum zu bringen?"

Nach und nach erfuhren sie von der Marinehelferin, die wieder bei Bewusstsein war, dass das große KDF-Schiff ‚Wilhelm Gustloff' vor Stolpmünde gesunken war. Nach dem Durchbruch der Roten Armee war ganz Ostpreußen von Deutschland abgeschnitten. Tausende von Menschen saßen dort fest. Leichtsinnig kam es ihnen allen vor, dass der Befehl zur Evakuierung nicht früher gekommen war. Erst als es schon zu spät war, wurde der Befehl gegeben.

Die ‚Wilhelm Gustloff' hatte sich dann an den hastig eingeleiteten Maßnahmen beteiligt. Mit über 10 000 Menschen an Bord hatte sie in Gotenhafen abgelegt. Anstatt abgedunkelt dicht an der Küste entlang zu fahren, hätte die Gustloff ihren Weg durch tiefere Gewässer genommen, und das mit entzündeten Positionslichtern, berichtete die erschöpfte Marinehelferin später. Sie habe sich darüber gewundert, aber sich dann um die verletzten Wehrmachtsangehörigen gekümmert, die neben all den Flüchtlingen ebenfalls auf dem Schiff waren. Am späten Abend wurden sie dann torpediert. Drei Torpedos, drei große Erschütterungen und sie begannen viele Meilen vor der pommerschen Küste zu sinken.

Sie selbst sei, so erzählte die Frau, als das Schiff sank, vom Torpedoboot ‚Löwe' aufgenommen worden, das die Gustloff als Geleitschutz begleitete. Doch viele Menschen seien in dieser Nacht gestorben.

Nach und nach nahmen sie in Mukran weitere Gerettete auf. Man hatte ihnen erzählt, dass eine Ausbildungsstätte der Marine nicht weit entfernt sei, und viele hatten sich mit letzter Kraft und bei eisigem Wetter nach Mukran geschleppt.

„Und Gott schweigt dazu!", sagte wenige Tage nach dem Unglück eine von Margaretes Kameradinnen, verbittert angesichts des Elends, der Furcht und des Todes.

„Nein", erwiderte Margarete leise, „gerade dadurch will er zu uns sprechen. In den guten Tagen hören wir ihn ja nicht."

Und düster, aber noch leiser fügte sie hinzu: „Wehe, wenn wir weiter so viel Radau machen mit unserem Propaganda-Getue, das seine Stimme übertönt. Dann wird er noch grausamer mit uns umgehen müssen."

* * *

*Margaretes Tagebuch, 10.03.1945*
*Die Russen stehen vor Kolberg, Camin und Stettin. Wo sind die Wedderwiller? Hat die Parteiführung von Labes ihnen noch rechtzeitig die Erlaubnis zur Flucht gegeben? Auf Großmamas letzter Karte an Mutti in Gunzenhausen schrieb sie: ‚Wir sitzen auf gepackten Kisten und Koffern und warten stündlich auf die Erlaubnis, den Treck zu starten.' Von den Loepersdorfern weiß ich nichts.*
*Wir hier auf der Insel leben ja in einer Sackgasse und haben keinen Raum auszuweichen. Bis zum Letzten müssen wir uns verteidigen, heißt es. Aber wie? Nur den Russen lebend in die Hände zu fallen, ist unser aller Angst. Manchmal stellen wir uns auf Eisschollen – die Ostsee ist ja zum Teil zugefroren – und denken, die könnten uns vielleicht nach Dänemark befördern. Aber das ist eine Utopie!*
*Je ernster die Lage für uns wird und die Möglichkeit des Todes uns bewusst wird, desto unverständlicher zeigen sich unsere Reaktionen in Leichtsinn und Gleichgültigkeit. Es sind ja keine auszubildenden Helferinnen mehr da, also wartet keine verantwortliche Arbeit auf uns. Wir tun hier faktisch nichts mehr. Es gibt keine Pflichten mehr. Gefordert wird auch kaum etwas von uns. Auflösungserscheinungen! Wir essen gut, denn Vorräte gibt es noch in Hülle und Fülle, wir faulenzen, flirten mehr oder weniger und führen oberflächliche, ablenkende Unterhaltungen. Das ist unser Tageslauf. Eigentlich leben wir jetzt an dem tragischen Geschehen auf dem Festland vorbei, so, als*

*ob es uns kaum etwas angeht. Merkwürdig! Wo ist all mein Patriotismus, mein Heroismus geblieben?*
*Oft – nein immer – schäme ich mich vor den Toten, den Gefallenen! Ludwig und all ihr anderen!*

* * *

*Flensburg 1945*
Die Enge im Zugabteil war nahezu unerträglich, die Luft zum Schneiden, und das Weinen der Kinder wollte kein Ende nehmen. Margarete war auf dem Weg nach Flensburg. Kurzfristig war von ihrem Kommandeur die Anfrage gekommen, ob sie als tüchtige Unterführerin für ein paar Wochen zu einem Einsatz als weibliche Wehrmachtsstreife in die noch ein paar mehr Kilometer nördlicher liegende Stadt gehen würde. Schleswig-Holstein wurde immer mehr zu einem Refugium für die Flüchtlinge aus dem Osten und aller Wehrmachtsangehörigen, deren Einheiten sich aufgelöst hatten. Ordnung zu schaffen war deshalb umso nötiger.

Eine willkommene Abwechslung war das für sie. Margarete war es in den letzten Wochen immer schwerer gefallen, sich der Gleichgültigkeit der anderen zu widersetzen. Moralisch hatten sie schon längst vor den heranrückenden Heeren der Engländer, Franzosen und Amerikaner kapituliert. Vor den Russen hingegen hatten sie Angst. Die neue Tätigkeit half ihr, sich wieder auf ihre Pflichten zu besinnen. Noch dazu hätte sie sowieso zu einem Führerinnen-Lehrgang nach Flensburg gemusst. Aufgrund der Kriegshandlungen hatte sich dessen Beginn nur immer weiter verschoben.

Was genau sie erwartete, wusste die Zweiundzwanzigjährige nicht. Nur, dass sie Mukran wohl gerade für immer hinter sich gelassen hatte. Aber das war vielleicht nur wieder dieser endgültige und hoffnungslose Gedanke, der sie zwang, überall und von allem beständig Abschied zu nehmen. Irgendwohin zurückzukehren, kam ihr so unwahrscheinlich vor.

Jetzt reiste sie, zusammengepfercht mit Flüchtlingen von der Ostfront, in den überfüllten Abteilen eines Zuges, der sie über Stralsund durch Mecklenburg hindurch nach Schleswig-Holstein transportierte.

Was sie im Zug sah, nahm ihr fast den Atem. Nicht nur des tatsächlichen Gestankes wegen, sondern vor allem, weil sie das Elend kaum fassen konnte, das ihr begegnete. Innerlich zog sie den Hut vor den Frauen und Müttern, die in dieser Not nicht von Verzweiflung erfasst wurden. Viele von ihnen hatten alles verloren und nur das nackte Leben retten können, wenige auch noch einige Koffer.

Äußerlich war Margarete eine Wehrmachtsangehörige in Uniform, die weitestgehend ignoriert oder skeptisch beobachtet wurde. Sie passte hier nicht her. Und ihr wurde nur einmal mehr schmerzlich bewusst, dass sie vom eigentlichen Krieg kaum etwas mitbekam, während so viele Menschen unglaublich leiden mussten. Wieder meldete sich das schlechte Gewissen, das sich in letzter Zeit so häufig ihrer bemächtigt hatte.

Sie hatte eines der wenigen Abteile ergattert, das noch intakte Fenster hatte. Die meisten anderen waren durch Bretter ersetzt worden und ließen den ganzen Zug sehr düster erscheinen. Margarete gegenüber saß eine Frau in ihrem Alter und stillte ihr Kind in all dem Trubel. Sie sah ihr gedankenverloren zu.

Draußen zogen nun wieder Häuser vorbei. Der Zug wurde langsamer und hielt schließlich ganz. Draußen brüllte ein Soldat: „Hier Flensburg! Alles aussteigen!“

Ihren Koffer fest an sich gedrückt, kämpfte Margarete sich durch das Chaos im Zug. Auf dem Bahnsteig war nicht weniger los. Sie suchte verzweifelt nach jemandem, der ihr den Weg zur Kommandantur weisen konnte. Ein paar Meter weiter stand ein Soldat wie ein Fels in der Brandung und versuchte, der Situation Herr zu werden. Seine Augen blieben an Margarete hängen und ein Ausdruck des Verstehens zeichnete sich auf seinem Gesicht ab. Unter zahlreichen „Entschuldigung“- und „Lassen-Sie-mich-bitte-durch“-Rufen, gelang es ihm, sich zu ihr durchzukämpfen.

„Arme Leute“, murmelte er, warf einen letzten Blick auf die aus dem Bahnhof drängenden Gestalten und wandte sich der etwas orientierungslosen jungen Frau zu: „Sie müssen die Unterführerin aus Mukran sein. Sie werden schon erwartet. Kommen Sie, ich bringe Sie zum Bahnhofsoffizier.“

Es dauerte geraume Zeit, bis sie zum Büro des zuständigen Offiziers vorgedrungen waren, der sie letztlich nur an den Major weiterverwies und versuchte, Ordnung in die Menschenmassen zu bringen. Ein aussichtsloses Unterfangen.

Margarete atmete auf, als sie den Bahnhof endlich verlassen konnte. Den Weg zur Kommandantur hatte man ihr beschrieben, doch erst nach etlichem Nachfragen fand sie das Gebäude.

„Unterführerin Bartsch, hatten Sie eine gute Fahrt?“, begrüßte sie der Major wenig später und bat sie in sein Arbeitszimmer.

„Nehmen Sie doch bitte Platz!“, forderte er sie auf und suchte nach Papieren in den Bergen von Blättern auf seinem Schreibtisch. „Hier haben wir es ja. Ah, genau, Unterführerin Bartsch, Sie werden hier mit zwei Führerinnen und einer anderen Unterführerin den Streifendienst übernehmen. Wir brauchen Leute, die sich um die weiblichen Wehrmachtsangehörigen kümmern, die hier in dem ganzen Chaos ankommen. Die Situation im Osten führt zur Auflösung unserer Einheiten. Nehmen Sie die Frauen in Empfang und versorgen Sie sie mit dem Nötigsten, bevor wir sie in Auffanglager einweisen. Genaueres werden Ihnen die Kameradinnen erklären. Außerdem werden sie den Grenzkontrollbereich nach Dänemark mit aufbauen. Das ist ein vollkommen selbstständiges Arbeitsfeld. Eine Unterkunft haben wir für Sie, soweit ich weiß, noch nicht, aber auch bei der Zimmersuche sind Ihnen die anderen gewiss behilflich. Willkommen in Flensburg!“

* * *

*Margaretes Tagebuch, 04.04.1945*
*Die Amerikaner stoßen in Thüringen, in Franken, beiderseits Würzburgs vor, in Richtung auf Nürnberg. Werden uns die nächsten Tage die Wende bringen, die kommen muss? Wie soll es nur weitergehen mit unserem Deutschland? Doch haben wir Besseres verdient unter unserer selbstherrlichen Führung, die Gottes Gebote in den Wind schlug? Aber sind die anderen besser? Die Sowjets sind doch viel gottloser als wir! Mit Herrn Böhm – bei ihm und seiner Frau habe ich letztlich eine Unterkunft gefunden – höre ich heimlich und ganz, ganz leise eingestellt den Feindsender in deutscher Sprache mit dem Signalton aus Beethovens V. Symphonie. Darauf steht Todesstrafe, aber wir können einander vertrauen.*

*Vor drei Tagen war Ostern und ich habe Böhms eine richtige Freude gemacht mit dem festlich geschmückten Frühstückstisch. Meine ausgeblasenen und angemalten Eier sind, das muss ich selber zugeben, ganz allerliebst gelungen!*
*Unser Leben ist so ernst geworden, umso mehr müssen wir einander Freude machen! Nun ist es zwei Jahre her, dass mir Alfred ein Osternest versteckt hatte, und vor einem Jahr antwortete ich Ludwig mit einem ‚Ja' auf seinen Brief, in dem er die wichtigste Frage im Leben junger Menschen stellt: ‚Willst du meine Frau werden, meine geliebte Margarete, und mit mir ein Leben aufbauen, wie es vor Gott richtig ist und wie es auch im Dienst des Vaterlandes nötig ist?'*
*Von Vati kam ein Feldpostbrief. Meine Nachricht über den neuen Einsatz in Flensburg hatte ihn noch erreicht. Täglich rechnet er mit Kampfeinssatz in der Nähe von Prag, wo er mit seiner Abteilung steht. Von Mutti dagegen kommt nichts und es erreicht sie auch nichts mehr von mir.*

* * *

Wieder ein Lazarettzug, der aus dem Norden verwundete Soldaten brachte. Margarete hatte Streifendienst und hielt Ausschau nach geflüchteten Wehrmachtsangehörigen und Zivilangestellten, für die sie zuständig war. Sie lief geschäftig den Bahnsteig entlang, die Augen aufmerksam auf die ihr entgegenkommenden Menschenmassen gerichtet. Es war einiges los in diesen Tagen. Margarete hatte Mühe gehabt, in Flensburg ein Zimmer zu finden, aber schließlich war sie bei einem älteren Ehepaar untergekommen. Die Böhms hatten keine Kinder und waren deshalb gezwungen, eine ‚Einquartierung' in ihrer Wohnung aufzunehmen.

Von Luxus oder Bequemlichkeit konnte man dort aber wahrlich nicht sprechen. Die Toilette lag auf halber Höhe im Treppenhaus und sie mussten sie mit einer anderen Familie teilen. Statt eines Badezimmers hatte Margarete einen altmodischen Waschtisch in ihrem Zimmer. Doch zu ihrem eigenen Erstaunen vermisste sie die Annehmlichkeiten aus ihrer Pariser Zeit überhaupt nicht. Die Liebe, mit der sie die Böhms umgaben, wog alle Entbehrungen auf. Sie verwöhnten die junge Frau wie ihr eigenes Kind.

Und trotzdem wollte das Gefühl der Einsamkeit nicht weichen. Seit fünf Jahren war nun Krieg. Margarete seufzte. Als sie heute Morgen in den Spiegel geblickt hatte, war sie angesichts der ersten weißen Haare an ihren Schläfen erschrocken. Dabei könnte das Leben so schön sein.

Eine der Türen zu ihrer Rechten öffnete sich und einige Soldaten traten heraus, laut lachend und in eine angeregte Unterhaltung vertieft. Margarete registrierte es nur aus den Augenwinkeln. Sie wollte sich gerade ein weiteres Mal ihrem Dienstplan zuwenden, um zu überprüfen, wo sie am Nachmittag Streife laufen sollte, als sie eine bekannte Stimme hörte: „Margarete!"

Sie drehte sich um, stutzte und glaubte, ihren Augen nicht zu trauen. Dieses Gesicht, diese Stimme – aber konnte es Wirklichkeit sein?

Der Mann, der nur wenige Meter vor ihr stand, strahlte sie an: „Margaretlein, ich bin es!"

Zögernd ging sie auf ihn zu. Dieses verhärmte, schmale Gesicht – sollte er es wirklich sein? Ein schrecklicher Gedanke kam ihr: Er ist sicher tot, im Kampf gefallen und zeigt sich mir nun ein letztes Mal.

„Ich bin es wirklich! Mein Kind ..."

Mit ausgestrecktem Zeigefinger ging sie auf ihn zu, um zu fühlen, ob wirklich ein Mensch aus Fleisch und Blut oder doch ein Geist vor ihr stand. Ihre Hand berührte den Stoff seiner Uniform, und gleich darauf lag Margarete schluchzend in den Armen ihres Vaters.

Wie konnte es sein, dass er, den sie an der Front im Osten wähnte, plötzlich auf dem Flensburger Bahnhof vor ihr stand?

„Ach, dann brauchen Sie meine Hilfe ja nicht mehr", ertönte die Stimme des Majors hinter ihnen, „Sie haben Ihre Tochter ja bereits gefunden."

Als Margarete sich umdrehte, stand ihr Vorgesetzter breit lächelnd vor ihr.

„Tja, da staunen Sie, was, Unterführerin Bartsch? Da haben wir Ihren Vater so mir nichts, dir nichts hergezaubert. Na, für den Rest des Tages nehmen Sie sich frei."

Sprachlos ließ die junge Frau sich von ihrem Vater aus dem Gewirr des Bahnhofs heraus auf die offene Straße führen. Margarete konnte ihr Glück kaum fassen.

„Papilein, wie kommt es, dass du hier bist?", brachte sie schließlich heraus.

„Ach, mein Kind, es ist so schön, dich zu sehen. Meine Einheit wurde von der Tschechoslowakei nach Dänemark verlegt. Wegen einer bevorstehenden Invasion der Engländer, du weißt schon. Aber die Dänen sind uns zuvorgekommen und haben die Gleise gesprengt. Jetzt sitzen wir erst mal in Flensburg fest. Was für ein Glück!"

Margaretes Vater war kaum zu bremsen, und der leichte, fröhliche Tonfall wollte zu seinem erschöpften Äußeren kaum passen.

„Zum Glück hatte ich deinen Brief noch erhalten, in dem du von deiner Versetzung geschrieben hast, und so habe ich dich gesucht und gefunden."

* * *

*Margaretes Tagebuch, 10.05.1945*
*Deutschland hat bedingungslos kapituliert. Ohnmächtiger Schmerz durchzuckt mich, dass wir nun auch vor den Sowjets die Waffen strecken mussten. Insgeheim hatte man noch immer die Hoffnung gehegt, dass sich die Westalliierten gegen die Sowjets wenden würden. Ohne Recht auf Gnade sind wir nun all unseren Feinden ausgeliefert. Das will mir gar nicht in den Kopf. Alles Schwere, was unser deutsches Volk jetzt durchmachen muss und wird, ist wohl ein ernstes Gottesgericht. Wenn man in sich geht, muss man erkennen: Wir haben es nicht anders verdient.*
*Irret euch nicht, Gott lässt sich nicht spotten, was der Mensch sät, das wird er ernten! Wurde uns in der Vergangenheit nicht immer wieder vorgepredigt: Zurück zu dem Urväterglauben der alten Germanen, die brauchten keinen jüdisch-christlichen Gott! Aber so ein Ende nach einem heldenhaften, tapferen Kampf unserer Soldaten, deren Haltung noch heute vorbildlich ist, ohne ein Wort der Anerkennung, das ist das Los des Besiegten. Doch es ist bitter anzunehmen. Nun läuten überall die Glocken, nur für uns nicht. Aber wir danken auch, dass es ein Ende hat mit all dem Morden. Mein Ludwig, ich danke Gott, dass du diesen Zusammenbruch nicht erleben musst. Du warst bis zum letzten Atemzug überzeugter und begeisterter deutscher Offizier und konntest aus deiner Sicht keinen schöneren Tod finden in dieser schweren Zeit.*

* * *

*Hellschen/Wesselburen, Juni 1945*
„Schach und matt! Schon wieder verloren. Margaretlein, ich fürchte, du wirst nie eine gute Schachspielerin werden", zog Friedrich seine Tochter auf.

Versonnen und ein bisschen stolz sah er sie an: „Die Arbeit auf den Feldern und mit den Tieren tut dir gut. Du siehst richtig frisch und erholt aus."

Das gedämpfte Licht ließ Margaretes braungebranntes Gesicht golden schimmern. Sie hatte sich in ihrem Stuhl zurückgelehnt und genoss sichtbar ihren Feierabend.

„Na, wenn ich schon erholt aussehe, dann du umso mehr. Der Bürgermeister scheint sich gut um dich zu kümmern, Papilein."

„Es ist aber auch ein Glück, dass ich bei ihm untergekommen bin. Nur so habe ich dich noch herbeiordern können", spöttelte Friedrich, „auch, wenn du hier ‚nur' landwirtschaftliche Gehilfin bist. Noch dazu eine, die nicht Schach spielen kann!"

Mit gespieltem Entsetzen deutete ihr Vater auf das Schachbrett: „Mit Pferden kannst du ja umgehen. Das sehe ich hier tagtäglich. Aber die arme Dame! Sie musste ihr Leben lassen für nichts und wieder nichts!"

Theatralisch schlug Margarete die Hände zusammen. So alberten sie noch eine ganze Weile herum.

Für Vater und Tochter war die gemeinsame Zeit ein ganz besonderes Geschenk. Die erwartete Landung der Engländer an der Westküste Dänemarks, wegen der Friedrich nach Flensburg gekommen war, hatte nicht mehr stattgefunden. Stattdessen war er nach der Kapitulation in den weitläufigen Gefangenenbereich für die deutschen Soldaten zwischen Eider, Nordostseekanal und Westküste gekommen. Untergekommen war er in Hellschen, einem Dorf bei Wesselburen im Kreis Dithmarschen. Innerhalb weniger Tage hatte Friedrich es für seine Tochter möglich gemacht, dass sie ihre Entlassung aus der Wehrmacht beantragen und noch mit den letzten Zivilpersonen in den Gefangenenraum einreisen konnte.

„Papilein, kommst du morgen auf die Felder? Bäuerin Kruse wird sicher wieder das Essen zu uns bringen. Du könntest dich ihr bestimmt anschließen."

„Und euch fleißigen Arbeitern beim Rübenziehen zusehen? Nein, da mache ich mich lieber anderweitig nützlich", lehnte Friedrich ab. „Außerdem scheinst du doch genug Zuschauer zu haben, oder? Wie war das noch mit diesem Soldaten, der am Feldrain saß und dir dann sogar einen Blumenstrauß pflückte?"

Margarete lachte hell auf: „Wenn du mich da gesehen hättest – ein junges Mädchen, das noch nie mit einem Pferdegespann unterwegs war und weder vom Eggen noch vom Walzen eine Ahnung hatte – dann hättest du mir wahrscheinlich auch aus lauter Mitleid einen Blumenstrauß geschenkt. Ach Papilein", seufzte sie, „wie gut, dass der Krieg vorbei ist. Dem Herrn sei Dank dafür! Mir macht die Arbeit hier im Haushalt und in der Landwirtschaft ja auch Spaß, aber ich möchte doch auch noch etwas Richtiges lernen."

Gedankenverloren stellte Friedrich die Spielfiguren wieder auf das Schachbrett. Sein Schweigen verunsicherte Margarete etwas.

„Papilein? Stimmt etwas nicht?"

„Wenn wir den Krieg gewonnen hätten, mein Kind, dann hätten wir Christen bald um unser Leben fürchten müssen", sagte Friedrich dann mit leiser Stimme.

Margarete glaubte, ihren Ohren nicht zu trauen: „Wie bitte? Was meinst du damit?"

Das Gesicht ihres Vaters glich mehr einer unbeweglichen Maske denn den vertrauten Zügen, als er sich nun zurück in seinen Sessel lehnte.

„Wir durften den Krieg nicht gewinnen. Das hätte unser Ende bedeutet. Oder eher den Anfang vom Ende. Nach dem Ende der Judenvernichtung hätte es nicht mehr lange gedauert. Dann wären die Christen an der Reihe gewesen."

„Das ist nicht dein Ernst, oder?" Margarete war wie vor den Kopf gestoßen. Wie konnte ihr Vater nur so etwas sagen? Wie konnte er auch nur daran denken?

„Weißt du, was das Einzige war, was mich davon abgehalten hat, mich den Attentätern vom 20. Juli anzuschließen? Nur mein Eid als deutscher Soldat. Ich hatte etwas versprochen, und ein Versprechen bricht man nicht. Ich hatte mich meinem Land verpflichtet. Doch was war die Pflicht meinem Land gegenüber? Es ist nur gut, dass wir den Krieg nicht gewonnen haben."

Eine unheilvolle Stille hatte sich über die beiden gelegt. Margarete grub vor lauter Anspannung die Fingernägel in das Holz ihres Stuhles. So hatte sie ihren Vater noch nie reden hören. Es machte ihr Angst, sein düsteres Gesicht, die starren Augen, die in eine andere Welt zu blicken schienen.

Plötzlich konnte sie es nicht mehr aushalten. Margarete sprang auf und lief aus dem Haus und an das andere Ende des Gartens. Es war schon dunkel, die Luft kühl und alles fühlte sich lebendig an. Aber dieser unheimliche Druck wollte nicht weichen.

Nicht tun, was man will, sondern wollen, was man soll. Das war bis jetzt immer ihr Grundsatz gewesen. Aber was, wenn das dabei herauskam? Wenn Tausende, ja, Millionen Menschen ihr Leben lassen mussten, und für was? Langsam begann sie etwas von dem Gewissenskonflikt zu ahnen, in dem so viele aufrechte Männer gesteckt haben mussten.

* * *

*Margaretes Tagebuch, 21.07.1945*
*Meine Zeit hier geht zu Ende. Mit Vatis Hilfe und einem Trick konnte ich mich dank meines DRK-Ausweises als DRK-Helferin ausgeben und gelangte mit einem DRK-Schwestern-Transport vom Hedwigenkoog aus zur Boehn-Kaserne in Hamburg-Rahlstedt. Eine spannende Situation, die leicht zu meinem Nachteil hätte ausgehen können, doch ich stand Kontrolle und Befragung über bisherige Kriegsdienstleistungen durch. Auf Grund meiner Pariser Kenntnisse, auch der Lazarette dort, konnte ich Rede und Antwort stehen und wurde in Gnaden ‚entlassen' als DRK-Schwester. Ich durchforschte Hamburg, das ich mir gründlich einprägen wollte, und fand mich auch in den Ruinen der so schrecklich zerstörten Stadt zurecht. Innerhalb der englischen Zone kann man reisen, und ich machte Stippvisiten in Flensburg bei Böhms und Braunschweig/Halchter, um dort Cousine Erika zu sehen.*

* * *

Das Motorengeräusch des Lasters konnte die gute Laune der Mitfahrenden, zwei Männer und zwei andere junge Frauen, nicht trüben. Auch die vielen Schlaglöcher nicht, aus denen die Straße bestand. Die Ladefläche war zwar nicht besonders bequem, aber für die Reisenden war es eine hervorragende Gelegenheit, um die amerikanische Zone zu erreichen.

Drei Tage waren sie nun schon unterwegs, und am Nachmittag würden sie Gunzenhausen erreichen. Margarete hatte den Fahrer zu diesem kleinen Umweg auf seinem Weg nach Österreich überreden können. Dann wäre sie endlich wieder zu Hause!

Gerade hielt sie Greta am Gürtel fest, die sich nach den Früchten der Apfelbäume ausstreckte, die rechts und links am Wegrand standen. Dank der Tatsache, dass es noch immer genug reife Äpfel entlang der deutschen Straßen gab und ihr Fahrer entsprechend langsam an den reich beladenen Bäumen vorüberfuhr, hatten sie auf der langen Fahrt keinen Hunger leiden müssen.

„Ein Stück noch, Margarete. Ja, so komme ich besser heran. Hey, kommt her. Ihr müsst mir die Äpfel auch abnehmen! Das ist ja schließlich nicht nur mein Mittagessen, was ich hier angle“, rief Greta den anderen zu.

Unter Gelächter und Scherzen saßen sie bald darauf wieder auf ihren Koffern, die Rücken an die Wände des LKWs gelehnt, und verzehrten ihre Beute.

Plötzlich hielt der Wagen. Margarete spähte neugierig durch ein Loch in der Plane. In diesen Tagen verhieß ein ungeplanter Halt meistens nichts Gutes. Die geschäftigen Stimmen mit dem fremden Akzent bestätigten ihre Befürchtungen. Eine amerikanische Kontrolle. Schlagartig wurde es ruhig auf der Ladefläche. Alle lauschten. Der Fahrer wurde gebeten auszusteigen und seine Papiere zu zeigen. Auch das noch. Dabei waren sie doch nur noch wenige Kilometer von Gunzenhausen entfernt. Margarete schickte ein Stoßgebet zum Himmel. Hoffentlich konnten sie gleich weiterfahren.

Greta, die angestrengt lauschend den Kopf an die Plane gelegt hatte, zuckte zusammen, als ein Gewehr gegen des Holz des LKWs schlug. Gleich darauf tauchte eine amerikanische Mütze und darunter ein grimmiges Soldatengesicht auf. Auf seinen barschen Befehl hin, von der Ladefläche herunterzukommen, klettern sie alle zögerlich von der Ladefläche herunter. Die Angst stand ihnen ins Gesicht geschrieben und Margarete schickte ein Stoßgebet nach dem anderen zum Himmel.

Sie mussten sich in einer Reihe aufstellen, wurden von dem grimmigen Soldaten eingehend gemustert und hörten von der anderen Seite des Lastwagens, wie der Fahrer mit einem anderen Amerikaner verhandelte.

Sie mussten wohl eine Viertelstunde dort gestanden haben, geblendet von der Nachmittagssonne und sich durch und durch unwohl fühlend, als die beiden Männer plötzlich um den Lastwagen herum kamen. Der Fahrer winkte ihnen, dass sie wieder auf die Ladefläche klettern sollten, aber der zweite Amerikaner hielt ihn zurück.

„You and you", er deutete auf Greta und Margarete, „follow me!"

Erschrocken sahen sich die beiden Frauen an. Was war das nun wieder? Sie hörten, wie die anderen vier hinter ihnen auf den Wagen kletterten, während sie nach vorne zu dem amerikanischen Fahrzeug laufen mussten, den immer noch finster dreinblickenden Soldaten im Rücken und seinen munter pfeifenden Vorgesetzten vor sich.

Am Fahrzeug angekommen, hielt der Major galant die Wagentür auf und sagte mit starkem Akzent: „Steigen Sie bitte ein, meine Damen."

Nach einer Schrecksekunde des Schweigens fand Margarete ihre Sprache wieder: „Aber Herr Major, Sie können, nein, Sie dürfen uns nicht mitnehmen! Wir haben doch all unser Gepäck dort auf dem Laster!"

„Machen Sie sich darum keine Sorgen, Madam, sagen Sie dem Fahrer einfach, wo er es abladen soll. Nur Sie müssen mit mir kommen!", erwiderte der Mann freundlich, aber bestimmt. „Na, gehen Sie schon. Sagen Sie dem Fahrer Bescheid", sagte er, als Margarete nicht reagierte.

Immer noch zweifelnd an der Realität der Dinge, die hier gerade geschahen, lief sie zurück zum Fahrer und nahm ihm das Versprechen ab, ihr Gepäck in Gunzenhausen abzuliefern. Sein unfreundliches Nicken machte Margarete nicht unbedingt zuversichtlicher, aber was blieb ihr anderes übrig, als darauf zu hoffen, dass er sein Wort halten würde. Da rief sie auch schon der Amerikaner zurück. Am liebsten wäre sie weggelaufen, aber Margarete ahnte, dass dies keine gute Idee wäre. Also stieg sie in das Fahrzeug und musste zusehen, wie der Lastwagen vor ihnen auf der Straße immer kleiner wurde und zuletzt durch die Staubfahne, die er hinter sich herzog, nicht mehr zu erkennen war.

Interessiert fragte der Major nach, woher sie kämen und was sie in diesen südlichen Teil Deutschlands brächte. Langsam und allmählich schwand das Misstrauen der jungen Frauen. Dieser Mann war nicht darauf aus, ihnen zu schaden, sondern hatte sich wohl lediglich eine kleine Plauderei gewünscht. Als Margarete von Paris erzählte, begann er zu strahlen: „Ah ja, Paris, trés belle, trés belle!“, rief er aus.

Sein Französisch war sehr dürftig, aber Margarete freute sich in diesem Moment genauso wie er, über die Stadt und ihre Plätze, Straßen und Sehenswürdigkeiten zu sprechen. Plötzlich war der ehemalige Feind – und es war Margaretes erste Begegnung mit den Amerikanern – zu einem Menschen geworden, der ebenso wie sie die Parks und Prachtstraßen von Paris liebte, den Eiffelturm zu Fuß erklommen hatte und entlang der Seine spaziert war.

„Nun, meine Damen“, sagte er schließlich mit einem Blick auf seine Uhr, „ich fürchte, wir müssen uns verabschieden. Ich danke Ihnen für die Unterhaltung. Viel Glück Ihnen beiden!“

Und mit diesen Worten stiegen die zwei Männer in das Armeefahrzeug und fuhren in die entgegengesetzte Richtung davon.

Greta starrte ihnen nach.

„Hast du das verstanden, Margarete?“, fragte sie schließlich verdutzt.

„Nein“, erwiderte diese trocken, „nein, aber das muss ich auch nicht verstehen.“ Sie seufzte: „Komm, lass uns ein Auto anhalten und fragen, ob man uns bis Gunzenhausen mitnimmt.“

Sie mussten nicht lange warten und ein Laster hielt, um sie mitzunehmen. Der Fahrer war sehr freundlich und legte extra noch etwas Tempo zu. Und tatsächlich tauchte bald vor ihnen auf der Straße ihr eigener Lastwagen auf, war rasch eingeholt, und die anderen Mitfahrenden halfen Margarete und Greta unter Beifall und erstaunten Rufen wieder auf die Ladefläche herauf.

Die junge Frau lehnte sich an die Holzbretter, aus denen die Seitenwand des LKWs bestand, schloss die Augen und atmete ein paar Mal tief durch.

„Nächster Halt, Gunzenhausen!“, rief der Fahrer von vorne.

* * *

*Gunzenhausen, August 1945*

Leise schlich Margarete sich in den Flur. Die Dielen knarrten bestimmt noch an denselben Stellen, und sie stieg vorsichtig darüber hinweg. Ihre Vorsicht war eigentlich nicht vonnöten, weil das Geklapper aus der Küche alle anderen Geräusche übertönte. Die warme Stimme ihres Vaters drang durch den Türspalt. Ganz langsam zog sie die Tür ein Stück weiter auf.

Ihr Vater saß am Küchentisch und studierte die Zeitung. Er machte wohl gerade ein Pause von seiner Arbeit, die er mittlerweile beim DGD, dem Deutschen Gemeinschafts-Diakonie-Verband, übernommen hatte. Die Falten, die sich in seinem Gesicht eingegraben hatten, ließen ihn nun längst nicht mehr so düster erscheinen, wie es Margarete kurz nach Ende des Krieges erschienen war. Ihre Mutter stand am Herd und rührte in einem Topf.

Vor lauter Beobachten hatte Margarete kaum darauf geachtet, dass sie die Tür immer weiter aufgedrückt hatte. Erst als die Küchentür laut in den Angeln quietschte, hielt sie erschrocken inne, aber Deta hatte sich schon umgedreht und Friedrich von seiner Zeitung aufgeblickt. Der fragende Ausdruck in Detas Gesicht verwandelte sich in ungläubiges Staunen, und gleich darauf lag Margarete in den Armen ihrer Mutter.

Friedrich, der schon Anfang August wieder nach Gunzenhausen zurückgekehrt war, stand lächelnd und kopfschüttelnd daneben und wartete, bis Deta unter Freudentränen ihre Tochter wieder losgelassen hatte. Sie stammelte nur: „Und ich dachte, unser Kind ist noch auf Rügen oder von den Russen verschleppt."

* * *

*Margaretes Tagebuch, vom 08.10.1945*

*Es bedrückt mich, dass ich vor lauter Hausarbeit auf die Dauer gar keine Zeit für Dinge finde, die mir das Leben eigentlich erst lebenswert machen. Ich erinnere mich an Charlottes – Onkel Diedis Frau – Worte über das einseitige Leben einer „Nur-Hausfrau", die bei mir damals in Berlin tiefen Eindruck hinterließen. Übrigens gelang ihr*

*mit allen vier Kindern aus Rauden in Oberschlesien die Flucht, während Onkel Diedi bei der Verteidigung von Ratibor als Volkssturmmann fiel. Ich trauere sehr um ihn! Doch bin ich froh, dass den Wedderwillern wenigstens die Flucht nach Mecklenburg gelang. Onkel Hans war übrigens noch von Stralsund nach Mukran gefahren, während ich aber schon in Flensburg war, um mir vom Tod meiner geliebten Großmama zu berichten. Aber ich bin unzufrieden hier, weil ich geistig nicht ausgefüllt bin und immer noch nicht weiß, wie sich meine Zukunft gestalten wird.*
*Heute sprach die tägliche Losung eindringlich zu mir: „Was betrübst du dich, meine Seele, und bist so unruhig in mir? Harre auf Gott; denn ich werde ihm noch danken, dass er meines Angesichts Hilfe und mein Gott ist." Ich möchte das zwar gern, doch zwischen Wollen und Vollbringen klafft ein schier unüberwindlicher Graben.*

* * *

Es war kühl geworden nach dem heißen Tag, und Margarete saß, die Beine übereinandergeschlagen, im immer dunkler werdenden Garten in Gunzenhausen. Neben ihr stand ein kleiner Tisch mit einer Kerze darauf, und neben der Kerze lag der Brief. An diesem Vormittag war er angekommen, aber sie hatte sich noch nicht getraut, ihn zu öffnen. Was genau sie davon abhielt, wusste Margarete nicht. Vielleicht war es einfach nur die Angst, dass alles wieder von vorn beginnen könnte. Die ganze Verwirrung, die Sehnsucht und die großen Gefühle, die sie in Paris nicht hatten zur Ruhe kommen lassen.

Warum hatte ihr Alfred ausgerechnet jetzt geschrieben? Voller Erleichterung hatte sie vor wenigen Wochen über Umwege erfahren, dass er unverletzt aus dem Krieg gekommen war. Aber Briefkontakt hatten sie schon lange nicht mehr. Warum nun dieser Brief? Aber wenn sie ihn nicht öffnete, dann würde sie es nie erfahren, sagte sich die junge Frau.

Entschlossen griff sie sich den Brief und riss den Umschlag auf. Die wenigen Seiten waren dicht beschrieben, und im Licht der Kerze vertiefte sich die Dreiundzwanzigjährige in Alfreds ebenmäßige Handschrift. Seine Frau habe ihn verlassen, berichtete er, und nach der Scheidung habe sie nun einen ungarischen Grafen geheiratet. Er selbst sei in Süddeutschland und versuche, sich ein neues Leben aufzubauen. Was Margarete nun tun wolle, fragte er, und ob sie schon Pläne habe.

Margarete ließ den Brief sinken und starrte in den inzwischen nachtschwarzen Garten hinein. Die zaghafte, unausgesprochene Frage, die zwischen diesen Zeilen lauerte, versetzt sie in große Unruhe.

Mit aller Macht wehrte sie sich dagegen, die Gefühle von damals wieder aufkommen zu lassen. Doch der Gedanke an Alfreds Stimme, an seine Art zu lachen und mit ihr zu scherzen, die Erinnerung an seine Art zu diskutieren – plötzlich war alles wieder so präsent.

„Oh, Gott, was ist mein Weg? Was soll das? Was soll ich tun?", murmelte sie vor sich hin.

„Margaretlein, mein Kind", rief ihre Mutter, „komm ins Haus. Es ist schon spät! Nicht, dass du dich noch erkältest."

„Ich komme", rief sie zurück. Margarete seufzte. Eigentlich wollte sie nicht, dass diese Gefühlsachterbahn von vorne begann. Schon gar nicht jetzt, wo sie geglaubt hatte, endlich alles hinter sich gelassen zu haben.

Das Geräusch von zerreißendem Papier riss sie aus ihren Gedanken. Die junge Frau hatte den Brief so festgehalten, dass er in der Mitte durchgerissen war. Liebevoll strich sie die Seiten wieder glatt und legte sie zurück in den Umschlag, löschte die Kerze und ging zurück ins Haus.

* * *

Unzufrieden machte sich Margarete am nächsten Morgen auf zum Postamt. Zweimal wäre sie auf dem Weg fast umgedreht und wieder zurückgelaufen. Die Unsicherheit, ob sie die richtigen Worte gefunden hatte und was Alfred denken könnte, wurde immer größer.

Von Gott hatte sie ein klares Nein, ein absolutes und unumstößliches Nein. Aber das „Trotzdem" in ihrem Herzen blieb, und das „Vielleicht" ließ sich nicht abschütteln. Margarete wusste, dass ihre Antwort an Alfred zweideutig verstanden werden konnte. Das war auch ihre Absicht, trotz der getroffenen Entscheidung.

‚Erinnerung ist das einzige Paradies', hatte sie geschrieben, ‚aus dem wir nicht vertrieben werden können.'

Wenn Alfred den Schwerpunkt in seiner Interpretation auf das Wort Paradies legen würde, dann öffnete sich vielleicht doch noch die Tür zur gemeinsamen Zukunft. Erkannte er aber mehr die Betonung auf dem Wort Erinnerung, dann sollte wirklich alles der Vergangenheit angehören. Wirklich alles.

* * *

Schade, dass es keine Tür gab, die sie zuknallen konnte. Nur einen dummen Vorhang hatte sie und ein winziges Zimmerchen, das dadurch vom Korridor abgetrennt wurde.

Nie war Ruhe in diesem Haus! Die baltischen Flüchtlinge, die man bei Bartschs einquartiert hatte, waren nette Leute, freundlich und höflich. Aber die Enge, die Kälte und der ständige Druck, das Essen für den nächsten Tag organisieren zu müssen, zehrten an Margaretes Kräften. Noch dazu wurden ihre baltischen Einquartierungen, die vor den Russen hatten fliehen müssen, von den Amerikanern als „displaced persons“ bevorzugt behandelt. Das bedeutete, dass sie mehr Rechte hatten als die Deutschen. Dass sie dies nicht ausnutzen, half Margarete, besser mit ihnen auszukommen.

Dank der Berechtigungsscheine, die ihnen von den amerikanischen Besatzern ausgestellt wurden, konnte Margarete im Wald Holz sammeln. Gegen Speck, Mehl, Zucker, Kartoffeln und andere Lebensmittel tauschte sie ihren alten Puppenwagen und Bücher ein. Aber irgendwann reichte auch das nicht mehr. Ihr Vater tauschte schließlich sogar den alten Flügel, auf dem sie das Klavierspielen gelernt hatte, gegen ein Huhn und ein paar Lebensmittel. Dabei war doch gerade das Klavier ihr Ventil gewesen, ihr Weg, wieder zu sich selbst zu finden.

Doch trotz allen Hungers und des Winters waren sie mehr als froh, dass der Krieg zu Ende war und sie noch lebten. Und doch war das Leben alles andere als einfach. Besonders das Zusammenleben mit ihrer Mutter war für die Dreiundzwanzigjährige sehr unbefriedigend. Deta hatte noch einmal mehrere schwere Operationen über sich ergehen lassen müssen, war allgemein sehr kränklich und nicht fähig, den Haushalt zu führen, weshalb Margarete sich um alles Notwendige kümmern musste.

Jetzt saß sie auf ihrem Bett, ließ die Beine baumeln und versuchte, in Ruhe nachzudenken. Gereizt und nervös, wie Deta durch ihre ständige Schlaflosigkeit war, hatte Margarete es gerade nicht mehr ausgehalten in der Küche. Die junge Frau seufzte. Ihr Vater konnte so viel besser damit umgehen. Seine Geduld mit Deta war ihr manchmal unbegreiflich. Aber Friedrich arbeitete nun auch in Marburg und war wenig zu Hause. Er ging in seiner Stelle als Syndikus des Deutschen Gemeinschafts-Diakonieverbandes ganz auf. Auch über einen eventuellen Umzug nach Marburg der ganzen Familie hatten sie schon diskutiert. Margarete wäre nicht böse darüber gewesen.

Mit einer Hand zog Margarete die Schublade ihres Nachtschränkchens auf und angelte ihr Tagebuch heraus. Sie begann die Seiten durchzublättern, las einige der letzten Einträge und spürte, wie die Unzufriedenheit in ihr wuchs. Seit ein paar Monaten überlegte sie jetzt schon, was sie denn lernen, welchen Beruf sie ergreifen sollte. Es gab zu viele Dinge, die sie interessierten, zu vieles, was es zu sehen und zu erleben gab. Mit einer Ausbildung in Richtung Gemeindehelferin in der Landeskirche hatte sie zuletzt geliebäugelt, nachdem die Marburger Universität zu ihrer großen Enttäuschung und entgegen der 1941 getroffenen Vereinbarung das ‚Puddingabitur' abgelehnt hatte. Auch mit Herrn Schako hatte sie schon darüber geredet. Er war Schmalspur-Theologe in der Jugendarbeit der Bekennenden Kirche gewesen und ihr und Gerda, der vertrauten jungen Kameradin, in Paris zum väterlichen Freund geworden. Ihr ‚Schokoladenmajor', der sie rührend mit schwer zu ergatternden Süßigkeiten versorgt hatte, schien Margarete der richtige Ansprechpartner.

Und doch merkte sie in allem Reden und Schreiben über ihre Pläne, in die sozial-fürsorgerliche Richtung zu gehen, dass sie es eigentlich doch nicht wollte. Die Perspektive, dann auf so vieles verzichten zu müssen, was ihr das Leben an schönen Dingen versprach, ließ sie kein volles Ja zu einer Arbeit, die nur für andere sein würde, finden. Mit dem Leitspruch ‚Nur, was ich für andere tue, bestimmt den Wert meines Lebens', den sie sich für ihr Leben gesetzt hatte, war es wohl doch nicht so weit her. Mit einem weiteren Seufzer klappte Margarete das Tagebuch wieder zu, verstaute es in der Schublade und machte sich wieder auf den Weg in die Küche. Es half alles nichts. Wenn sie heute etwas Richtiges essen wollten, dann musste sie sich bald darum kümmern.

* * *

*Margaretes Tagebuch, 29.11.1945*
*Wir mussten plötzlich unsere große Wohnung räumen und wurden in einem Einfamilienhaus in zwei Zimmern, wovon eines als Notküche diente, einquartiert – sehr zum Leidwesen des Eigentümers. Es war eine Zwangsmaßnahme, der sich wohl kein ehemaliger Parteigenosse entziehen konnte. Ich fand ein winziges, nicht zu heizendes Dachkämmerchen im Nachbarhaus, in das ich mich endlich allein zurückziehen kann. Soweit es dort meine Hände bei einer Temperatur von 2° C im Bett aushalten, kann ich abends noch mit Wärmflasche lesen. Aber morgens ist das Wasser in der Waschschüssel gefroren.*
*Vor ein paar Tagen hatte ich die erste Orgelstunde. Das macht mich glücklich. Ich übe in der kalten Kirche, bis die Finger steif werden. Zwei Schüler verdienen sich dabei etwas Taschengeld durch das Treten der Blasebälge. Ansonsten hacke ich Holz, versuche irgendwo im Bahnhofsgelände Kohlen zu klauen, koche Sirup aus Rüben auf dem provisorischen Herd – das ist eine ungeliebte Heidenarbeit, denn ich bespritze die ganze gelb gekalkte Wand dahinter – radle mit Vati hin und wieder aufs Land, um etwas Essbares zu ergattern, oder wir sammeln beide Äste im Wald mit Berechtigungsschein, den man beantragen muss. Unten im Haus schimpft fortwährend der Eigentümer über die „Saupreußen", die man ihm ins Haus gesetzt hat. So gehen die Tage, die Wochen dahin.*

* * *

*Margaretes Tagebuch, 14.01.1946*
*Inzwischen lerne ich ein paar Leute hier kennen, und besonders gern treffe ich mich mit Elke, einem jungen Mädchen, das mir voll Vertrauen sein Herz ausschüttet und nach meiner Erfahrung und Meinung, das gewesene Dritte Reich betreffend, fragt. Sie war eine gläubige Nationalsozialistin und kann mit Gott und dem Christenglau-*

*ben nichts anfangen. Wir führen wirklich gute Gespräche. Einmal zitierte ich das Wort: „Vor Menschen ein Adler, vor Gott ein Wurm, so steht man recht im Weltensturm. Nur wer vor Gott sich fühlet klein, der kann vor Menschen mächtig sein." Das gefiel ihr. In ihren Augen scheine ich lauter gute Eigenschaften zu verkörpern, so wie auch Ludwigs Schwestern es äußern. Da muss ich wachsam sein und der vielleicht wachsenden Selbstgefälligkeit energisch entgegentreten. Zu Hause werde ich dann wieder so unzufrieden, weil Mutti mich sieht, wie ich wirklich bin, und wie mein HERR mich auch sieht. Da werden so viele Fehler offenbar. Und ich weiß ja selber, dass ich diese noch habe! Vor Mutti lasse ich mich auch leichter gehen als vor Fremden, denen ich mit freundlicher, liebenswürdiger Distanz begegne. Ich will an mir arbeiten, hoffentlich gelingt es.*

* * *

„Herr Schako, herzlich willkommen!", begrüßte Friedrich den Besucher.

„Es ist gerade nicht viel, was wir haben, aber kommen Sie herein. Margarete hat uns einiges erzählt, wie gut ihr Ihre Unterstützung in der Zeit in Paris getan hat."

Der Mann, den er gerade hereingebeten hatte, schien etwas älter zu sein als er selbst und war ihm auf Anhieb sympathisch. Er führte den Fremden in sein bescheiden eingerichtetes Zimmer in der Marburger Südstadt und versuchte, ein Gespräch in Gang zu bringen.

„Margarete erzählte, dass Sie in Berlin als Pfarrer arbeiten, Herr Schako. In was für einer Gemeinde, wenn ich fragen darf?", erkundigte sich Friedrich.

„Oh, ich bin immer noch als Laientheologe in der Bekennenden Kirche tätig. Im Moment in Berlin-Dahlem", erwiderte sein Gegenüber freundlich.

„Ein sehr schöner Stadtteil, ich erinnere mich."

„Ah, Sie waren schon einmal dort? Ja, es ist sehr schön. Vor allem gibt es dort aber das Burckhardthaus, wo das Seminar für kirchlichen Frauendienst ist. Ich möchte nämlich Ihrer Tochter vorschlagen, doch dort eine Ausbildung zu absolvieren. Sie schrieb mir, dass sie sich eine Aufgabe in die Richtung der Gemeindepädagogin vorstellen könnte. Ich bin mit der Oberin Zarnack gut befreundet, und Margarete könnte im kommenden Ausbildungsjahr einen Platz bekommen“, plauderte Herr Schako drauflos.

Friedrich räusperte sich: „Sind Sie deshalb zu mir gekommen? Weil Sie meiner Tochter diesen Ausbildungsplatz anbieten wollen?“

Es entstand ein unangenehmer Moment der Stille zwischen den beiden Männern.

„Nein“, begann Herr Schako schließlich, „nein, das ist nicht der Grund, warum ich Sie hier in Marburg besuche.“

„Was ist es dann? Immer heraus damit, dann will ich sehen, ob ich Ihnen helfen kann“, meinte Friedrich aufmunternd. Er wusste diesen Mann nicht wirklich einzuschätzen und war sich deshalb auch über die Ursache seines Besuches unsicher.

„Nun, wissen Sie, Herr Bartsch, ich habe Ihre Tochter während unserer gemeinsamen Zeit in Paris sehr liebgewonnen. Sie erzählte damals, dass sie sich wohl auch vorstellen könne, ihr Leben als Pfarrfrau zu verbringen. Und deshalb bin ich nun hier. Ich bitte Sie hiermit um die Hand Ihrer Tochter.“

Wieder war es still, aber dieses Mal war Friedrich zutiefst verblüfft. Er hatte ja mit vielem gerechnet, aber nicht damit, dass dieser ältere Herr, der bestimmt dreißig Jahre älter als seine Tochter war, um genau deren Hand anhalten würde.

Als er sich von seinem Schreck einigermaßen erholt hatte, sagte er: „Ich fürchte, ich kann Ihnen nur eines zu Ihrem Anliegen sagen: Das müssen Sie mit meiner Tochter selber besprechen!“

„Dann geben Sie mir die Erlaubnis, noch heute nach Gunzenhausen weiterzufahren?“ Herr Schako hörte sich geradezu erleichtert an.

„Wie könnte ich Ihnen die verweigern“, sagte Friedrich. „Allerdings brauchen Sie nicht erst nach Gunzenhausen zu fahren. Margarete ist gerade ebenfalls in Marburg. Sie müsste in wenigen Augenblicken wieder hier sein.

* * *

„Er will dich etwas fragen.“

„Wie meinst du das?“, fragte sie misstrauisch.

„Das wirst du gleich wissen, vermute ich“, seufzte Friedrich.

Er schloss die Tür hinter seiner Tochter und lief bis ans Ende des Flures, wo ein Fenster ihm einen schönen Blick in das Wohnviertel eröffnete. Friedrich wollte nicht den Anschein erwecken, dass er lauschte. Es war ganz allein Margaretes Entscheidung, ob sie dieses Angebot annahm oder nicht. Ein wenig wunderte er sich über sich selbst, dass er so ruhig sein konnte.

Nach wenigen Minuten hörte er, dass die Zimmertür geöffnet wurde. Es war Herr Schako. Seinem Gesicht war nicht anzusehen, wie Margarete reagiert hatte. Er schüttelte Friedrich lediglich die Hand und wünschte noch einen gesegneten Tag.

Etwas irritiert schaute er Herrn Schako nach. Irgendwie war er erleichtert, dass er keinen Schwiegersohn bekommen würde, der älter als er selbst war.

Als Friedrich das Zimmer betrat, stand Margarete, ihm den Rücken zugewandt, am Fenster. Er trat zu seiner Tochter, legte ihr den Arm um die Schulter und wartete ab.

Es blieb ein paar Minuten still, bevor Margarete zu erzählen anfing.

„Er hat von seinem schönen Häuschen in Berlin-Dahlem erzählt, von Boas und Ruth. Und von deren guter Ehe“, sagte sie schließlich trocken. „Ich habe nein gesagt.“

Friedrich drückte ihren Arm, und beide schauten wieder schweigend auf die Straße hinunter, wo der Schneeregen die Straßen rutschig machte.

* * *

*Margaretes Tagebuch, 10.03.1946*
*Eine unbeschreiblich schöne Überraschung bereitete mir Sylvaine, die plötzlich vor der Tür stand. Sie hatte sich nach Kriegsende – meinem Vorbild folgend – der französischen Besatzungsarmee angeschlossen, hatte vorübergehend ihr Studium unterbrochen und wurde in Berlin-Frohnau eingesetzt. Wir konnten es beide kaum fassen, dass uns dieses Wiedersehen geschenkt wurde. Wir verstehen uns jetzt noch besser als früher, wo es in erster Linie ja mehr um die Sprache ging. Ich kann selten mit einem Menschen meiner Generation so fein über Probleme,*

*sittliche Fragen, Politik und Weltanschauung sprechen und – gemeinsam schweigen.*

* * *

„Margarete, bitte warte einen Augenblick", keuchte Deta. Sie musste sich an der Mauer abstützen und war ganz bleich im Gesicht geworden. Für den wunderbaren Blick, der sich vom Platz vor der Pfarrkirche aus über Marburg bot, hatte sie in diesem Moment gar keine Augen. Deta und Margarete waren gerade auf dem Weg zu Familie Haun, nachdem sie mit Friedrich ihre zukünftige Wohnung im Brüderseminar Tabor besichtigt hatten.

„Was ist los, Mummilein? Geht es dir nicht gut?", fragte Margarete besorgt.

„Oh, mir ist so furchtbar schlecht!", stöhnte Deta. „Aber es ist gewiss nur mein leerer Magen. Wie spät ist es denn?"

„Es ist zehn nach sechs. Geht es wieder? Es ist ja nicht mehr weit bis zur Lutherstraße, wo Hauns wohnen."

Margarete hakte ihre Mutter unter.

„Ach, es geht schon wieder", sagte Deta. Ihr Gesicht hatte wieder seine normale Farbe angenommen. Sie schüttelte den Kopf.

„Seltsam. Lass uns weitergehen, mein Kind. Die Hauns warten sicher schon auf uns."

* * *

„Elisabeth, hole doch bitte noch den Kuchen aus der Küche", rief Else Haun ihrer Tochter nach. Unter dem Schatten spendenden Walnussbaum hatte man schon Decken ausgebreitet und Stühle herbeigeschafft. Alles war in Aufruhr, weil jeden Moment die Gäste aus Gunzenhausen eintreffen mussten. Margarete und ihre Mutter beobachteten die Hektik amüsiert. Sie waren am Haunschen Garten vorbeigelaufen und spähten nun hinter einer Hecke hervor. Else Haun stand wie ein Dirigent im Garten und ließ von ihren Kindern Gotthold und Elisabeth dieses hierhin und jenes dorthin tragen. Pfarrer Haun war nirgends zu sehen.

„Ah, hier seid ihr", ertönte plötzlich seine wohlklingende, tiefe

Stimme hinter Margarete und Deta. Erschrocken fuhren sie herum und sahen sich dem strahlenden älteren Herrn gegenüber, der mit dafür verantwortlich war, dass ihre ganze Familie zu einem lebendigen Christsein gefunden hatte.

Gleich darauf saß man schon im Garten zusammen und labte sich am ungewöhnlich reichhaltigen Pflaumenkuchen, ein Luxus in diesen Zeiten ständigen Hungers.

„Ja, wir haben gerade die Wohnung in Tabor angesehen. Es ist nur vorläufig, aber direkt am Wald. Einfach wunderschön", erzählte Deta begeistert. „Fritz wird es bestätigen. Er kommt nach dem Abendbrot noch her. Friedrich hat ja nun als Syndikus des DGD viel mehr hier in Marburg in der Hauptstelle zu tun als vor dem Krieg. Da ist es nur sinnvoll, wenn Margarete und ich auch hier wohnen."

Gotthold unterbrach sie: „Dann kommt ihr ja genau im richtigen Moment nach Marburg. Dieses Jahr ist ein richtiges Pflaumen- und Walnussjahr. Ich habe die Bäume selten so voll gesehen. Und Margarete liebt doch beides, da wird sie sich bei uns satt essen können."

„Ach Gotthold, sei lieber still", schalt Else Haun ihren Sohn.

„Margarete, erzähl doch mal von deinem Urlaub", drängte Elisabeth. „Du warst doch mit Erika auf Sylt, oder?"

„Oh ja, das war wunderschön!" Margarete begann zu strahlen. „Wir konnten wirklich von Herzen jung und ausgelassen sein. Du kennst ja Erikas Motto: Menschen, schafft euch Erinnerungen! Genau das haben wir gemacht. Es waren wunderbare Tage am Strand und in der Sonne."

Ein durchdringendes Klingeln drang aus dem Haus.

„Das Telefon?", wunderte sich Arno Haun. „Wer ruft uns denn heute noch an?"

Er ging mit raschen Schritten ins Haus, während alle anderen Margaretes Urlaubsbericht lauschten.

„Wo bleibt bloß Arno?", wunderte sich seine Frau, als er nach zwanzig Minuten immer noch nicht wieder im Garten war. „Gotthold, schau doch mal, wo er bleibt ..."

Doch genau in diesem Moment erschien der Pfarrer wieder in der Hintertür.

„Frau Bartsch, Margarete, kommt ihr bitte einen Augenblick ins Haus?"

Sein ernster Ton irritierte Margarete. Auch schien es ihr, als hätte er geweint. Ohne Umschweife folgte sie ihrer Mutter ins Haus. Pfarrer Haun bat sie, in seinem Arbeitszimmer Platz zu nehmen.

„Ich habe gerade einen Anruf von einem befreundeten Arzt bekommen. Er wohnt in der Schwanallee und ist da kurz nach 18 Uhr zu einem Unfall gerufen worden. Friedrich ist an der Radestraße aus der Straßenbahn ausgestiegen. Ein Motorradfahrer hat ihn übersehen. Fritz hat sich einen Halswirbel gebrochen und war sofort tot."

Pfarrer Haun verstummte. Seiner Stimme hörte Margarete an, wie bewegt er war. Sie hörte die Vögel im Garten singen und die gedämpften Gespräche der anderen unter dem Walnussbaum. Aber ihr Vater würde nicht mehr kommen. Es fiel ihr schwer, das zu glauben. Wie durch einen Schleier nahm sie wahr, wie ihre Mutter plötzlich in Tränen ausbrach und Pfarrer Haun sie stützte.

Kurz nach 18 Uhr war es passiert, hatte der Arzt gesagt. Kurz nach 18 Uhr war ihrer Mutter so schlecht geworden. Sehr, sehr langsam drang die Wirklichkeit in Margaretes Bewusstsein. Der Tod ihres Vaters war nichts, worüber sie objektiv nachdenken konnte. Doch je mehr die Realität sie einholte, desto größer wurde der Schmerz. Und mit dem Schmerz konnte auch sie endlich weinen.

* * *

*Von Gunzenhausen nach Marburg, November 1946*

Der Wind heulte ihr um die Ohren, und unter ihr jagte die Erde entlang. Mit vor Kälte steifen Fingern und eiskalten Füßen war es nicht leicht, sich außen am Waggon entlangzuhangeln. Schwere Wolken zogen am Himmel dahin und ließen den Mond immer wieder verschwinden, aber die unheimliche Stimmung beeindruckte Margarete im Moment kaum.

Was sie interessierte, war, dass einer der Waggons vor ihnen mit Eierkohlen beladen war und der kleine Eisenofen in ihrem eigenen Waggon energisch nach brennbarem Nachschub verlangte. Es drängte sie, die Rolle als „Kohlenklau" auszuprobieren, und so hatte sie sich außen an den Eisenbahnwagen entlanggehangelt, und zwar bei voller Geschwindigkeit des Zuges. Aber was war diese Gefahr schon gegen die Stunden ständigen Frierens. Ein Schritt noch und sie hatte es geschafft.

Margarete raffte so viele Kohlen zusammen, wie in den eigens dafür mitgebrachten Korb passten, und machte sich wieder ans Klettern. Der kalte Novemberwind zerrte an ihr, als wollte er sie für das ‚Organisieren‘ bestrafen. Dabei hatten Margarete und Georg, ein guter Freund der Familie und langjähriger Mitarbeiter des Diakonissen-Mutterhauses Hensoltshöhe in Gunzenhausen, selbst genug damit zu tun, den kompletten Hausrat vor den Augen und Händen anderer zu schützen. In diesen Zeiten gab es kein Stehlen, man ‚organisierte‘ stattdessen. Es gab eben diese große Not, und jeder versuchte das zu bekommen, was er am nötigsten brauchte.

Auf Margaretes Wunsch hin wurde der Umzug, den ihr Vater geplant hatte, nun trotz seines Todes durchgeführt. Und auch wider besseren Wissens, dass das Marburger Klima nicht besonders gut für ihre Mutter sein würde. Aber auch Deta stimmte zu, den Umzug nach Tabor zu machen.

Die Reichsbahn hatte ihnen zwei Waggons für diesen Umzug zur Verfügung gestellt, in denen sich Margarete und ihr Begleiter, so gut es ging, häuslich eingerichtet hatten. Schließlich waren sie schon gut einen Tag unterwegs, und zwei weitere würden noch kommen, bis sie in Marburg ankamen. Der kleine Eisenofen bullerte in einer Ecke und sperrte so zumindest in einem der Waggons die Novemberkälte aus.

Margarete hatte es sich in einem der großen Ohrensessel bequem gemacht, eine Decke über ihren Beinen ausgebreitet und den Schal fest um den Hals gewickelt. Georg legte einige Kohlen im Ofen nach und nahm dann ebenfalls wieder in seinem Sessel Platz.

„Margarete, werdet ihr denn nun beide in Tabor wohnen? Du und deine Mutter?“, fragte er.

„Vorerst zumindest“, meinte die Vierundzwanzigjährige kurz angebunden.

„Und was wirst du dort machen?“

Margarete ärgerte sich ein wenig über sich selbst. Eigentlich wollte sie gerade nicht reden. Aber sie hätte es auch unhöflich gefunden, Georg einfach zu ignorieren, wo er ihr und ihrer Mutter doch mit dem ganzen Mobiliar, all den Koffern und Kisten geholfen hatte.

„Ich werde wahrscheinlich in der Küche helfen", begann sie schließlich zu erklären. „Bis Ostern nächstes Jahr wird das Burckhardthaus, wo ich ja meine Ausbildung machen möchte, in die West-Zone umgezogen sein. Aber so lange werde ich meine Unterkunft wohl mit Kartoffelschälen in der Küche des Brüderhauses finanzieren dürfen."

„Warum gehst du eigentlich nicht in die Malche?", fragte Georg neugierig. „Das ist doch eigentlich die Bibelschule, wo alle Leute aus der landeskirchlichen Gemeinschaft hingehen."

Wie sollte sie das nun wieder erklären? Es war für Margarete schon keine leichte Entscheidung gewesen, sich überhaupt auf eine Berufsausbildung festzulegen. Die Entscheidung, an welche Bibelschule sie gehen sollte, war noch etwas schwieriger. Schließlich hatte sie sich für das Burckhardthaus entschieden, das früher unter der Leitung von Pfarrer Otto Riethmüller stand, der gleichzeitig dem evangelischen Reichsverband weiblicher Jugend vorgestanden hatte. Mit diesem Teil des CVJM hatte sie noch nicht besonders viel zu tun gehabt, aber Margarete wünschte sich einen Blick über den Tellerrand ihrer pietistischen Prägung hinaus. Sie wünschte sich zuallererst ein objektives Bibelstudium, und dafür schien ihr das Burckhardthaus genau richtig.

„Ich glaube, es wäre nicht das Richtige", sagte sie deshalb nur leise.

„Ja", drang es aus der anderen Ecke des Waggons, „ja, vielleicht wäre es wirklich nicht das Richtige für dich."

* * *

*Wiesbaden, 1947*

*Margaretes Tagebuch, 07.11.1947*

*Infolge körperlicher Müdigkeit, die sich bei mir ja gleich so drückend auf Geist, Seele und Nerven legt, hatte ich diese Woche recht Not mit mir und der Umwelt. Ich stelle meine Eignung für diesen Beruf als Gemeindehelferin und die Zeit im Burckhardthaus ganz konkret in Frage. Und ich prüfe mich, woran es liegt, dass mir jetzt Freude und brennende Liebe so ganz und gar abgeht. Ich muss erkennen, dass meistens das, was mich bisher im Leben zufriedenstellte, meinem eigenen Ich galt. Was war es denn sonst anderes, das mich in Paris schön einkaufen und interessante Fahrten machen ließ? Durch Konzerte, Opern und Filme und so manche Begegnungen mit Menschen meinen Gesichtskreis zu weiten, danach strebte ich doch. Ja selbst meine Liebe zu Alfred, Eugen und zum Teil auch zu Ludwig schmeichelte mir und hob mein Selbstbewusstsein als Frau, die liebenswert ist. Da hatte ich gelebt. Funktioniere ich jetzt nur?*

Solche quälenden Gedanken begleiteten immer neu Margaretes Praktikumszeit in Wiesbaden.

* * *

„Auf Wiedersehen, Fräulein Bartsch! Bis nächste Woche!", tönte es von allen Seiten.

Die Mädchen plauderten munter weiter und verließen nach und nach den Raum. Margarete machte sich ans Aufräumen. Sie verstaute den Stapel Liederbücher wieder im Schrank, stellte die Stühle auf die Tische, holte den Besen aus der Putzkammer und begann den Boden des Sonntagsschulraumes zu fegen.

Eigentlich hätte sie sich freuen sollen. Der als so schwierig verschriene Mädchenkreis hatte die junge Gemeindehelferin in den wenigen Wochen ihres Praktikums liebgewonnen, und Margarete erhielt auch von Pfarrer von Bernus und dem Kirchenvorstand durchweg Lob für ihre Arbeit.

Aber die Bergkirchengemeinde in Wiesbaden wollte ihr nicht zur Heimat werden. Geistlich gesehen, war sie genau an der richtigen Stelle. Menschlich fiel es ihr eher schwer.

Nach knapp zwei Jahren Ausbildung fühlte sie sich immer noch nicht den Anforderungen, die an eine Gemeindehelferin gestellt wurden, gewachsen. Das Gefühl, pausenlos in Anspruch genommen zu werden, auch nächtelang bei Kranken oder Hilfsbedürftigen Dienst tun zu müssen, überforderte die junge Frau sowohl physisch als auch psychisch. So hatte Margarete sich das nicht vorgestellt.

Gisela, ihre Vorgesetzte, hatte mit all diesen großen und kleinen Pflichten keinerlei Schwierigkeiten. Die Nächstenliebe in Person – so nannte sie Gisela manchmal insgeheim. Sie hatten zwar sonst ein sehr gutes Verhältnis zueinander und die Arbeit mit ihr machte

Margarete großen Spaß, aber Gisela setzte auch einen Maßstab, der sehr an den Kräften der Fünfundzwanzigjährigen zehrte. Sie wollte die Gemeindehelferin nicht im Stich lassen in ihren vielen Aufgaben, doch diese Frau schien völlig in ihrer Aufgabe aufzugehen und weder Freizeit noch Ruhe zu brauchen.

Mit dem Kehrblech hob Margarete die letzten Krümel auf, löschte das Licht im Raum und machte sich dann auf den Heimweg. Auf ihrem Schreibtisch wartete schon die Vorbereitung der Bibelstunde für den nächsten Tag. Die Exegese des Jeremia-Textes fiel ihr wieder einmal ausgesprochen schwer, vor allem, weil sie nun schon seit fast drei Tagen damit beschäftigt war.

Nach einer halben Stunde an ihrem Schreibtisch knallte Margarete zornig den Stift auf die Tischplatte. Das Bewusstsein über ihre eigene Unzulänglichkeit und ihre Wut darüber kochten immer weiter in ihr hoch, bis sie nicht mehr auf ihrem Platz sitzen bleiben konnte. Ruhelos lief sie durch ihr Zimmer. Die Gedanken schossen wirr durch ihren Kopf. Was war das Wichtigste an diesem Text, wie konnte sie es zusammenfassen und vor allem, wie sollte sie die richtigen Worte dafür finden? Warum machte sie das hier überhaupt? Es gab doch so viele Leute in dieser Kirchengemeinde, die es so viel besser konnten. Das Gespräch mit Pfarrer Jansen kam ihr wieder in den Sinn. Ihr stand noch alles so deutlich vor Augen, als säße sie wieder in diesem kleinen Büro in der Malche:

„Fräulein Bartsch, was kann ich denn für Sie tun?“, fragte Pfarrer Jansen in freundlichem Plauderton. Sein Lächeln und die lockere Stimmung, die er zu verbreiten versuchte, war ihr in diesem Moment fast zuwider. Margarete fragte sich ernsthaft, ob sie hier richtig war. Aber was hatte sie schon zu verlieren.

„Pfarrer Jansen ich wollte Sie um Ihren Rat bitten. Ich habe sonst niemanden, dem ich mich in dieser Sache anvertrauen kann.“

„Mich? Warum sprechen Sie denn nicht mit Ihrer leitenden Pfarrerin? Haben Sie im Burckhardthaus denn keinen Ansprechpartner?“ Der Pfarrer blickte ein wenig verdutzt drein.

Die junge Frau ihm gegenüber seufzte.

„Entschuldigen Sie“, sagte Pfarrer Jansen in sanfterem Ton, „ich wollte Sie nicht vor den Kopf stoßen, Fräulein Bartsch. Es ist nur sehr ungewöhnlich, dass eine Schülerin des Burckhardthauses ausgerechnet in der pietistischen Malche um Rat fragt. Als ich die Nachricht bekam, dass Sie um ein seelsorgerliches Gespräch mit mir baten, war ich mehr als verwundert. Aber bitte, erzählen Sie." Aufmunternd nickte er ihr zu.

Margarete versuchte die vielen unterschiedlichen Gedanken in ihrem Kopf zu ordnen. Dass sie sich letztlich doch für die zwar gute, theologisch fundierte Ausbildung im Burckhardthaus entschieden hatte, war ihr in den letzten Wochen als ein einziger großer Fehler erschienen. Nur wie sollte sie das in Worte fassen?

„Ich habe um dieses Gespräch gebeten, weil ich unbedingt eine zweite Meinung brauche, Pfarrer Jansen. Ich bin kein Mensch, der sich Entscheidungen leicht macht. Und Sie können mir glauben, dass ich mich sehr bewusst für die Ausbildung im Burckhardthaus entschieden habe. Ich wurde von meinem zwölften Lebensjahr an durch die Gemeinschaftsbewegung innerhalb der Landeskirche geprägt, wo der Schwerpunkt der Verkündigung stets die persönliche Erfahrung mit Bekehrung und Heiligung war. Das nahm mehr Raum ein als die Lehre und die Anbetung in liturgischer Weise. Ich erkannte einen gewissen Mangel, war mir aber dessen nur unklar bewusst. Doch es war ein richtiges Empfinden, ich wollte mehr Objektives statt des nur subjektiven Wissens für meine Glaubensgrundlage." Margarete stockte.

„Verstehen Sie, ich habe mich entschieden, meinen Glauben auf den Prüfstand zu stellen und anhand der biblischen Lehre vieles neu zu überdenken."

„Und jetzt haben Sie das Gefühl, sich selbst dabei zu verlieren?", unterbrach sie ihr Gegenüber.

Er hatte ihr aufmerksam zugehört, und eine gewisse Wehmut hatte sich in seinen Gesichtszügen eingeschlichen. Margarete nickte.

Der Pfarrer lehnte sich in seinem Sessel zurück.

„Es ist mutig von Ihnen, Fräulein Bartsch, dass Sie diese Herausforderung annehmen", sagte er nach einem Moment des Nachdenkens.

„Geben Sie nicht auf! Ihre Entscheidung haben Sie getroffen. Lassen Sie sich nicht von Ihrer scheinbaren Unzulänglichkeit beirren. Gerade dann, wenn wir schwach sind, verherrlicht sich Gottes Stärke in uns. Vertrauen Sie darauf", redete er auf die junge Frau ein, „und kneifen Sie nicht."

* * *

Ein Geräusch von der Straße ließ Margarete aus ihren Gedanken hochschrecken. Erstaunt sah sie auf ihre Fingerknöchel, die vor lauter Anspannung schon ganz weiß waren. Als die junge Frau aufblickte, schaute sie genau in ihren Spiegel. Doch das von Anstrengung gezeichnete Gesicht, das sie dort sah, die sorgenvollen Augen und die Haare, die sich nach dem langen Tag teilweise aus ihrem Mozartzopf gelöst hatten, schienen zu einer fremden Person zu gehören. Nur die Tränen, die ihrem Spiegelbild über die Wangen rannen, waren ein Teil ihrer selbst.

* * *

*Margaretes Tagebuch, 10.03.1948*
*Gisela, meine Vorgesetzte, sagte über mich etwas Wahres: Ich wollte nämlich mein Ich nicht verlieren. Das ist auch bestimmt die Ursache aller meiner inneren Zerrissenheit. Ich gleiche dem reichen Jüngling. Mein hübsches Gesicht und meine Sehnsucht zu heiraten, kann und will ich nicht gering achten und nicht drauf verzichten.*
*Ich frage mich manchmal: Habe ich zwei Gesichter – bin ich ein Januskopf? Es gibt nichts Schlimmeres, finde ich, als einen halben Christen, einen Heuchler. Bin ich das? Ich will es nicht. Man soll in mir lesen, was ich bin. Ich will auch nicht den Eindruck vermitteln, ich sei eine Powerfrau, vielleicht, weil ich ein Auftreten habe, von dessen Wirkung ich nichts weiß.*
*Aber ich arbeite an mir, ich will doch nicht verkrampft sein als Christ! Und das bin ich mitunter! Ich will mich nicht dauernd um mich selbst, um mein Seelenheil drehen, und wenn ich innerlich nicht wachse und reife, kann ich das durch laufende Selbstbeobachtung auch nicht feststellen, oder ändern. Ich brauche nicht ständig besorgt zu sein, ob ich innerlich auf dem rechten Weg bin, solange ich wirklich Tuchfühlung mit Jesus habe. Er will vollenden, was er mal begann! Margarete, vertrau mehr und gehorche seiner Weisung! Trust and obey!*

* * *

Margarete lachte in sich hinein. Solche Situationen kamen ihr mittlerweile fast schon bekannt vor, aber sie ließ sich längst nicht mehr so davon beeindrucken, wie das noch in Paris der Fall gewesen war. Der Mann an ihrer Seite blickte sie neugierig an. Da es aber schon recht dunkel in den Wiesbadener Straßen war, konnte sie ihr Gesicht in den Schatten gut verstecken.

„Fräulein Bartsch, kennen Sie den ‚Walzertraum' von Oscar Straus?" Fast zögernd stellte Herr Kret ihr diese Frage.

„Sie meinen die Operette?" Auf sein Nicken hin bejahte Margarete die Frage, obwohl sie leicht verwundert war. Ihr Gespräch war von einem völlig anderen Punkt ausgegangen. Sie kannte den Enddreißiger erst seit einem Lehrgang für Kreisjugendpfleger in Rüdesheim. Zehn Tage waren sie dort durch eine deutsch-schweizerische Gesellschaft soziologisch, pädagogisch und psychologisch geschult worden. An allen Ecken und Enden wurden nun solche Veranstaltungen ins Leben gerufen. Die deutsche Jugendarbeit, auch im kirchlichen Bereich, lag nach dem Einbruch des Nazi-Regimes brach und brauchte dringend neue Impulse.

Von den vierzig Teilnehmern an diesem Lehrgang waren sie neun Frauen. Margarete war aber die einzige Gemeindehelferin. Doch nicht nur das hatte ihr Aufmerksamkeit verschafft. Sie hielt mit ihrer Meinung nun einmal nicht hinter dem Berg und war geistreichen Gesprächen und angeregten Diskussionen nicht abgeneigt.

Herr Kret, der an diesem Lehrgang ebenfalls teilnahm, war angenehm überrascht gewesen von ihrer offenen Art. Und wohl auch davon, dass Margarete einem kleinen Flirt nicht aus dem Weg ging. Die beiden hatten einige vernünftige Gespräche geführt, in denen er Margarete auch bekannte, dass sie so gar nicht in sein typisches Bild von einer Gemeindehelferin passte. Die junge Frau, die hier vor ihm sitze, habe keinesfalls den altjüngferlichen Anstrich dieses Berufes, in dem doch die meisten Frauen vergessen würden, dass sie auch als Eva geschaffen seien. Das hatte ihr natürlich geschmeichelt. Schon deshalb, weil die Fünfundzwanzigjährige sich immer noch nicht mit den Anforderungen und allem Verzicht, den dieser Beruf forderte, anfreunden konnte.

Fast hätte Margarete für diesen interessanten Mann Feuer gefangen, doch er hatte ihr selbst noch rechtzeitig mitgeteilt, dass er verheiratet sei. Nun war Herr Kret beruflich gerade im Raum Wiesbaden unterwegs und hatte sie gestern zum Abendessen in den Ratskeller eingeladen.

Margarete hatte sich nichts dabei gedacht. Die Fronten waren ihrer Meinung nach geklärt und sie hatten sich beide über das Wiedersehen gefreut. Für den heutigen Abend hatte sich Herr Kret wieder eine Verabredung mit ihr erbeten, aber Margarete hatte ihn stattdessen zur Passionsandacht in die Bergkirchengemeinde eingeladen.

Dass dies nicht das war, was sich ihr Gegenüber erhofft hatte, merkte sie an seiner zögerlichen Zusage. Letztlich hatte er sowieso nicht kommen können, weil sich seine Sitzung so weit in die Länge gezogen hatte. Margarete war schon ein wenig enttäuscht gewesen, als sie ihn nicht unter den Gästen sehen konnte. Doch als Herr Kret nach der Andacht vor der Kirche stand, um sie abzuholen, war es ihr schon fast wieder gleichgültig.

Nun waren sie noch ein Stündchen durch die Straßen Wiesbadens gebummelt, hatten sich über Gott und die Welt unterhalten und über Margaretes Aufgaben als Gemeindehelferin, als er ihr die Frage nach der Operette „Der Schleier" von Oscar Straus stellte.

„Fräulein Bartsch, können Sie denn die Dirigentin des Wiener Orchesters, um das es dort geht, verstehen? Wären Sie zu gleicher Handlungsweise fähig? Und – vielleicht sollte ich aber besser ‚oder' sagen – sind Sie eigentlich leichtsinnig?"

Die junge Frau antwortete nicht sofort. Vor ihrem inneren Auge lief die Geschichte, die in dieser Operette erzählt wurde, noch einmal ab. Der österreichische Leutnant, der seiner Hochzeit entflieht, weil er sich so sehr nach dem Flair und der Musik seiner Heimatstadt Wien sehnt. Die Dirigentin der kleinen Kapelle, die im Park den Walzer ertönen lässt und Gefallen an dem jungen Mann findet. Die Braut, eine Fürstentochter, die ihren Mann aufrichtig liebt, ihm nacheilt und zum Walzertanz auffordert. Die Hoheiten werden erkannt und der Dirigentin wird klar, dass ihre Sehnsucht hoffnungslos ist. Und doch kommt sie auf den Wunsch der Braut hin ins Schloss, die das Geheimnis der Wiener Gemütlichkeit erfahren will. Der Leutnant wendet sich schließlich mit ganzem Herzen seiner jungen Frau zu, und die Dirigentin verabschiedet sich.

„Nun", begann Margarete, „ich würde ebenso handeln wie diese

Dirigentin und mich zurückziehen. Obwohl ich auch eifersüchtig sein kann. Aber wie könnte ich mich in eine solche Beziehung hineindrängen. Wie egoistisch wäre das!“ Sie stockte für einen Moment, entschied sich dann aber doch, weiterzureden. „Wissen Sie, Herr Kret, ich bin selbst schon diese zweite Frau gewesen und habe die bittere Erfahrung machen müssen, einen Mann nicht lieben zu dürfen. Aber ich kann nun besser verstehen und habe aus dieser Erfahrung die Kraft bekommen zu verzichten.

Was Ihre zweite Frage angeht – die kann ich nicht so einfach beantworten. Es gab eine Zeit in meinem Leben, als ich mich in dieser Beziehung für stark und sicher hielt. Ich dachte damals wirklich, dass nichts meine Prinzipien in Sachen Freundschaft, Nähe oder Partnerschaft erschüttern könnte. Aber wer steht, der sehe wohl zu, dass er nicht falle! Darum sage ich heute nicht mehr so überzeugt von mir selbst: ‚Das kommt für mich nicht in Frage!‘ Lieber schweige ich.“

Wieder war Margarete einen Moment still. Sie wunderte sich zwar, dass sie diesem Mann so locker und offen antworten konnte, aber erst indem sie sprach, merkte sie, welche Wahrheit in ihren Worten steckte.

„Ich weiß mittlerweile sehr gut, wozu ein Mensch fähig sein kann. Aber ich habe den festen Willen, nicht leichtsinnig zu werden“, schloss sie schließlich ihre Rede. In diesem Moment war Margarete klar, dass dies der Abschied von Herrn Kret war. Doch dieses Mal lag kein Trauern darin.

* * *

*Burckhardthaus-Bibelschule Hanerau/Hademarschen*
*Margaretes Tagebuch, 20.02.1949*
*Ich bin immer noch nicht weiter gekommen, was meinen Seelenfrieden betrifft. Es geht so weit, dass ich, wenn ich etwas mehr über mich nachdenke, keine Achtung mehr vor mir haben kann. Ich bin so ganz anders geworden, als ich es wollte und eigentlich auch noch immer will. Und das Ergebnis: Ich werde mir selbst untreu. Sind Paris und mein Erleben mit Alfred der Grund? Wahrscheinlich! Schade! Eugen hatte recht! Doch das darf nicht Anlass bleiben, mich auf meinem Weg*

*einfach so treiben zu lassen. Ich bin mir immer noch nicht klar über meinen Weg, außer dass ich zu Jesus gehören will. Ich warte immer noch auf einen Mann, dessen Liebe ich erwidern darf. Oder soll mein Leben anders erfüllt werden? Dazu finde ich noch kein freiwilliges Ja. Jedoch, ich will kein nur wartender Mensch bleiben, ich muss tätig werden, mit Aufgaben und Pflichten! Zur Zeit lese ich über Madame Curie, und die Größe dieser Frau beeindruckt mich. Nichts von Geltungsbedürfnis, von Freude am Ruhm oder dem Wunsch, im Mittelpunkt zu stehen, haftete ihr an. Sie schreibt: ‚Das Leben scheint es keinem von uns leicht zu machen, aber ich muss Ausdauer und vor allem Selbstvertrauen haben. Ich muss davon überzeugt sein, für etwas Bestimmtes begabt zu sein, und das dann auch um jeden Preis erreichen. Vielleicht wendet sich alles gerade dann zum Besten, wenn wir es am wenigsten erwarten.'*
*Das Gebet in meiner Stillen Zeit ist heute: Ich möchte von mir selbst loskommen. Madame Curie gab ihr Leben der Wissenschaft. Meines gehört Jesus, selbst wenn ich mich immer noch dagegen wehre, weil ich privat so viel möchte. Doch privare heißt auf Latein ‚rauben'.*

Im April 1949 bestand Margarete mit gutem Erfolg die Prüfung zur Gemeindehelferin – aber sie ließ sich nicht für den Dienst aussegnen.

* * *

*Marburg 1949*
„Ach, Margarete, warte noch einen Moment", rief ihre Mutter ihr nach. „Wo habe ich ihn denn nur hingelegt?" Sie stapelte die Papierbögen, Zeitungen und Bücher auf ihrem Schreibtisch von der einen auf die andere Seite. Ihre Tochter war seit wenigen Wochen wieder in Marburg. Deta war schon ein wenig enttäuscht gewesen, dass Margarete sich nicht für den Dienst als Gemeindehelferin hatte aussegnen lassen, aber sie akzeptierte ihre Entscheidung und war sehr froh, ihre Tochter wieder im Haus zu haben.

„Was suchst du denn?", wollte Margarete wissen.

„Einen Brief", antwortete Deta, „den mir die Heinzles vorhin extra für dich mitgegeben haben."

„Einen Brief?“, fragte ihre Tochter erstaunt. „Ich habe doch mit ihnen gar nichts zu tun.“

„Nein, nein, das stimmt“, erwiderte Deta, während sie immer noch in einem Zeitschriftenstapel nach dem Brief suchte, „aber sie haben mir trotzdem diesen Brief für dich mitgegeben.“

Den Kopf schüttelnd, stemmte ihre Mutter die Hände in die Hüften und sah sich im Wohnzimmer um.

„Ach, da ist er ja!“, rief sie plötzlich aus, ging hinüber zum Tisch und ergriff den weißen Umschlag, der darauf lag.

„Aus Amerika?“, fragte Margarete, nachdem sie einen Blick daraufgeworfen hatte.

„Na, mach ihn auf. Ich weiß auch nicht, was darin ist!“

Damit verschwand Deta in der Küche, und wenig später klapperten Töpfe und Teller, als sie das Abendessen vorbereitete.

Margarete hatte sich währenddessen in einem der Sessel niedergelassen und betrachtete den Brief stirnrunzelnd. Der Absender sagte ihr gar nichts. Ein Professor Jehle aus Nebraska. Schwungvoll riss sie den Umschlag auf, und heraus fielen einige Broschüren.

Es war Informationsmaterial über eine Glaubensrichtung, mit der Margarete sich am Rande ihrer Ausbildung im Burckhardthaus schon beschäftigt hatte. Die Quäker, so wusste sie, waren im 17. Jahrhundert in England aus einer Bewegung der Unzufriedenheit mit der puritanischen Kirche entstanden und zu großen Teilen nach Amerika ausgewandert. Sie lehnten Dogmen und Lehrsätze in dem Bewusstsein ab, dass Gott größer als die menschliche Wahrnehmung sei, und auch alle menschlichen Versuche, seinem Wesen mit Worten Ausdruck zu verleihen, vergeblich und unzureichend seien. Trotzdem blieb die Frage, was das alles mit ihr zu tun hatte.

Margarete zog das Begleitschreiben heraus und überflog es grob. Professor Jehle stellte sich als nach Amerika ausgewanderten Deutschen vor, der an der University of Nebraska Physik lehrte. Er habe Material über seine Glaubensrichtung beigefügt und frage, welchen Bezug Margarete zur Ev. Kirche in Deutschland habe.

Indem sie sich noch darüber wunderte, dass der Professor offenbar bestens über sie informiert war, kam ihr plötzlich eine Idee. Margarete hatte sich während ihres Praktikums um eine Zulassung zur Weiterbildung in den USA beworben. Vielleicht kam daher der Kontakt.

In diesem Moment rief ihre Mutter aus der Küche, dass das Essen fertig sei.

Schnell sammelte Margarete den Inhalt des Briefes ein und machte sich dann auf den Weg in das Nachbarzimmer. Deta wartete schon auf sie. Prüfend blickte sie ihre Tochter an.

„War es etwas wegen England?“, fragte sie bemüht beiläufig.

„Wie bitte? Was meinst du?“, fragte Margarete stattdessen zurück.

„Der Brief. Ob er etwas mit England zu tun hat.“

Margarete schüttelte den Kopf.

„Ach, mein Kind, willst du das wirklich machen? Jetzt bin ich doch so froh, dass du wieder hier bist, und du willst schon wieder weg“, begann Deta von Neuem.

„Muttilein, darüber haben wir doch schon mehrmals geredet. Ich werde wie Erika als ‚mother's help‘ für eine Weile nach England gehen. Ich bin nicht aus der Welt, und du bist hier doch auch nicht allein.“

Deta nickte.

„Ich weiß ja, aber du könntest doch auch hier ...“

„Mutter!“, unterbrach Margarete sie scharf, „es ist meine Entscheidung.“

* * *

*England 1949*

„I'm sorry“, stotterte Margarete, „I don't have any money.“

Sie rang nach Worten, doch der Gepäckträger nahm ihr den schweren Koffer aus der Hand, warf einen kurzen Blick auf die Fahrkarte in ihren Händen und winkte der jungen Frau dann, ihm zu folgen.

Margarete wusste, dass sie spät dran war. Ihr Schiff hatte mit leichter Verspätung angelegt. Aber sie war heilfroh, dass es das überhaupt getan hatte. Nur gut, dass sie den Kanal nicht so schnell wieder überqueren musste. Aber der Weg bis zum Bahnhof hatte nun durch ihren sperrigen Koffer doch mehr Zeit in Anspruch genommen, als sie dachte.

Am Bahnhof angekommen, hatte sie einige Mühe gehabt, sich zu orientieren. Doch dann war auch schon der stämmige Herr aufgetaucht, dessen Frage, ob er ihr Gepäck tragen solle, sie erst nach zweimaligem Nachfragen verstanden hatte. Ihre Antwort, dass sie kein Geld habe, hatte ihn nicht davon abgehalten, ihr trotzdem zu helfen.

Jetzt blieb ihr nichts anderes übrig, als ihm hinterherzulaufen. Den Koffer locker auf der Schulter balancierend, hatte der Mann das richtige Gleis schnell gefunden. In flottem Tempo lief er nun zwischen den einsteigenden Reisenden und den Zurückbleibenden hindurch, und Margarete hatte Mühe, ihn nicht zu verlieren. Mit prüfendem Blick spähte er in die Fenster, um einen freien Platz für Margarete zu finden. Da schallte auch schon der Pfiff des Schaffners durch die Bahnhofshalle.

Doch auch ihr Gepäckträger war fündig geworden. Er schob den schweren Koffer in den Waggon, reichte Margarete die Hand, half ihr die Stufen hinauf und meinte auf ihren gestotterten Dank hin nur: „It's alright."

Schon ruckte der Zug an, und Margarete schloss schnell die Tür. Ihren Koffer wuchtete sie nun vor sich her in das nächstgelegene Abteil und war froh, es fast leer vorzufinden, sodass sie ihr Gepäck nicht auf die Ablage hieven musste. Erschöpft, aber glücklich, im richtigen Zug zu sein, saß sie gleich darauf auf ihrem Fensterplatz und blickte auf die vorbeiziehende Landschaft.

England! Endlich war sie hier. So vieles war in der kurzen Zeit seit dem Ende ihrer Ausbildung im Frühjahr geschehen. Und jetzt war schon November. Die Zeit war nur so an ihr vorübergerast. Und jetzt lag so viel Neues vor ihr.

Aber letztlich war es nicht nur irgendein Auslandsaufenthalt, den sie hier vor sich hatte. Es war auch ein Leben auf Probe. Margaretes Gedanken wanderten zu Herb Jehle, dem Physik-Professor aus Amerika, mit dem ein reger Briefwechsel entstanden war und der sie zuletzt sogar in Deutschland besucht hatte.

Wenn sie jetzt zurückdachte an seinen ersten Brief und ihre Verwunderung damals, dann war sie fast überrascht, dass er nun ein weiterer Grund dafür war, dass sie wirklich in England angekommen war. Nach und nach hatten sich in seine Briefe immer mehr persönliche Fragen eingeschlichen, und Margarete konnte nach einer Weile erahnen, was auf sie zukam. Bei seinem Besuch in Marburg wurde es dann vollends klar: Der freundliche Professor suchte eine deutsche Frau, die mit ihm in seine Wahlheimat kommen würde.

Die Sechsundzwanzigjährige war dem intellektuellen Quäker Mitte dreißig keinesfalls abgeneigt, aber sie fand auch kein endgültiges Ja zu ihm. Den Sommer über hatte sie sich häufig mit Herb getroffen, und es waren immer gute, anregende Gespräche gewesen. Sie hatte viel über seine Zeit als Student in Bonhoeffers illegalem Predigerseminar in Finkenwalde erfahren und von all dem Gedanken- und Ideen-Reichtum, den er aus der Freundschaft mit Bonhoeffers Braut Marie von Wedemeyer gezogen hatte. Aber allein schon seine Einstellung, keine Kinder bekommen zu wollen, weil die Welt durch das Chaos zweier Weltkriege so unberechenbar geworden sei, konnte Margarete nicht mittragen. Dazu war sie zu sehr Optimistin. Entschieden hatte sie sich noch nicht, weder für noch gegen ihn. Diese kommende Zeit in England sollte ihr auch dabei helfen, herauszufinden, ob sie überhaupt für längere Zeit im Ausland leben konnte. Und das wiederum, so dachte Margarete, würde in jedem Fall eine bereichernde Erfahrung sein. Jetzt konnte sie die Zugfahrt nach London genießen und sich von dem überraschen lassen, was noch auf sie zukommen würde.

* * *

*England 1949*

Der unglaubliche Lärm machte Margarete ganz konfus. Unter der rußgeschwärzten Decke des Londoner Bahnhofs bewegten sich Massen von Menschen aus aller Herren Länder. Wortfetzen drangen an ihr Ohr in Sprachen, die die junge Frau noch nie gehört hatte. Ganz selten war auch ein englischer Laut dabei, aber selbst dann verstand sie vieles noch nicht. Die Ruhe und Gelassenheit, die sie gerade noch im Zug hatte, war wie weggeblasen. Wie sollte sie hier nur ihre neue Chefin finden? Überhaupt, was sollte sie nur anfangen, wenn man sie vergessen hatte? Zwar hatten ihre Cousine Erika, die ihr die Stelle in England organisiert hatte, und Margarete abgemacht, dass sie am Bahnhof abgeholt würde, aber was, wenn irgendetwas schiefgegangen war.

Margarete kam sich sehr verloren vor, aber dann tat sie das einzig

Richtige, stellte ihren Koffer ab, setzte sich darauf und wartete. Im Notfall konnte sie immer noch ein Taxi nehmen. Bezahlen musste sie den Fahrer ja erst am Ziel, und dort würde hoffentlich Mrs Kingdom, ihre neue Chefin, sein. Der Gedanke tröstete sie ein wenig und ließ nicht mehr alles ganz so düster erscheinen.

Gerade als Margarete einer fünfköpfigen indischen Familie dabei zusah, wie sie ihr Hab und Gut samt den Kindern in einem Zug verstauten, hörte sie hinter sich plötzlich: „Hallo, Margarete! Wie schön, dass du da bist!"

Erleichtert fiel Margarete ihrer Cousine in die Arme. Die stellte sie gleich darauf Mrs Kingdom vor und begleitete sie noch bis zur Vorortbahn.

Aber schon wenige Minuten später saß Margarete allein mit ihrer neuen Chefin in der Bahn nach Radlet/Sussex. Deren kühles „How do you do?" hatte es Margarete nicht besonders leicht gemacht, sich an der neuen Situation zu freuen. Draußen war es inzwischen dunkel geworden, und nur die gelegentlich vorbeihuschenden Lichter verrieten, dass sie durch bebautes Gebiet fuhren. Mrs Kingdom entzifferte mit viel Mühe die Stationsschilder, die winzig und durch die schummrige Beleuchtung der Bahnsteige sowieso nicht besonders gut zu erkennen waren. Margarete blieb still. Sie hätte ein bisschen Kommunikation betreiben können, aber dafür war sie zu müde und gleichzeitig zu aufgeregt. Mrs Kingdom lächelte ihr freundlich zu und erzählte dann, dass sie beim siebten Halt aussteigen müssten. Nur würden die Züge nicht immer überall halten und man müsse auch enorm aufpassen, dass man sich nicht verzählt.

Das Gespräch schleppte sich dahin, bis sie nach einer weiteren Viertelstunde Zugfahrens an der richtigen Station angekommen waren.

Mrs Kingdom winkte ein Taxi heran, und nach einer kurzen Fahrt durch den dunklen Vorort waren sie endlich am Haus der Kingdoms angekommen. Mittlerweile wusste die Sechsundzwanzigjährige, dass die Familie erst vor kurzem in dieses Landhaus gezogen war. Es hatte lange leer gestanden und wurde nach und nach wieder wohnlich hergerichtet.

Entgegen der allgemein kühlen menschlichen Atmosphäre wurde Margarete gleich schwanzwedelnd von dem jungen Golden Retriever begrüßt. Mr Kingdom allerdings hatte ihr nicht einmal die Hand gereicht und war nach einem sehr kurz angebundenen „How do you do?“ wieder in seinem Arbeitszimmer verschwunden.

Die Hausherrin bat Margarete dann in die Küche, um noch einiges mit ihr zu besprechen. Müde und verwirrt folgte ihr die junge Frau. Kurz und knapp wurde ihr verkündet, dass der Sohn der Familie noch auf dem Internat sei, ihr Arbeitstag morgens um sieben Uhr beginne und ihr Wochenlohn zwei englische Pfund betrage. Sie nickte zu allem und stieg dann hinter Mrs Kingdom die enge Treppe in den ersten Stock hinauf, wo sie ihr ein Zimmer hergerichtet hatten.

„Good night“, wünschte Mrs Kingdom, und schon war Margarete alleine in dem Zimmer, das noch die typische Kühle und Leere lange unbewohnter Räume an sich hatte. Widerstrebende Gefühle ließen sie unruhig auf und ab gehen: Die unangenehme und unpersönliche Begrüßung neben all ihren Erwartungen und der Vorfreude auf die kommenden Monate – aber an all dem konnte sie jetzt nichts ändern, und Margarete war insgeheim viel zu aufgeregt, um Sorgen aufkommen zu lassen.

* * *

Der Text aus dem Markusevangelium fand keinen Eingang in Margaretes Gedanken. Irgendwie konnte sie sich heute gar nicht auf ihre Stille Zeit konzentrieren. Die Spannung, die in den letzten Wochen auf ihrer Gastfamilie gelastet hatte, war ihr nicht entgangen. Und sie konnte sich sogar denken, woher das kam.

Mit einem Seufzer schwang Margarete die Beine aus dem Bett und begann ihre Morgentoilette. Seit fast vier Monaten war sie nun bei den Kingdoms und hatte sich nach und nach immer wohler gefühlt. Mrs Kingdom freute sich offensichtlich, jemanden um sich zu haben, der ihr in ihrem langen, einsamen Tag Gesellschaft leistete. Margarete hatte sich nie ausgenutzt gefühlt. Zwar hatten sich ihre Gespräche nie über den durch Alltäglichkeiten begrenzten Plauderton hinausbewegt, aber sie kannte außer ihrer Gastfamilie auch noch nicht viele andere Leute. Und ein wenig Angst hatte sie auch, sich zu blamieren, wo sie doch schon so lange hier war und sich ihr Vokabular aber immer noch auf Haus, Küche und Garten beschränkte.

Ein einziges Mal war sie mit Mrs Kingdom aneinandergeraten. Aber auch das war nun schon einige Wochen her. In der Abendschule, wo Margarete regelmäßig ihre Englischkurse besuchte, hatten sie einen Aufsatz zum Thema ,What do I like in England and what do I not like' schreiben müssen. Ehrlich und offen hatte Margarete das Für und Wider ihres bisherigen Englandaufenthaltes aufgelistet. Allerdings hatte sie ihr Schulheft dann arglos auf dem Küchentisch liegen lassen. Noch dazu war genau dieser Aufsatz aufgeschlagen gewesen.

Die junge Frau konnte schon verstehen, dass Mrs Kingdom ihre Aussagen negativ verstehen konnte bei Sätzen wie diesem: ,Maybe the English nation has many institutions, ideas and men, which are supposed to be the best in the world. And if so, why do people always emphasize that? Many a time I noticed that there was practically no discussion about education, arts, music, lecture and so on went on without saying: Of course, the English one is the best of the world! Isn't that a bit bombastic?! Especially when they are boasting of their musicians!'

Mrs Kingdom war einigermaßen beleidigt gewesen. Sie hatte Margarete vorgeworfen, dass sie von den Engländern ja bisher nur ihre Familie kennengelernt habe. So würde dieses Urteil wohl nur das widerspiegeln, was Margarete über die Kingdoms dachte. Diesen Vorwurf nicht weiter ernst nehmend, hatte Margarete nach wie vor ihre Arbeit verrichtet. Vom Hausherrn war sie seitdem zwar kaum noch eines Blickes gewürdigt worden, aber das war ihr auch gleich. Schließlich hatte er schon vor diesem Vorfall kaum ein Wort mit ihr geredet.

Schnell band Margarete sich die Schuhe zu und lief die Treppe hinunter, wo sie Teddy, der junge Golden Retriever, freudig begrüßte. Wenigstens der Hund freute sich immer noch über ihre Anwesenheit. Und über den Rest sollte sie sich einfach keine Gedanken mehr machen. Wie hieß es doch so schön? Die Zeit heilt alle Wunden.

Den Vormittag über erledigte sie ihre verschiedenen Aufgaben in Haus und Garten und war etwas erstaunt, als Mrs Kingdom sie plötzlich bat, ins Wohnzimmer zu kommen.

„Margret, wir können dir nicht mehr trauen", eröffnete die Frau des Hauses auf eine ungewohnt harte Weise das Gespräch. „Du hast uns bestohlen. Meine Schwägerin hatte an Weihnachten ihre Handtasche in der Küche abgestellt und später fehlten zwei Pfund daraus. Du bist die einzige Fremde hier gewesen außer unseren beiden Kindern, die auch zu Besuch waren. Also kannst nur du das Geld genommen haben."

Margarete war fassungslos. Wie, um alles in der Welt, kam diese Frau darauf, dass sie sich unerlaubt an fremden Handtaschen bediente? Doch Mrs Kingdom war noch nicht fertig: „Unser Verdacht verstärkte sich, weil du in der letzten Zeit seidene Strümpfe getragen hast. Dabei sind die viel zu teuer, als dass du dir das leisten könntest. Außerdem – und daran erinnere ich mich sehr genau – legtest du einmal meine Handtasche schnell weg, als ich unerwartet ins Zimmer kam. Das sind alles Indizien, die gegen dich sprechen!"

Wie vom Donner gerührt stand die Sechsundzwanzigjährige mitten im Zimmer und wünschte sich nichts sehnlicher, als sich irgendwo festhalten zu können. Aber nach diesen ersten Sekunden des Schreckens konnte sie mit einer Geistesgegenwart und inneren Ruhe reagieren, die nicht nur Margarete selbst verblüfften. Ganz gelassen und mit englischen Ausdrücken, die sie noch nie benutzt hatte, erklärte sie daraufhin: „Mrs Kingdom, Sie tun mir nur leid, dass Sie so wenig Menschenkenntnis haben, wenn Sie mir das zutrauen. Sie wissen ganz genau, dass ich mit dem Haushaltsgeld und allem, was Sie mir anvertraut haben, immer verantwortungsvoll umgegangen bin."

Sie konnte es Mrs Kingdoms Gesicht ansehen, wie die Frau des Hauses unsicher wurde. Schließlich erwiderte die Engländerin: „Du gehst doch immer in die Kirche, Margret. Dann schwöre bei der Bibel, dass du kein Geld von uns entwendet hast!"

„Es bedarf keiner Bibel dafür. Wenn ich Ihnen in die Augen schaue und die Wahrheit sage, so genügt das!", entgegnete Margarete weiterhin gelassen. Nach einem kurzen Moment des Nachdenkens und weiteren prüfenden Blicken, beschloss Mrs Kingdom schließlich: „Gut, wir werden nicht die Polizei verständigen. Als Ausländerin müsstest du dann nämlich sofort das Land verlassen!"

Die Frau wollte noch weiterreden, aber Margarete unterbrach sie abrupt: „Aber ich werde Sie verlassen, Mrs Kingdom, und keinen Tag länger unter Ihrem Dach bleiben."

Damit machte Margarete auf dem Absatz kehrt, lief zwei Stufen auf einmal nehmend hinauf in ihr Zimmer und raffte zusammen, was sie in ihrer großen Tasche tragen konnte. Hauptsache, sie kam aus diesem Haus heraus. Erst jetzt wurde ihr bewusst, wie sehr sie dieser monatelange Verdacht verletzte. Zumal ihr klar war, wer das Geld genommen hatte. Aber sie würde es Mrs Kingdom nicht verraten. Das sollte sie selbst herausfinden. Tränen der Wut liefen ihr über die Wangen, während sie das Nötigste aus den Schubladen der Kommode nahm.

Keine Viertelstunde später stürmte Margarete die schmale Treppe wieder hinunter. Teddy saß am Fuß der Stufen und winselte kläglich, als sie sich hastig von ihm verabschiedete.

Mrs Kingdom begegnete sie nicht mehr. Als sie endlich vor dem Haus auf der Straße stand, atmete die junge Frau tief durch. Wohin sollte sie jetzt nur gehen? Sie kannte doch niemanden in London …

Moment, das stimmte nicht! Pfarrer Haun hatte erst vor zwei Tagen angerufen und ihr mitgeteilt, dass er gerade in London, genauer in der Zentrale der China-Inlands-Mission, war.

Dieser Gedanke ließ Margarete trotz der Tränen laut auflachen. Es gab keine Zufälle, da war sie sich ganz sicher. Dass ausgerechnet ihr Nenn-Onkel Arno Haun, der ihr schon durch so viele schwierige Zeiten geholfen hatte, zu diesem Zeitpunkt in London war, konnte nur ein Geschenk Gottes sein.

* * *

Am Abend saß Margarete auf der Bettkante im Gästezimmer des Ehepaars Bentley-Taylor. Mr Bentley-Taylor leitete die theologische Seite der China-Inland-Mission in London, und das Ehepaar war zur Zeit auch Gastgeber für Arno Haun. Bei ihm, dem langjährigen Freund ihrer Familie, hatte die junge Frau sich ausheulen können. Das Gefühl, als Diebin und Lügnerin gebrandmarkt zu sein, war zwar immer noch nicht ganz vergangen, aber bei Onkel Haun wusste sie sich geborgen.

Die Bentley-Taylors waren ihr mit viel Mitgefühl begegnet und hatten sie sehr herzlich aufgenommen. Sie hatten sich, ebenso wie Onkel Arno, dafür ausgesprochen, dass Margarete nicht wieder zu den Kingdoms zurückgehen sollte. Es würde sich wohl eine andere Beschäftigung in England für sie finden. Mrs Bentley-Taylor umsorgte ihren jungen Gast derweil wie eine Tochter, brühte ihr einen guten Tee und bestand darauf, sie am nächsten Morgen mit dem Auto zu ihrer Gastfamilie zu fahren, damit Margarete ihre restlichen Sachen nicht allein abholen musste.

Die Herzlichkeit und Sorge dieses Ehepaares war so wohltuend, dass sie es fast nicht glauben konnte, so viel Glück auf einmal gehabt zu haben. Glück – das war ein gutes Stichwort. Trotz all der Unsicherheiten darüber, wie es nun weitergehen sollte, war Margarete in diesem Moment wirklich glücklich.

Sie kniete sich neben ihr Bett und begann, Gott aus tiefstem Herzen zu danken.

* * *

„Oh, thank you very much!" Margarete bedankte sich überschwänglich. Hanna und sie wurden von der Schottin ins Wohnzimmer geführt. In ihrem breiten Akzent erklärte sie, dass es nicht viel wäre, nur diese zwei Sessel, die sie den beiden jungen Frauen zum Schlafen anbieten könnte. Doch nach der stundenlangen Suche in Fort Williams, wo sie eine hoffnungslos überbuchte Jugendherberge vorgefunden hatten und sämtliche weiteren Versuche, ein günstiges Quartier zu finden, gescheitert waren, war es den beiden Deutschen egal. Hauptsache, sie hatten ein Dach über dem Kopf.

Ihre Gastgeberin, die sich als Mrs O'Brien vorstellte, brachte ihnen noch ein paar Decken und wünschte dann eine gute Nacht. Sie behielt ihre freundliche, aber reservierte Art, doch auch das störte Margarete und ihre ehemalige Studienkollegin nicht. Es schien wohl doch etwas an dem Gerücht zu sein, dass die Schotten besonders geizig wären. Außerdem hatten sie beide gelernt, mit Wenigem auszukommen, und auch das fehlende Abendessen oder die unbequeme Schlafposition kratzte nicht an ihrer guten Laune.

Margarete hatte Hanna im Burckhardthaus kennengelernt. Sie hatten denselben Kursus besucht, und nun war Hanna zu einem letzten Urlaub nach England gekommen, bevor sie in wenigen Monaten als Missionarin nach Indien aufbrechen sollte. Per Anhalter wollten sie bis nach John O'Groats, zur Nordspitze Schottlands hinauf, aber bis jetzt hatten sie noch kein Auto gefunden, das sie dorthin mitgenommen hätte.

Zunächst breiteten die beiden ihre vom Regen noch feuchten Sachen über den Stuhllehnen aus und wickelten sich dann in die Decken. Es dauerte nicht lange, bis sie eingeschlafen waren, während der schwere schottische Regen draußen gegen die Fenster schlug.

* * *

Am nächsten Morgen erwachte Margarete von Geschirrklappern und den Stimmen, die aus der Küche drangen. Gerade wollte sie sich wieder in ihren Sessel zurücksinken lassen, um noch ein wenig zu dösen, als ihr auffiel, dass Hanna nicht mehr da war. Jetzt war sie wirklich wach und ein wenig unruhig noch dazu.

In diesem Moment ging die Tür auf und Hanna kam herein.

„Ach, wunderbar, du bist wach! Ich wollte dich gerade wecken. Mrs O'Brien hat ein riesiges Frühstück für uns aufgefahren. Komm schnell!"

„Aber warum …" Margarete war verwirrt, aber sie zog sich schnell an und folgte Hanna in die Küche.

Mrs O'Brien war wie verwandelt. Sie begrüßte Margarete herzlich, komplimentierte sie an den Tisch und häufte sowohl ihr als auch Hanna Massen von Speck und Eiern auf die Teller. Die Freundin lächelte nur verschmitzt auf Margaretes fragende Blicke hin, während sie sich weiter mit der Schottin unterhielt, die sie über ihre Ausbildung und ihre Indienpläne ausfragte. Langsam dämmerte es ihr. Hannas Vorhaben, in die Mission zu gehen, schien gewaltigen Eindruck auf die ältere Dame gemacht zu haben. Die Verehrung und Bewunderung, die aus ihren an Hanna gerichteten Worten sprach, ließ daran keinen Zweifel. Nach einer Weile wandte sich ihre Gastgeberin dann auch Margarete zu. Was sie in England tun würde und ob sie auch vorhabe, wie Hanna in die Mission zu gehen. Als Margarete das verneinte, war sie erst ein wenig enttäuscht. Aber dann erzählte Margarete von ihrer Odyssee durch England, angefangen bei den Erlebnissen mit ihrer Gastfamilie, über die Mrs O'Brien nur missbilligend den Kopf schüttelte, über die wenigen Monate, in denen sie eine Pfarrfamilie mit einem behinderten Kind unterstützt hatte, bis hin zu der netten alten Dame, die sie in Finchley als Urlaubsvertretung für fünf Wochen gepflegt hatte. Dieser Frau hatte Margarete überhaupt nur ihren Urlaub zu verdanken, weil sie dort fünf Pfund in der Woche verdient hatte und damit einiges sparen konnte.

Mrs O'Brien jedenfalls war begeistert. Sie steckte den beiden jungen Frauen noch allerhand Reiseproviant zu und entließ sie dann mit vielen Segenswünschen wieder auf die Straße.

Satt und gestärkt, aber immer noch ein wenig verwundert, machten sie sich wieder auf den Weg zur Jugendherberge, um sich eine nächste Mitfahrgelegenheit zu suchen.

„Da sage noch einer, die Schotten wären geizig", wunderte sich Hanna, immer noch verblüfft über die plötzliche Herzlichkeit dieser gestern noch so kühlen Frau.

„Na, sie hat dich wahrscheinlich für sonst wen gehalten", witzelte Margarete. „Dass so eine bedeutende Person, eine zukünftige Missionarin unter ihrem Dach Zuflucht sucht, hätte sie allem Anschein nach nicht vermutet."

„Dank dem Herrn", sagte Hanna darauf nur.

„Aber du bist wahrscheinlich auch prädestiniert für solche Situationen, Hanna. Erinnerst du dich an den Herrn in Inverness vor zwei Tagen, mit dem du dich im Pub unterhalten hast?"

„Du meinst den, der mir hinterher noch die fünf Pfund in die Hand gedrückt hat?"

Margarete nickte.

„Nachdem du ihm deine Geschichte und dein Vorhaben erzählt hast, zückte er seine Brieftasche, schob dir das Geld hin und sagte dann sogar noch, dass seine Frau ihm das bestimmt nicht glauben würde, weil er eigentlich nie für die Kirche spenden würde. Du hast wohl ein Talent dafür, die Leute zum Spendieren herauszufordern."

Hanna grinste in sich hinein. „Dann wollen wir hoffen, dass das gleich noch einmal klappt."

An diesem Tag schien wirklich alles glatt zu laufen. Sie hatten zwar mit ihren Fahrern bis jetzt immer Glück gehabt, einige hatten sie sogar wie Gäste behandelt und den beiden jungen Frauen einen Kaffee oder Tee spendiert, aber das hier war nun wirklich etwas Besonderes. Als sie vor der Jugendherberge angekommen waren und unter den Gästen herumgefragt hatten, ob jemand an diesem Tag Richtung Loch Ness fahren würde, war mit raschen Schritten eine Frau mittleren Alters auf sie zugekommen.

Im Laufe des Gesprächs stellte sich heraus, dass sie Ärztin in London war und gerade ihren Urlaub hier verbrachte. Es sei noch dazu ihr letzter Tag und deshalb wolle sie unbedingt noch zum Loch Ness. Gegen etwas Gesellschaft hätte sie dabei auch nichts.

Margarete und Hanna konnten ihr Glück kaum fassen. Schon eine halbe Stunde später fuhren sie mit der gut gelaunten Ärztin über die schottischen Landstraßen, unterhielten sich angeregt und bewunderten die Landschaft. Am Loch Ness angekommen, legten sie zunächst eine Mittagspause ein. Anschließend wollten sie noch etwas am See entlang wandern, in der Hoffnung, dass sich das vielgerühmte Ungeheuer zeigen würde. Ihre Fahrerin meinte großzügig, dass Hanna und Margarete ihren Proviant lieber noch etwas aufsparen sollten. Sie hatte mehr als genug Lebensmittel dabei und breitete ein vorzügliches Picknick auf einer Decke aus.

Auf der Fahrt hatte Margarete schon einiges über ihre Zeit im BDM und in der Wehrmacht erzählt. Jetzt kamen sie wieder auf dieses Thema zurück. Die Ärztin fragte: „Wissen Sie, was ich nicht verstehe? Warum hat sich das deutsche Volk diesen Weg von Hitler führen lassen?"

Einmal mehr wunderte sie sich über das intensive Interesse an Hitlerdeutschland, das Margarete, seit sie in England angekommen war, immer wieder begegnet war. Vor allem die Frage, ob Hitler noch lebte, schien die Briten umzutreiben. Die Offenheit und die Fragen, die ihr zum Thema Nationalsozialismus begegneten, vor allem aber dieses Verlangen, mehr über die Person Hitler zu erfahren und ihn verstehen zu wollen, waren ungewohnt. Doch die Herzlichkeit, mit der man gleichzeitig über den ‚deutschen Vetter' sprach, und das ehrliche Bedauern, dass sich diese beiden Völker in zwei Kriegen hatten gegenüberstehen müssen, waren echt.

Eine angeregte Diskussion über die Vor- und Nachteile, die Folgen und Auswirkungen der nationalsozialistischen Regierung entstand. Margarete hatte sich lange nicht mehr damit auseinandergesetzt. In ihrer Zeit bei der Wehrmacht hatte sie sich nicht viel mit der Ideologie auseinandersetzen müssen. Als Nachrichtenhelferin hatte sie ihre Arbeit getan und schließlich alle Auswirkungen und Nachteile des Krieges zu spüren bekommen. Die Zeit danach war vor allem vom Leid des Krieges, ihrer eigenen Ziellosigkeit und dem Tod ihres Vaters geprägt. Dann kam die Ausbildung im Burckhardthaus, wo sie ebenfalls andere Probleme hatte. Erst in England wurde sie wieder gefordert, aktiv über das Erlebte und ihr eigenes Tun und Handeln nachzudenken. Nach und nach kamen sie auch auf die Situation der Kirche im Nachkriegsdeutschland zu sprechen.

Das war Margaretes Thema. Erst vor wenigen Wochen hatte Pfarrer Rieger, der Pfarrer der deutschen Gemeinde in Aldgate, Margarete gebeten, ihn im Women's Club der Congregational Church zu vertreten. Sie durfte in seinem ursprünglichen Arbeitszimmer in der Kirche im Osten Londons wohnen und engagierte sich in seiner Gemeinde.

Zunächst hatte sie es sich gar nicht zugetraut, etwas über die Entwicklung der Kirchen von der Zeit des Nationalsozialismus bis zur Gegenwart im Jahr 1950 zu sagen. Aber Pfarrer Rieger hatte ihr versichert, dass sie ihre Rede vorschreiben könne und dass man ihr kleine, sprachliche Unsicherheiten gerne verzeihen würde. Durch die gute Vorbereitung und die freundliche Umgebung hatte sich ihr Lampenfieber schnell wieder gelegt und sie war herzlich von der Gruppe älterer Damen aufgenommen worden. Nach ihrem Vortrag wurde der jungen Frau viel Anteilnahme und Sympathie zuteil. Jede der Damen wollte ihr die Hand schütteln, bedankte sich beinahe überschwänglich, und an den Fragen und intensiven Gesprächen merkte Margarete, wie nahe vielen ihre Worte gegangen waren.

„Mittlerweile ist die deutsche evangelische Kirche wieder eine Kirche des Aufbruchs. Sie ist geteilt, das stimmt, aber der Westen und der Osten halten zusammen", erklärte sie der Ärztin. „Vor allem aber kommen überall die Fragen auf, wie diese alte Wahrheit des Evangeliums in die Sprache der heutigen Zeit übersetzt werden kann. Im Moment ist es die große Not der Flüchtlinge, der Heimatlosgewordenen und vor allem die Not der unzähligen Kinder, die Vater und Mutter verloren haben, denen die Kirche begegnen kann. Hier wird Nächstenliebe praktisch."

Ihre Gastgeberin hielt dagegen: „Aus meiner Sicht war die Kirche in Deutschland zwischen 1933 und 1945 aber eher eine defensive Kirche. Ich habe einige Freunde, die Deutschland verlassen haben, weil sie in ihren Leitungspositionen offen sagten, was sie über das Naziregime dachten. Oder weil sie als Lehrer nicht diese eine Ideologie predigten. Und die Kirche blieb stumm."

„Zu einem großen Teil mögen Sie recht haben", sagte Margarete mit Bedacht, „aber vergessen Sie nicht Bonhoeffer und die Bekennende Kirche. Es gab diesen Widerstand in Deutschland. Und es gab ihn in vielfältiger Form. Die Kirche ist in dieser Zeit der Verfolgung nicht in ihrer Zahl der Mitglieder gewachsen. Aber sie ist an bekennenden und ihren Glauben lebenden Christen gewachsen."

„Nur wie geht die folgende Generation jetzt damit um? Vor allem mit dem Leiden und den enttäuschten Erwartungen?"

Margarete wurde ernst: „Es tut mir immer wieder sehr weh, diese Generation der Jugendlichen zu sehen, die im Krieg aufgewachsen sind. Das Jahr 1945 und Deutschlands Kapitulation hat viele nicht nur das Leben gekostet, sondern es hat ihnen den Boden unter den Füßen weggezogen. Alles, woran sie geglaubt haben, war plötzlich zerstört. Von einem Tag auf den anderen mussten sie erkennen, dass sie missbraucht und ausgenutzt worden waren – für einen grausamen Zweck und schreckliche Ziele. Damit haben sie ihr Vertrauen in ihre Ideale, in ihre Vorbilder, in Leiter, Parteiprogramme und politische Systeme über Bord geworfen."

Leise schaltete sich Hanna in das Gespräch ein. Ihr war anzusehen, dass ihr die Erinnerung an diese zerbrochene und desillusionierte Generation sehr nahe ging.

„Es ist fast so, als würden sie sagen: Wir sind einmal betrogen worden. Jetzt setzen wir alles daran, dass kein neuer ‚Rattenfänger von Hameln' unsere Leichtgläubigkeit missbraucht. Sie trauen nichts und niemandem mehr."

„Doch gerade das ist eine wunderbare Chance für die Kirche in Deutschland. Wir Christen kennen doch den Einen, dem man voll und ganz vertrauen kann. Der lebendige Christus ist derjenige, der diesem lähmenden Nihilismus Einhalt gebieten kann", schloss Margarete.

Die drei Frauen schwiegen eine Weile und genossen die Aussicht über den See. Schließlich sagte die Ärztin: „Ich danke Ihnen, dass Sie diese Erlebnisse und Gedanken mit mir geteilt haben. Ihre Offenheit und Fröhlichkeit tut gut. Behalten Sie sich das bei!"

* * *

*Margaretes Tagebuch, 09.09.1950*
*Jetzt bin ich 28 Jahre alt, und in punkto „Heiratsaussichten" nehmen meine Chancen immer mehr ab. Die größte Geburtstagsüberraschung, die wie ein Blitz einschlug, brachte ein Brief von Alfred, dessen Inhalt mich so erschütterte wie ein Erdbeben. Seitdem bin ich wie verwandelt. Was soll das bedeuten? Soll ich endlich von diesem geliebten Menschen loskommen, oder soll es einen neuen Anfang geben? Ich muss antworten, wieder verantwortlich antworten, denn davon hängt die Zukunft ab. Ich fühle mich trotz meines nun doch fortgeschrittenen Alters immer noch wie ein Backfisch. Mein Herz schlug so schnell, als ich den Geburtstagsbrief von Alfred öffnete. Es war ein kurzer Gruß von ihm mit dem Wunsch, dass mir das Schicksal in den nächsten Jahren schenken möchte, was es mir bisher versagte: eine befriedigende Lebensaufgabe. Eigentlich ein ernüchternder Gruß, der mich auf den Teppich zurückholen muss! Und dann kündigt er einen weiteren Brief an. Vielleicht wird er diesen Brief nie schreiben. Und das wird dann die eindeutigste Antwort sein!*
*Ein Wort Heinrich Heines aus seiner ‚Harzreise' kam mir in den Sinn: ‚Denk im Traum, dass wir uns lieben, dass wir uns nie verloren.'*
*Möge mir dieser kurze Briefwechsel jetzt nach all den Jahren doch endlich die Augen öffnen für den Platz, an den ich gehöre. Und möchte ich doch dann endlich mit Energie, Vertrauen und einem ungeteilten Herzen an meine Lebensaufgabe gehen. Es ist Zeit für mich, vorwärts und nicht immer rückwärts zu leben!*

* * *

Der leichte Nieselregen, der jetzt über die Straßen Londons hinwegzog, machte alles ganz steif und klamm. Margarete zitterte ein wenig in ihrer dünnen Jacke. Es war dann doch später geworden, als sie gedacht hatte. Sie hatte Freunde in einem anderen Teil Londons besucht und war nun auf dem Heimweg vom Bahnhof zurück in ihr Zimmer in der Sakristei der deutschen Kirche in Aldgate. Diese Christen, die sie hier in England hatte kennenlernen dürfen, waren so anders. Jesus stand für sie absolut im Zentrum, nicht Traditionen oder Gesetze, sondern Jesus. Margarete liebte die Gesprächskultur in diesen intellektuellen Kreisen, weil man nicht so eng dachte, wie sie das aus Deutschland kannte. Es waren immer wieder begeisternde und erfüllende Begegnungen, die ihr dieses Land zur Heimat gemacht hatten.

Nur der Rückweg durch die dunklen Gassen Ost-Londons war nicht besonders angenehm. Aber bis jetzt war nie etwas passiert. Margaretes Stoßgebet, wenn sie aus dem Bahnhof trat, begleitete sie bis zur Kirche. Gott hatte sie jedes Mal auf ihrem Weg an den Kneipen voller grölender Männer vorbei begleitet und bewahrt.

Auch heute rechnete sie mit nichts Bösem. Noch ganz erfüllt vom vergangenen Abend, bog sie in eine andere ebenso schummrig beleuchtete und vom Regen nasse Gasse ein. Ein Auto fuhr an ihr vorbei, hielt dann an der Kreuzung und fuhr plötzlich wieder ein paar Meter zurück. Als Margarete die Kreuzung erreichte, hielt der Wagen neben ihr, das Fenster heruntergekurbelt und der Fahrer sprach sie an: „Entschuldigung, können Sie mir sagen, ob in der Nebenstraße viel Verkehr ist?"

Ein wenig verwundert schaute sie sich um. Da es spät in der Nacht war, waren nicht viele Autos unterwegs.

„It's all clear!", antwortete Margarete und wollte weitergehen.

Der Wagen fuhr an und rollte neben ihr her.

„Kann ich Sie irgendwohin mitnehmen?", fragte der Mann.

„Nein, danke, ich habe es nicht weit", lehnte die junge Frau höflich ab. Der Regen wurde wieder stärker, aber um nichts in der Welt wäre sie in dieses Auto eingestiegen.

Der Mann jedoch lehnte sich herüber, öffnete die Autotür und fuhr so dicht wie möglich im Schritttempo neben ihr her. Langsam wurde es Margarete wirklich unheimlich. Die Angst kroch ihr den Rücken hoch und trieb sie an, schneller zu gehen. Er sprach weiter auf sie ein und sie befürchtete schon, dass der Fahrer versuchen würde, sie einfach ins Auto zu ziehen. Sie merkte, wie die Panik in ihr aufstieg. Doch in diesem Moment bog eine größere Gruppe Menschen um die nächste Straßenecke. Sie schoben sich für einen kurzen Moment zwischen das Auto und Margarete, aber dieser Moment reichte schon. Sie hörte nur noch die Autotür zuklappen und sah die Rücklichter, die an der nächsten Kreuzung abbogen. Zum Glück in die entgegengesetzte Richtung, in die sie laufen musste.

Der Regen wurde nun so heftig, dass Margarete die letzten Meter rannte. Trotzdem kam sie völlig durchnässt an der Kirche an, tastete mit kalten Fingern nach ihren Schlüsseln und lehnte sich gleich darauf aufatmend an ihre Zimmertür.

Die Wellen der Einsamkeit schlugen über ihr zusammen und die ganze Freude des Abends schien verflogen. Sich allein in dem großen Kirchengebäude zu wissen, die Sehnsucht nach Nähe nur umso deutlicher spüren zu müssen und dazu noch dieses schreckliche Erlebnis gerade, ließen ihre emotionale Stabilität in sich zusammenfallen wie ein Kartenhaus.

Umso stärker kam der Gedanke an Alfred wieder auf. Seine Briefe, allein die gedankliche Nähe, die dadurch wieder hergestellt worden war, hatten ihr Auftrieb verliehen für ihre Arbeit in England. Ein neuer, frischer Eifer für ihre Pfarrgehilfinnentätigkeit bei Pfarrer Rieger und für ihre Sozialarbeit hatte sie gepackt. Außerdem hatte sie angefangen, sich über das labour office, das Arbeitsamt, für Praktikumsstellen in den unterschiedlichsten sozialen und wirtschaftlichen Bereichen zu bewerben. Noch hatte sie keine positiven Antworten erhalten, aber was zählte, war ihre neue Energie und diese Fröhlichkeit, die endlich wieder in ihrem Leben Einzug gehalten hatte. Und alles nur wegen Alfred.

Gestern hatte sie seinen Antwortbrief erhalten. Er appellierte an ihren Willen und an ihr Herz – beide sollten doch zusammenfinden und zu einer Kompromisslösung bereit sein. Aber was sollte das für eine Kompromisslösung sein? Margaretes Kopf war sich im Klaren darüber, dass keine normale Freundschaft möglich sein würde, wenn sie den Kontakt wieder aufnahmen. Die emotionale Verbindung zwischen ihnen war zu stark. Ihr Herz dagegen wünschte sich nichts sehnlicher, als die Wiederherstellung der Freundschaft aus dem Jahr 1943 in Paris. Ein kühler Briefwechsel kam gar nicht in Frage.

Er, der ja nach dem Krieg wieder geheiratet hatte, bot ihr nun seine Freundschaft wie eh und je an und legte ihr erneut seine ‚Verehrung' – wie er geschrieben hatte – zu Füßen. Und das tat ihr so gut! Margarete hatte sich schon dabei ertappt, dass sie Alfreds Aufmerksamkeit als medizinische Maßnahme für sich verkaufte. Aber diese Art von Berechnung konnte doch auch keine Grundlage für eine Freundschaft sein.

Sein letzter Brief, der die Frage mitgebracht hatte, ob sie zu ihm kommen würde, um ihr Leben mit ihm zu teilen, hatte diesen Konflikt nur noch verstärkt. Auf der einen Seite hatte Margarete die absolute Gewissheit, dass es für sie keinen Weg mit Alfred gab. Und doch ertappte sie sich immer wieder dabei, wie sie in Gedanken Kompromisse machte, besonders, was ihren Glauben anging, den Alfred nicht teilte.

Irgendwo quietschte ein Fenster, und Margarete zuckte vor Schreck zusammen. Ihre nassen Sachen klebten unangenehm auf der Haut, und wenn sie hier weiter herumstand, würde sie sich bestimmt erkälten.

„Und ich muss doch im Hier und Jetzt leben", sagte sie leise zu sich selbst und begann, die Bänder ihrer Schuhe zu lösen.

* * *

„Moment, warten Sie, ich helfe Ihnen!" Margarete eilte zu Ella, die im Maxwell-Haus in der Hauswirtschaft angestellt war. Die ältere Dame stand auf einer Leiter und versuchte gleichzeitig auf den wackeligen Stufen zu stehen und eine Girlande aus Tannengrün über der Tür aufzuhängen. Das Studentenwohnheim der Intervarsity Fellowship in Chislehurst wurde nach Margaretes Anleitung typisch deutsch auf die Weihnachtszeit vorbereitet und dekoriert. Der erste Adventssonntag stand vor der Tür, und die selbstgebundenen Adventskränze lagen schon in der Küche bereit. Zusammen mit den Studenten hatte Margarete in ihrer Funktion als Wirtschaftsleiterin in der letzten Woche Sterne aus Transparentpapier gebastelt, Kerzen verziert und Plätzchen gebacken.

Die zehn Medizinstudenten hatten ihren Spaß dabei. Für sie war es eine willkommene Abwechslung. Im Maxwell-Haus wurden sie auf ihren Einsatz in der Mission vorbereitet und bekamen neben ihrer medizinischen auch eine geistliche Ausbildung. Die junge

Deutsche, die zunächst nur als Vertretung der Wirtschaftsleitung bei ihnen angefangen hatte, hatten sie ins Herz geschlossen. Und nicht nur sie, sondern auch Dr. Hoyte, der Leiter des Maxwell-Hauses, und dessen Familie waren sehr dankbar für Margaretes Mitarbeit.

Erst vor ein paar Tagen in ihrer wöchentlichen Besprechung meinte er zu der jungen Frau: „Also, Margarete, seit du den Einkauf machst und alles Übrige regelst, reicht das Wirtschaftsgeld viel länger. Wie gut, dass wir dich hergeholt haben!“

Das war ganz Margaretes Meinung. Die Arbeit tat sie gern, und die Zusammenarbeit mit der Köchin und den zwei Putzfrauen war sehr entspannt und von fröhlichem Miteinander geprägt. Die Hauptsache waren für sie aber die Menschen im Wohnheim: Die siebenköpfige Familie Hoyte, die Studenten und vor allem die vielen verschiedenen Wochenendgäste. Es waren ein paar namhafte Prediger und bedeutende Theologen darunter, mit denen sich interessante Gespräche ergaben und die dadurch Margaretes Blick für viele Dinge schärften.

Die Menschen, die ihr hier begegneten, lebten in einer so fröhlichen und überhaupt nicht gesetzlichen oder verkrampften Weise ihr Christsein. Das tat ihr sehr gut und eröffnete der Achtundzwanzigjährigen einige wichtige Dinge für ihr eigenes Leben. Dazu trug auch die sehr lebendige Gemeinde in Chislehurst bei. In den Predigten von Pfarrer Habashim hatte sie gelernt, dass sie kein Christ aufgrund ihres Wesens, Handelns oder Denkens sein konnte. Der erlösende Gedanke, dass sie allein durch Jesus vor Gott bestehen würde, nahm ihr viel von den Selbstvorwürfen und zermürbenden Gedankenspielen, die ihren bisherigen Weg in England geprägt hatten. Und der war bis hierhin von vielen Versuchen, vielen unterschiedlichen Aufgaben und vielen Fragen geprägt. Doch nirgendwo hatte sich in England wirklich eine Tür für Margarete geöffnet. Die Anfrage des Burckhardthauses, ob sie in London eine CVJM-Arbeit unter den immer zahlreicher werdenden deutschen Au-pair-Mädchen beginnen könnte, hatte sie nach viel Gebet und dem Rat von Pfarrer Haun abgelehnt. Und nun ging auch ihre Zeit im Maxwell-Haus langsam zu Ende. Aus ein paar Wochen Vertretungsdienst waren fast eineinhalb Jahre geworden.

Die letzte Girlande aus Tannengrün hing endlich an ihrem Platz und Ella holte die Schachtel mit den Transparentsternen, um die Fenster zu dekorieren. Als ihre junge Wirtschaftsleiterin ihr helfen wollte, nahm sie energisch Margaretes Hand und sagte: „Wir schaffen das schon allein, Margret. Nimm du dir ein bisschen Zeit für dich. Du hast schon alles so gut vorbereitet, und für dich soll doch auch ein wenig Adventsstimmung aufkommen."

Mit einem dankbaren Lächeln und ein paar letzten Tipps für die Dekoration verschwand Margarete schließlich in ihrem Büro. Sie wollte die Gelegenheit nutzen und noch ein paar Dinge für den morgigen Sonntag vorbereiten. Bei all dem war sie selbst immer wieder erstaunt, wie viel Freude ihr die Arbeit machte. Und doch würde es gut sein, nach Deutschland zurückzukehren. Doch sie würde den Fünf-Uhr-Tee im Wohnzimmer und die guten Gespräche mit den Studenten und Gästen vermissen, auch die Jüngste der Hoyte-Geschwister Elizabeth, die Margarete in ihrem Glauben zum Vorbild geworden war. Aus Fairness und christlichem Gewissen heraus hat Elizabeth niemals geschummelt in der Schule. Anders als sie seinerzeit. Diese englische Selbstverständlichkeit im Leben mit Christus, die hatte Margarete stark beeindruckt.

* * *

*Margaretes Tagebuch, 02.09.1951*
*Bevor ich England endgültig verlasse, habe ich an Alfred geschrieben: Ich finde es so reizend von Euch, dass ihr mich einladet, und ich bin wirklich traurig, dass es mir jetzt nicht möglich sein wird. Bitte sage Deiner Frau meinen allerherzlichsten Dank – aufgehoben ist nicht aufgeschoben! Ich fahre nun auf dem kürzesten Weg über Belgien nach Frankfurt und werde vier Wochen mit meiner Mutter nahe Marburg verleben, bevor ich dann zur weiteren Berufsausübung ins Burckhardhaus nach Gelnhausen gehen werde. Sollte dir noch irgendein Vorschlag bezüglich eines Besuches kommen, freue ich mich, von Euch zu hören. Ich hatte mich schon so auf ein Wiedersehen gefreut und würde Deine Frau auch so gerne kennenlernen, let me know!*
*Hier fällt es mir sehr schwer wegzugehen, so ‚at home' fühle ich mich, und ich lasse bewusst noch einen Koffer zurück. Das wird mich zu*

*einem nächsten Besuch im kommenden Jahr zwingen. Dann wird der Abschied jetzt nicht so schwer.*

* * *

*Gelnhausen 1952*
*Margaretes Tagebuch, 15.03.1952*
*Jetzt bin ich hier im Burckhardthaus in Gelnhausen und weiß immer noch nicht, was beruflich aus mir werden soll. Die Sache mit Siegen und dem Pfarrer dort hat sich zerschlagen, wohl auch, weil ich meinen Vorbehalt, als Gemeindehelferin in eine pietistische Gemeinde zu gehen, nicht loswerden wollte. Mein ganzes Planen war im letzten Jahr entweder auf eine Aufgabe in England oder Deutschland oder am liebsten auf eine Heirat ausgerichtet. Nirgendwo zeigt sich eine offene Tür, und ich bin manchmal zutiefst verzweifelt. Daraus zog ich insofern eine Konsequenz, dass ich um ein seelsorgerliches Gespräch mit einer lieben jungen Vikarin, Ruth Epting, einer Schweizerin, die zur Zeit im Burckhardhaus weilt, gebeten hatte. Das hat mir sehr geholfen, auch wenn es nicht leicht war.*
*Ich glaube, es ist nicht falsch, wenn ich er- und bekenne, dass die Schuld, die in meinem Leben einen Bruch gebracht hat, mit Alfred begann. Von 1943 an habe ich mich doch irgendwie anders entwickelt, angefangen mit dem dauernden Zwiespalt, unter dem ich immer gelitten und doch immer wieder versagt hatte. Gott lässt sich nicht spotten, wenn sein Kind laufend gegen sein Gebot handelt. Es ist gefährlich, sich auf eine billige Gnade zu verlassen! Das ging mir in dem Gespräch neu auf und ich bereute – wohl zum ersten Mal ganz aufrichtig –, dass ich Alfred damals so lieb gehabt hatte. Bisher habe ich wohl meine Schuld vor Gott eingesehen, aber im Tiefsten keine Reue für das Geschehene empfunden, weil's eben zu schön gewesen war. Ich schäme mich meiner Scheinheiligkeit. Gott ist heilig und duldet bei einem Menschen, der zu ihm gehört, keinen bewussten Ungehorsam. ‚Ich bin heilig, und ihr sollt auch heilig sein!' Wer als Angehöriger seines auserwählten Volkes dennoch gegen seine Gebote verstieß, der wurde des Todes schuldig. Das ist ja die Boschaft des Alten Testamentes. Ich sehe jetzt viel klarer, wie verdammt ich doch mit*

*meinem ganzen Leben bin und was es bedeutet, dass Jesus Christus, von Gott beauftragt, für mich in den Tod ging.*

* * *

*Delegiert nach England, Sommer 1952*

Das gleichmäßige Rattern des Zuges beruhigte Margaretes Nerven ein wenig und sie versuchte, sich auf ihr Buch zu konzentrieren. Wer hätte gedacht, dass sie schon wieder so bald auf dem Weg nach England sein würde. Im Burckhardthaus hatte man eine recht interessante vorübergehende Verwendung für sie gefunden. Die englische Regierung hatte über die Propagandaabteilung des Central Office of Information ein mehr oder weniger politisches Programm für deutsche Jugendleiter eröffnet. Verschiedene Delegationen aus Deutschland wurden deshalb eingeladen, mit Regierungsvertretern, Vertretern christlicher Organisationen und Jugendleitern in England zu diskutieren und neue Impulse für die Arbeit unter deutschen Kindern und Jugendlichen zu bekommen. Die Umerziehung der deutschen Jugend schien ein internationales Anliegen zu sein.

Margaretes Delegation bestand aus drei katholischen und zwei evangelischen Mitarbeitern in verantwortlichen Positionen. Allerdings fühlte sie sich alles andere als kompetent. Ihre Sprachkenntnisse hatten sie qualifiziert, diese Reise mitzumachen. Aber sie hatte erst einen Tag zuvor erfahren, dass dieses Programm, an dem sie teilnahmen, nicht für christliche, sondern für politische Gruppen konzipiert war. Das war in den vorbereitenden Gesprächen wohl untergegangen und wäre auch nicht so dramatisch für Margarete gewesen, wenn sie noch etwas Zeit gehabt hätte, sich genauer zu informieren. Die Neugier überwog ihren Ärger und ihre Unsicherheit aber mittlerweile, und schon der Gedanke, wieder in England zu sein, zauberte Margarete ein Lächeln ins Gesicht.

Jetzt saßen sie im Militärzug von Köln nach Hook of Holland. Die Mitreisenden schwiegen sich an, und Margarete versuchte, sich nicht zu viele Gedanken zu machen.

Als Reiselektüre hatte sie ein Buch mitgenommen, in dem es um den Gehorsam Gott gegenüber ging und den chaotischen Folgen, wenn die Menschen Gott ihren Gehorsam verweigern. Nach einer

Weile hatte der Inhalt sie wirklich gefesselt. Zwischen den anderen Delegierten entstanden nach und nach Gespräche, und um die Abendzeit meinte Pfarrer Henning, dass sie sich doch allmählich in den Speisewagen begeben könnten. Schließlich reisten sie auf Kosten der britischen Regierung, das Dinner war bereits bezahlt, und auch sonst mangelte es ihnen nicht an Annehmlichkeiten. Margarete schlug ihr Buch zu und wollte gerade aufstehen, um ihre Handtasche aus dem Gepäcknetz zu holen.

„Ein interessantes Buch lesen Sie da", meinte ihr Gegenüber.

„Haben Sie es auch gelesen?", fragte Margarete erstaunt.

„Nicht ganz. Ich habe es geschrieben", erwiderte er mit einem Lächeln. „Darf ich mich vorstellen – Kurt Henning ist mein Name."

Das allgemeine Gelächter überwand auch die letzte Anspannung, die sich zwischen den fünf Menschen gehalten hatte. Fröhlich plaudernd machten sie sich auf den Weg in den Speisesaal. Kurt Henning verwickelte Margarete in ein Gespräch und fragte sie nach ihren Eindrücken zu seinem Buch. Im Laufe der Unterhaltung fanden sie heraus, dass sie die beiden einzigen evangelischen Mitglieder der Delegation waren.

„Fräulein Bartsch", erklärte Pfarrer Henning schließlich aufgeräumt, „ich bin ausgesprochen froh, Sie getroffen zu haben. Sie werden während der nächsten Wochen wohl mein guter Schutzgeist sein, weil ich große Schwierigkeiten mit der englischen Sprache habe. Erlauben Sie, dass ich mich an Sie halte?"

„Selbstverständlich", konterte Margarete, „wenn Sie mir dafür ein wenig Nachhilfe in politischen Dingen geben? Die aktuellen Entwicklungen sind während meines Englandaufenthaltes größtenteils an mir vorbeigegangen."

Mit dem Stichwort Politik hatte sie dummerweise Pfarrer Henning eine Vorlage für eine den ganzen Abend andauernde Lehrstunde gegeben. Er sah es wohl als seine Verantwortung an, die anderen Mitglieder der Delegation auf die Wichtigkeit und Dringlichkeit ihrer bevorstehenden politischen Gespräche hinzuweisen. Letztendlich war es ein langer Monolog, weil keiner der anderen vier auf ihn reagierte. Nur sollte Margarete nun die Fragen, die er den liberalen, konservativen und sozialistischen Parteivertretern stellen wollte, übersetzen. Sie tat sich reichlich schwer damit, weil ihr dafür das Vokabular fehlte. Insgeheim ärgerte die Neunundzwanzigjährige sich, dass sie sich in England nicht mehr politisch orientiert hatte. Alle Welt redete vom Schumann-Plan, und sie konnte doch jetzt nicht zugeben, dass sie kaum etwas darüber wusste. Zumindest reichte ihr Wissen wohl nicht aus, um mit englischen Politikern darüber zu diskutieren. Doch jetzt blieb ihr nichts anderes übrig, als das Beste daraus zu machen.

Stunden später erreichte die Delegation London. Margarete fühlte sich auf Anhieb wieder zu Hause. Sie und ihre vier Mitreisenden wurden offiziell begrüßt und dann mit sehr noblen Regierungsfahrzeugen zu ihrem Hotel gefahren. Amüsiert wies die junge Frau Herrn Henning auf ein Schild im Wageninneren hin: ‚It is strictly prohibited to carry other than authorised persons in this crown vehicle!'

Durch den pulsierenden Feierabendverkehr Londons hindurch fuhren sie ins Westminster-Viertel. Als die Wagen vor dem Hotel St. Ermins hielten, war Margarete aber doch überrascht. Die englische Regierung ließ sich wirklich nicht lumpen. Allein schon die Eingangshalle übertraf an Eleganz alle ihre Erwartungen.

„Ist das nicht der hessische Ministerpräsident dort hinten?", wisperte Herr Henning Margarete zu.

Sie stutzte einen Moment.

„Ich glaube, Sie haben recht", antwortete sie dann. „Ich wusste zwar, dass das St. Ermins ein Treffpunkt für viele internationale Gäste ist, die nach London kommen. Aber dass sich hier solche hohen Tiere treffen, war mir nicht bewusst."

Die anderen Mitglieder der Delegation waren ebenso erstaunt. Keiner von ihnen hatte damit gerechnet, derart bevorzugt behandelt zu werden. Und die Verwunderung wurde später nur noch größer, als die beiden Journalisten, die sie während ihres Aufenthaltes ständig begleiten sollten, ihnen die Ablaufpläne für die nächsten Tage vorstellten. Ein Empfang öffentlicher Dienststellen reihte sich an den anderen. Für allgemeine Verwirrung sorgte in all dem die Tatsache, dass die Engländer politische Jugendleiter erwarteten. Aber es gab viele gute Ergebnisse, die Margarete aus den Diskussionen mitnehmen konnte. Man sah den föderalistischen Bestrebungen auf dem Kontinent freundschaftlich zu, ohne sich einmischen zu wollen. Der englischen Jugend sollte in Zukunft die Möglichkeit gegeben werden, durch Schüleraustauschprogramme mehr über Deutschland zu lernen. Ein Punkt wurde dabei sowohl von den Engländern als auch von der deutschen Delegation als kritisch gesehen, nämlich die mehr und mehr wachsende Gleichgültigkeit der jungen Generation gegenüber allen Fragen der Verantwortung für das Gemeinwohl. Diese ‚Ohne-mich'-Generation wuchs auf beiden Seiten des Kanals heran, und es waren auf beiden Seiten dieselben Fragen zu klären.

Besonders schön waren für Margarete zwei Ereignisse. Einerseits konnte sie eine Gruppe der Young Women's Christian Association, dem englischen Pendant zum deutschen evangelischen Mädchenwerk, in Bristol besuchen. Der YWCA konzentrierte sich mehr auf kulturelle Dinge und weniger auf Bibelarbeiten, und die Leiterin der Gruppe in Bristol war froh, in Margarete ein Gegenüber gefunden zu haben, das ihr Rat und Anleitung geben konnte. Margarete wiederum freute sich, dass sie zusammen beten konnten.

Andererseits durfte ihre Delegation einen ganzen Tag im englischen Parlament verbringen und eine der berühmten Reden Churchills hören. Neben all dem waren es die guten Gespräche sowohl mit den evangelischen als auch mit den katholischen Mitgliedern ihrer Delegation, die Margarete guttaten. Ihre anfänglichen Befürchtungen, nicht zu genügen und neben den anderen, so hoch qualifizierten Leitern unterzugehen, stellten sich als völlig unbegründet heraus.

Noch während dieses Aufenthaltes in England bekam sie vom Burckhardthaus auch schon die Anfrage, ob sie eine deutsche CVJM-Gruppe als Reiseleiterin nach London begleiten würde. Auch wenn Margarete diese Dinge nicht als ihre Lebensaufgabe sehen konnte, es brachte sie doch ein weiteres Mal nach England zurück und machte ihr Freude.

* * *

*Sozialakademie Friedewald 1952*

„So etwas muss ich mir von Ihnen nicht anhören! Von Ihnen nicht, Fräulein Bartsch! Bilden Sie sich ja nicht ein, dass Sie mich herumkommandieren könnten!"

Herr Lohmann verschwand mit großen Schritten den Gang hinunter und ließ eine völlig verdutzte Margarete zurück. Sie wusste ja, dass er nicht gut auf sie zu sprechen war. Fritz Lohmann, einer der Sozialsekretäre, war auf jeden nicht gut zu sprechen, der eine akademische Bildung genossen hatte oder aus einer höheren Gesellschaftsschicht stammte. Zwischen ihm und Margarete war das Klima schon immer angespannt gewesen. Heute hatte er sie in eine Diskussion über die Essenszeiten verwickelt, eine Lappalie, aber allem Anschein nach hatte Margarete ihn mit ihren Argumenten wirklich gekränkt.

Etwas ratlos sah sie ihm nach und schrak zusammen, als die Tür laut hinter ihm ins Schloss knallte. So explosiv war die Stimmung selten unter den Mitarbeitern der Sozialakademie der Evangelischen Kirche auf dem Schloss Friedewald. Das Team aus Theologen, Soziologen, Künstlern, Journalisten, den Sozialsekretären und einem ehemaligen General war zwar alles andere als einfach und homogen, aber die Zusammenarbeit machte Margarete große Freude. Sie war hier für die Betreuung der Mitarbeiter und Gäste zuständig und konnte neben ihren hauswirtschaftlichen Aufgaben auch die freien Abende und Andachten kreativ mitgestalten. Die Kurse und Konferenzen waren auch für sie interessant, zumal Margarete schon durch ihr Elternhaus einige Impulse über Entwicklungen in der Arbeiterbewegung mitbekommen hatte. Letztendlich war es auch genau dieses Interesse an der Arbeit der Kirche in der Arbeiterbewegung, das Margarete eine Anstellung im Schloss Friedewald verschafft hatte.

Margarete ging in ihr Zimmer und setzte sich. Es tat ihr leid, dass ihre Diskussion mit Herrn Lohmann so ausgegangen war. Es war ja keinesfalls ihre Absicht gewesen, ihn zu beleidigen. Aber seine kühle und sarkastische Art ihr gegenüber machten es der Dreißigjährigen schwer, ihm immer freundlich gegenüberzutreten. So saß sie grübelnd in ihrem Sessel und fragte sich, was jetzt wohl zu tun sei. Das Einfachste wäre wohl, wenn sie sich für ihre Worte entschuldigen würde. Dann wäre zumindest ihr Gewissen um einiges erleichtert. Was Herr Lohmann damit machen würde, lag nicht in ihrer Macht.

Entschlossen stand sie auf, strich ihren Rock glatt und machte sich auf den Weg zu der kleinen Wohnung, die Fritz Lohmann bewohnte.

Vor der Tür angekommen, wollte sie schon fast wieder gehen. Die vielen kleinen Ungerechtigkeiten und Sticheleien, die sie von ihm hatte ertragen müssen, waren ihr ins Gedächtnis gekommen. In diesem Moment wurde die Tür aufgerissen und Herr Lohmann stand vor ihr. Der Ärger war ihm noch ins Gesicht geschrieben. Völlig überrumpelt standen sie sich einen Moment lang schweigend gegenüber.

„Herr Lohmann, ich möchte mich entschuldigen", stammelte Margarete schließlich. „Es tut mir leid, wenn ich Sie vorhin persönlich angegriffen habe. Und ich hoffe, dass Sie mir vergeben können."

Der Mann im Türrahmen reagierte überhaupt nicht. Seine Miene war derart undurchdringlich, dass sie kaum einschätzen konnte, ob ihre Worte bei ihm angekommen waren. Als Herr Lohmann immer noch nicht reagierte, sagte Margarete nur: „Ja, dann wünsche ich Ihnen noch einen gesegneten Tag, Herr Lohmann."

Zögerlich machte sie sich wieder auf den Rückweg. Am Ende des Ganges drehte sie sich noch einmal um. Herr Lohmann stand immer noch im Türrahmen und starrte ihr mit fassungslosem Gesicht nach.

Aber Margarete hatte keine Zeit, weiter groß darüber nachzudenken. Neue Gäste reisten an diesem Nachmittag zu einer Tagung an und damit hatte sie als Hausmutter wieder alle Hände voll zu tun. Einen großen Stapel Bettwäsche balancierend, war sie gerade auf dem Weg zu den Gästezimmern, als die große Glastür, die sie gerade hatte aufdrücken wollen, so schwungvoll aufgestoßen wurde, dass der Stapel Wäsche bedenklich ins Wanken geriet. Hastig versuchte Margarete, die Laken und Bezüge zusammenzuhalten, und bemerkte gar nicht, wer da nun vor ihr stand.

„Fräulein Bartsch, lassen Sie mich das tragen. Wo muss die Wäsche hin?"

Herr Lohmann nahm ihr den Stapel ab, als wäre es das Natürlichste auf der Welt, und ging ihr voraus zum Gästetrakt. Diesmal war es Margarete, die ihm fassungslos hinterhersah. War das derselbe Mann, mit dem sie sich eigentlich seit ihrer Ankunft hier immer nur angelegt hatte?

Auch in den folgenden Tagen traute sie dem Frieden noch nicht ganz. Doch der Sozialsekretär war wie ausgewechselt. Wo immer sie Hilfe brauchte, konnte Margarete ihn darum bitten. Eines Morgens ging es in der üblichen Andacht um die Kraft der Vergebung. Als die Mitarbeiter und Gäste den Raum verließen, nickte Herr Lohmann ihr zu und wohl zum ersten Mal, seit Margarete ihn kannte, huschte ein Lächeln über sein Gesicht.

* * *

Ihre Hände waren ganz kalt und nass, so aufgeregt war Margarete. Sie saß hinten im Taxi und wurde durch die Ludwigshafener Straßen zu Alfreds Haus gefahren. Von der Sozialakademie aus war sie mit zwei anderen Angestellten auf dem Weg in die Evangelische Akademie Bad Boll gewesen und hatte sich nun in Ludwigshafen für einen Zwischenstopp abseilen können. Neben ihr auf dem Rücksitz lag der Brief mit dem kurzen Gruß. Sie erwartete nicht viel davon. Alfred hatte ja nun wieder geheiratet, und Margarete war sich gar nicht sicher, ob er sie sehen wollte.

„Da wären wir, junge Dame“, erklärte der Taxifahrer unwirsch.

„Würden Sie mir einen Gefallen tun und diesen Brief für mich dort abgeben?“, fragte Margarete.

„Ja, wenn's denn sein muss“, grummelte der Fahrer, stieg aus und lief die wenigen Stufen zur Haustür hinauf. Margarete sah, dass er klingelte und dass wenig später die Tür geöffnet wurde. Das Auto stand allerdings so ungünstig, dass sie nicht sehen konnte, wer geöffnet hatte. Doch offenbar hatte die Person den Taxifahrer gebeten zu warten. Er hatte nämlich, nachdem er den Brief übergeben hatte, schon wieder den Rückweg antreten wollen, blieb nun aber doch auf der Treppe stehen.

Jetzt wurde er wohl irgendetwas gefragt. Margaretes Herz schlug ihr bis zum Hals. Der Mann deutete mit der Hand auf sein Taxi. Da öffnete sich die Haustür ganz und eine Frau kam herausgelaufen.

Margarete war starr vor lauter Schreck. Was würde jetzt passieren?

Die Frau öffnete die Tür, und sie erkannte in ihr die Krankenschwester, mit der Alfred sich schon zu Pariser Zeiten getroffen hatte.

„Sie sind Fräulein Bartsch? Kommen Sie doch bitte ins Haus. Alfred wird in einer halben Stunde zu Hause sein, und er wird sich sicher freuen, Sie zu sehen. Kommen Sie. Haben Sie Gepäck dabei?“

„Nein“, sagte Margarete mit heiserer Stimme. Sie räusperte sich. „Nein, ich habe mit ein paar Mitarbeitern einen Wochenendausflug nach Bad Boll gemacht und wollte auf dem Rückweg nur kurz vorbeischauen.“

„Aber ein wenig Zeit haben Sie doch, oder? Kommen Sie nur herein. Ich habe gerade Kaffee gemacht.“

Damit war es beschlossene Sache. Margarete bezahlte ihre Taxifahrt und folgte Alfreds Frau ins Haus. Sie hatten sich kaum im Wohnzimmer gesetzt, als sich auch schon der Schlüssel in der Tür drehte. Marion – so hatte die Frau sich vorgestellt – eilte hinaus in den Flur. Margarete hörte gedämpft den Wortwechsel, konnte aber nicht verstehen, was geredet wurde. Aber allein schon der Klang von Alfreds Stimme jagte ihr einen Schauer über den Rücken. Doch im nächsten Moment öffnete sich schon die Wohnzimmertür und Alfred kam herein.

„Margarete, wie schön, dass du uns besuchst!“ Herzlich schloss er sie in die Arme. Über seine Schulter hinweg konnte Margarete seine Frau sehen. Auf ihrem Gesicht war keine Eifersucht oder Abneigung zu sehen. Stattdessen echte Freude und eine große Herzlichkeit. In diesem Moment fiel alle Anspannung und Angst von Margarete ab.

Sie verbrachte einen wunderschönen Nachmittag mit Alfred und seiner Frau. Die beiden luden sie ein, ihr Gast für diese Nacht zu bleiben, und brachten sie schließlich am nächsten Morgen sogar zum Zug. Winkend standen sie Arm in Arm auf dem Bahnsteig, als sie losfuhr. Unendlich dankbar für diese Begegnung, sank Margarete in die Polster ihres Sitzes.

* * *

*Evangelischer Kirchentag in Leipzig 1954*

Der Hörsaal in der Leipziger Universität war voll. Man hatte die Universitätsgebäude auch für den Kirchentag freigegeben, und einer der Vortragenden an diesem Nachmittag war Pastor Jähnicke vom Burckhardthaus. Margarete hatte ihn während ihrer Ausbildung dort kennen- und schätzen gelernt. Hier sprach er über die Gottesebenbildlichkeit des Menschen und von der falschen Neigung der christlichen Eltern und Erzieher, christliche Typen heranbilden zu wollen. Voller Spannung hörte Margarete zu.

„Sie kennen es wahrscheinlich aus Ihrem eigenen Familienleben nur zu gut“, fuhr Pastor Jänicke fort, „eine Mutter macht sich oft ein Bild, wie sie ihr Kind haben möchte. In der ganzen Bibel aber gibt es keine christlichen Einheitstypen. Leitbilder wie Abraham, Noah, David und Salomo, um nur einige herauszugreifen, waren Sünder und irrten. Gott führt auf vielen Wegen, er hat keinen vorgeschriebenen Normalweg und keine Einheitskinder, die nach dem gleichen Muster gestrickt sein müssten. Gott liebt unsere Welt – und in ihr auch jene, die nur glauben, dass zwei Pfund Rindfleisch eine gute Suppe geben. Ja, selbst die Prostituierte Rahab aus Jericho stellte er in seinen Dienst. Sie wurde die Urgroßmutter des Königs David.“

Der Pastor machte eine Pause und ließ seinen Blick über die Menschenmassen schweifen. Die gespannte Stille im Saal verriet Margarete, dass dieses Thema wohl nicht nur sie ansprach.

„Wissen Sie“, ergriff der Mann auf dem Podium dann wieder das Wort, „über dem neuen Menschen nach dem Bilde Gottes steht nicht, dass er ein anderer Menschentyp werden müsse, sondern nur dies eine: Christi Liebe soll in ihm Gestalt gewinnen. Und dieses neu gewordene Leben ist, wie Bischof Dibelius sagte, nicht eine Angelegenheit des Verstandes, sondern der existentiellen Entscheidung. Die Entscheidung aber, die liegt ganz allein bei jedem von uns persönlich.“

Wie nach einem guten Konzert blieb es erst einen Augenblick still, bevor die Menschen realisierten, dass der Vortrag zu Ende war. Dann jedoch begann ein begeisterter Applaus, doch Pastor Jähnicke war schon vom Podium heruntergekommen, um weitere Fragen zu beantworten. Viele stürmten nach vorn, um persönlich ein paar Worte mit ihm zu wechseln. Eigentlich hatte Margarete das auch tun wollen. Aber angesichts des Gedränges und der vielen Gedanken in ihrem Kopf machte sie sich dann doch gleich auf den Heimweg.

Immer noch tief bewegt und mit ihren Gedanken ganz bei dem letzten Vortrag, stieg sie gleich darauf in die Straßenbahn, die sie zu ihrem Quartier zurückbringen würde. Die Bahn war schon übervoll, als sie an der Haltestelle ankam. Doch obwohl sich immer noch weitere Fahrgäste hineindrängten, war die Stimmung ausgelassen und fröhlich. Margarete fand noch einen Stehplatz direkt hinter der Fahrerkabine. Die Schaffnerin stand ebenfalls dort, eingeklemmt zwischen müden, aber glücklichen Kirchentagsteilnehmern und unterhielt sich begeistert mit dem Fahrer und den Umstehenden. Margarete konnte sehen, dass sie Tränen in den Augen hatte, als sie den Umstehenden erklärte: „Seit neun Jahren wird in dieser Stadt zum ersten Mal wieder gesungen. Wir sind doch immer noch Brüder. Wir sprechen noch dieselbe Sprache! Das kann uns auch ein geteiltes Deutschland nicht nehmen."

Margarete war fast verwundert, solche Worte zu hören. Sie hatte sich an das schweigende, schnelle Schließen der Fenster gewöhnt, wenn sie mit ihren Quartiersleuten und Freunden aus der ‚Zone' aus ihrer Sicht harmlose Gespräche führte. Auf dem Weg nach Leipzig hatte Margarete Station bei Schwester Charlotte in Halle gemacht. Deren befreites Aufatmen, als sie endlich mit ihrem Gast im geschlossenen Wagen saß, war ihr sehr theatralisch vorgekommen. Doch mittlerweile begriff die Einunddreißigjährige zumindest in Ansätzen, was es dieser Frau bedeuten musste, sich endlich einmal aussprechen zu können, ohne die Gefahr, bespitzelt zu werden, im Hinterkopf zu haben.

Schon wurde ihre Haltestelle angesagt und sie wurde in Richtung der Tür teils gehoben, teils geschoben. Fast tat es ihr leid, diese fröhliche Versammlung von Christen verlassen zu müssen.

Kaum mit beiden Beinen auf der Straße, rief jemand hinter ihr: „Ach, Margarete, da bist du ja. Ich habe gerade eingekauft und wollte eine gute Suppe zum Abendessen machen."

„Hallo, Frau Jackisch, das passt ja hervorragend. Dann kann ich Ihnen gleich dabei helfen", begrüßte sie die Frau, bei der sie während des Kirchentags wohnen konnte. Margaretes ehemaliger Strippenkamerad Gert aus Pariser Zeiten hatte ihr angeboten, dass sie bei seinen Eltern Quartier bekommen könnte. Die Familie hatte sie voller Herzlichkeit aufgenommen und war spürbar froh und erleichtert, in Margarete jemanden gefunden zu haben, dem gegenüber sie ohne Maulkorb reden durften.

„Ach, und deine Freundin ist auch schon da. Sie ist doch schon heute Morgen in Mecklenburg losgefahren, weil die Zugverbindung günstiger war. Sie hat schon die ganze Zeit gefragt, wie es dir geht, und ich wusste gar nicht, was ich antworten soll. Aber jetzt kannst du gleich selbst erzählen."

Frau Jackisch plauderte auf dem kurzen Weg zum Haus über dieses und jenes und freute sich sichtlich über die Gesellschaft der jungen Frau. An der Tür kam ihnen auch schon Gerda, die junge Kameradin aus der Pariser Zeit, entgegen.

„Margret, endlich hab ich dich wieder. Meine Pariser Mutter! Wie schön, dich zu sehen. Zehn Jahre ist es nun schon her", sprudelte Gerda los. Margarete lachte. Die Zeit verging wirklich schnell, und umso mehr hatten die beiden sich zu erzählen.

Die drei Frauen machten sich an die Essensvorbereitungen und nach und nach kam auch der Rest der Familie hinzu. Schnell kam das Thema wieder auf die Unterschiede zwischen der Ost- und der Westzone. Die Frustration darüber, dass man nach dem Krieg wohl vom einen Dilemma ins nächste fiel, war groß. Der einzige Unterschied sei doch, dass man sich politisch in die entgegengesetzte Richtung bewegte. Gerda wurde immer stiller, während sich alle anderen an der angeregten Diskussion beteiligten.

„Ich kann es gar nicht vertragen, dass ihr alles so schlecht macht. Es ist doch schon so viel besser geworden nach dem Krieg", warf sie schließlich ein.

„Für dich schon, Gerda", sagte Gert nach einer kurzen Pause betretenen Schweigens, „aber du und dein Mann, ihr gehört eben auch zur Intelligenzschicht. Ihr seid wichtig für den Staat. Die Vergünstigungen und Vorteile, die ihr habt – davon können wir doch nur träumen."

Vor den Kopf gestoßen und sichtlich verwirrt, verließ Gerda den Raum.

„Lass sie", sagte Gert, als Margarete ihr nachlaufen wollte, „es ist schließlich nicht besonders schön, so etwas zu hören."

* * *

Zwei Tage später hieß es Abschied nehmen von den Jackischs und Gerda. Der Kirchentag war zu Ende und Margaretes Kollegen vom Schloss Friedewald warteten schon im Auto vor dem Haus. Gerda war schweigsam gewesen in den letzten Tagen. Jetzt nahm sie die

Freundin noch einmal beiseite: „Margret, du musst uns im Urlaub unbedingt mal besuchen. Dann wirst du sehen, dass in der Zone nicht alles schlecht ist."

„Natürlich werde ich dich und deinen Mann besuchen", versuchte sie Gerda zu besänftigen. Das zu sagen, musste der Freundin unheimlich wichtig gewesen sein. In ihrem Kopf konnte Margarete diese unterschiedlichen Eindrücke aus der und über die Ostzone kaum zusammenbringen. Aber dazu war im Moment auch keine Zeit. Sie verabschiedete sich schnell, bedankte sich für die schönen Tage und stieg dann in das vollgepackte Auto.

Auf dem Rückweg wollten Margarete und ihre Arbeitskollegen von der Sozialakademie wieder in dem Diakonissenhaus in Halle übernachten, wo sie schon auf der Hinfahrt Station gemacht hatten. Die Fahrt hatte viel länger gedauert, als sie gedacht hatten. Durch eine Panne und viele Staus trafen sie erst gegen Mitternacht in Halle ein. Durchgefroren und müde klingelten sie und warteten dann im leichten Nieselregen.

Schritte waren zu hören, und hinter der Tür wurde es hell. Aufgeregte Stimmen waren zu hören.

„Wenn sie uns jetzt mitnehmen, dann haben wir nur unsere Bademäntel und Hauben an", warnte eine Frauenstimme hinter der Tür.

Es tat Margarete im Herzen weh, dass diese Frauen solche Angst haben mussten, nachts von der Staatssicherheit abgeholt und verhört zu werden. Sie rief rasch: „Wir sind es nur! Schwester Charlotte Midasch hat uns eingeladen hier zu übernachten."

„Es ist Margarete", erwiderte eine zweite Frau. Die Erleichterung in ihrer Stimme war kaum zu überhören. Da drehte sich der Schlüssel im Schloss und zwei ängstliche Gesichter blickten durch den Türspalt.

„Kommt herein, schnell!"

Die späten Gäste wurden rasch in ihre Zimmer gebracht. Die Herzlichkeit der Diakonissen war ihnen gegenüber sofort wieder da gewesen, aber Margarete wurde jetzt noch einmal mehr bewusst, mit welcher Last die Menschen im Osten Deutschlands leben mussten. Es dauerte eine Zeit, bis sie einschlafen konnte. Der Kirchentag zog noch einmal an ihr vorüber. Viele Begegnungen, viele Gedanken und für sie selbst wichtige Erkenntnisse hatten diese Tage geprägt.

Ausgezeichnete Vorträge und Bibelarbeiten namhafter Theologen waren zu Gehör gekommen. Professor Vogel, ein Dogmatiker von der kirchlichen Hochschule Berlin-Zehlendorf beispielsweise hatte darüber gesprochen, woher die Menschen in dieser Zeit ihre Vorbilder nehmen sollten. Bilder und Idole gab es mehr als genug, aber Margarete wusste aus eigener Erfahrung, wie relativ und unzuverlässig sie waren. Auf die Frage, wie ein echtes Vorbild beschaffen sein müsste, hatte Professor Vogel nur eine Antwort: Nur zu einem menschlichen Bild habe Gott sein Ja gegeben. Das ist Jesus Christus. In ihm allein sei Gottes Ebenbildlichkeit wieder zurechtgerückt worden.

Doch dieses zerstörte Ebenbild Gottes, das am Kreuz hängt, würden viele Menschen nicht sehen wollen. Und doch sei genau das der Punkt: Genauso wie Jesus Christus abhängig von seinem Vater ist und im Gehorsam ans Kreuz gegangen ist, so wollte auch Margarete sich ihr Menschsein von oben schenken lassen. Die Erneuerung des Menschen geschehe nie von unten her durch die Verbesserung der sozialen Lage, sondern allein die Gott-Mensch-Beziehung sei entscheidend für das Leben in rechter Ordnung.

Eine Sache war ihr ganz besonders klar in Erinnerung geblieben. Eine Aussage des Vortrags war, dass der Mensch von Gott und zu Gott hin geschaffen sei und zugleich vom Menschen her und zum Menschen hin lebe. Die Würde, die Gott dem Menschen verliehen habe, sodass er nicht zum Tier mit seinen Instinkten herabzusinken brauche, sei seine Fähigkeit, Gott zu antworten und damit in ein Gespräch mit ihm einzusteigen.

Professor Vogel hatte ihnen Jesus Christus als Vorbild genannt. In seinem Danken, Vertrauen, Hören und Reden, Erkennen und Anbeten kam diese starke Verbindung zu Gott zum Ausdruck. Die Menschen antworteten Gott im Leben und Gespräch mit anderen Menschen, weil sie eben im anderen auch das Ebenbild Gottes sehen und suchen würden.

Margarete seufzte. Es tat ihr weh, diese lieben Menschen, in deren Gastfreundschaft und Freude sie trotz aller Schwierigkeiten das Ebenbild Gottes entdeckt hatte, nun wieder verlassen zu müssen. Aber andererseits wartete im Westen Deutschlands Hasso auf sie.

* * *

*Ernsthausen bei Frankenberg 1954*

Die Kiste mit Fotografien war ihr an diesem Vormittag in die Hände gefallen und sie hatte sich so in die Bilder vertieft, dass ihr die Zeit davongelaufen war. Hasso hatte Margarete gerade überrascht, als sie gedankenverloren Kinderbilder betrachtete. Ein Familienbild aus der Kolberger Zeit zeigte Margarete als Fünfjährige und den vierzehn Jahre älteren Offiziersanwärter Hasso Neitzel, einen Vetter ihres Vaters. Wie groß der Unterschied zwischen ihnen ihr damals vorkam – und nun würde sie diesen Mann heiraten. Kopfschüttelnd reichte Margarete das Bild an Hasso, der ebenfalls in den Fotos gestöbert hatte, weiter.

„Erinnerst du dich noch, wie ich dich als kleines Mädchen in Kolberg ins Café ausführen wollte?“, fragte Hasso belustigt.

„Das muss in etwa diese Zeit gewesen sein. Ich wollte mit dir ins Café Schneeweiß, aber du hast dich geniert und wolltest dich nicht von mir an die Hand nehmen lassen. Da konnte ich machen, was ich wollte. Und als ich vom Zigarettenholen wiederkam, war die Bank, auf der du sitzen bleiben solltest, leer. Du hast mir damals einen riesigen Schrecken eingejagt!“

Margarete lachte in sich hinein.

„Was ist so komisch daran?“, wollte Hasso wissen.

„Ach, ich habe mir nur gerade dein Gesicht vorgestellt, als du mich dann im Café Schneeweiß gefunden hast.“

„Ich war stinksauer auf diese Göre. Da wurde ein angehender Offizier doch von dieser kleinen Dame an der Nase herumgeführt.“

„Aber dafür war der Rest der Kolberger Damenwelt dir ja nicht abgeneigt, stimmt's?“

Hasso machte ein empörtes Gesicht.

„Willst du mir etwa vorhalten, dass mir die Frauen hinterhergelaufen sind? Dafür konnte ich doch nichts!“, versuchte er sich zu rechtfertigen.

„Eigentlich interessant, dass du dein Junggesellendasein dann noch so lange herausgezögert hast. Schau mal hier.“ Margarete zog eine andere Fotografie hervor.

„Das war acht Jahre später. Da haben wir schon in Preußisch Friedland gewohnt."

„Zeig mal bitte her", meinte Hasso und inspizierte das Bild sehr genau. „Also, deine Abneigung mir gegenüber könnte man wohl nicht deutlicher zum Ausdruck bringen. Wer ist denn die andere junge Dame?"

„Das ist Ulla. Sie war damals meine beste Freundin und hat furchtbar für dich geschwärmt."

„Ja, sie versuchte hier ja augenscheinlich auf Tuchfühlung mit mir zu gehen. Während du an meiner anderen Seite sitzt und so ausschaust, als würdest du am liebsten wegrennen. War ich so furchtbar?", fragte Hasso amüsiert.

„Du hattest deinen Titel als ‚Hans Dampf in allen Gassen' eben weg. Deine draufgängerische Art passte so gar nicht in meine Jungmädchen-Welt", erinnerte sich Margarete.

„Und jetzt passe ich in deine Welt?", fragte er vorsichtig nach.

Der Krieg hatte Hasso verändert, wie er so vieles verändert hatte. Auch Margarete war anders geworden. Was sollte sie ihm also vorhalten können?

„Sonst würden wir nicht im kommenden Frühjahr heiraten. Wir haben viel Gemeinsames. Außerdem kann ich mir gut vorstellen, dich in deiner neuen Aufgabe als Lehrer zu unterstützen. Und wenn ich deinen Kindern eine neue Mutter werden kann, dann bedeutet mir das viel."

„Danke, Margarete", sagte Hasso und zog sie an sich.

Wenig später verabschiedeten sie sich mit einem Kuss und Hasso lief durch den Regen hinüber zu seinem Fahrrad. Margarete beobachtete, wie er im Regen verschwand. Als er sie vor wenigen Wochen gefragt hatte, ob sie ihm Ehefrau und seinen Kindern eine Mutter sein wollte, hatte die Zweiunddreißigjährige nicht gezögert. Zum einen hatte sie doch immer heiraten und Familie haben wollen. Und zum anderen wartete hier eine Aufgabe auf sie. Noch dazu hatte Hasso eine Bedingung an ihre Ehe geknüpft – dass Margarete mit ihm zurück nach Pommern gehen würde. Doch das war für sie keine Bedingung, sondern weckte frohe Erwartungen in ihr.

„Und wenn wir zu Fuß gehen müssen", hatte er zu ihr gesagt. Gerade diese gemeinsame Liebe zu Pommern, zum Osten, zum Meer und ihre Sehnsucht danach hatte für Margarete eine wichtige Grundlage für ihre Beziehung geschaffen.

Aber das war nicht die einzige Bedingung, die sich für Margarete an diese Ehe knüpfte. Sie hatte zu Hasso gesagt: „Für mich ist Jesus Christus die Hauptsache im Leben! Bist du damit einverstanden?"

„Ich weiß, wie wichtig deinem Vater sein Glaube war", hatte er geantwortet. „Als ich, Oberst des Generalstabs, an die Ostfront kam, haben wir manches Gespräch über Christus führen können, und er hat mir eine Bibel geschenkt. Ich kann deinen Glauben nicht teilen, Margarete, aber ich vertraue dir, dass du im Sinn Gottes handeln wirst."

Also hatte sie ihr Ja-Wort gegeben. Wenn dieses gegenseitige Vertrauen die Grundlage ihrer Ehe bildete, dann konnte sie nichts erschüttern. Und dann würde Margarete auch mit dem fünfzehnjährigen Karl-August und der zehnjährigen Corry zurechtkommen.

Die Liebe zwischen Mann und Frau, die einer guten Ehe zugrunde liegen sollte, würde wachsen, da war sie sich sicher.

Sehr bald wünschten beide Kinder statt der unverbindlichen „Tante Margarete"-Anrede ihre neue Mutter „Ma" nennen zu dürfen – eine Symbiose vom Vornamen und Mutterbezeichnung.

Dass daraus im Lauf der nächsten Jahrzehnte „Amama" – statt Omama – und „Urama" werden würde, ahnte damals keiner.

* * *

„Karl-August, wir würden uns freuen, wenn wir dich an unserer Schule begrüßen dürfen", sagte der Direktor und lächelte den Sechzehnjährigen herzlich an. Dessen Miene blieb weiterhin undurchdringlich. Margarete sah dem Mann an, dass er wusste, was in ihrem Stiefsohn vorging. Hasso hatte den Leiter der Privatschule in Willingen genauestens von ihrer neuen Familiensituation in Kenntnis gesetzt. Umso mehr war sie sich sicher, dass dies der richtige Ort für Karl-August war. Der allerdings hatte das gesamte Gespräch boykottiert, sich teils wirklich unverschämt aufgeführt, und so waren sie zu keinem Ergebnis gekommen.

„Eine gute Heimreise wünsche ich Ihnen, Frau Neitzel", wandte sich der Direktor Margarete zu.

„Melden Sie sich doch einfach, wenn Karl-August sich entschieden hat."

Nachdem Margarete sich bedankt hatte, machte sie sich mit Hassos Ältestem wieder auf den Weg zum Bahnhof. Karl-Augusts schlechte Laune hatte sich an diesem Tag selbst übertroffen. Noch nie war er derart ungnädig und widerwillig gewesen. Und sie konnte ihn fast verstehen. Sicher hatte er das Gefühl, nun abgeschoben zu werden, nachdem sein Vater wieder geheiratet hatte. Dass das nicht stimmte, auch wenn das Verhältnis zwischen Karl-August und seiner Stiefmutter äußerst gespannt war, sah der Junge wahrscheinlich gar nicht.

Margarete seufzte. Sie ging nicht besonders schnell, aber missmutig schlurfte er immer zwei oder drei Schritte hinter ihr her.

Der Wechsel auf die Privatschule war Hassos Idee gewesen. Er, der ja selbst Pädagoge war, hatte schnell gemerkt, dass Corry mit Margarete wesentlich besser zurechtkam. Die Art seiner neuen Frau, ihre Prinzipien und Charakterstärke tat den Kindern nach zwei mutterlosen Jahren eigentlich sehr gut, aber sein Sohn war gerade in seiner absoluten Rebellionsphase.

Am Bahnhof angekommen, stellte Margarete fest, dass ihr Zug erst in einer Stunde kommen würde. Innerlich stöhnte sie auf. Noch eine Stunde mehr mit diesem unerträglichen Jungen! Aber wie um alles in der Welt konnte sie Karl-August nur dazu bringen, sich für diese Schule zu entscheiden? Auf die Schule in Treysa konnte er nicht weiter gehen. Und ohne eine höhere Schulbildung konnte er keine militärische Laufbahn antreten.

Unruhig lief sie den Bahnsteig auf und ab, während ihr Stiefsohn apathisch auf einer Bank saß und ins Leere starrte. Schließlich entschloss Margarete sich, alles auf eine Karte zu setzen. Die Kuh, die man am Schwanz zog, ging ja auch in den Stall. Warum sollte das bei einem widerspenstigen Jugendlichen nicht auch funktionieren? Sie ließ sich neben Karl-August auf der Bank nieder und sagte: „Also, weißt du, hier würde ich ja auch nicht zur Schule gehen wollen."

Für einen kurzen Augenblick brach Karl-Augusts Fassade und Margarete musste sich das Grinsen verkneifen. Er hatte angebissen. Und prompt kam seine Antwort: „Und dann werde ich gerade hierher gehen!", sagte er, sprang auf, und nun lief er den Bahnsteig hinauf und hinunter, während Margarete sich entspannt zurücklehnte.

* * *

*Köln 1958*
Das beste Kaffeegeschirr stand schon auf dem Tisch, die Kristallvase mit dem Sommerblumenstrauß dazwischen, und das Silberbesteck hatte Margarete so poliert, dass es jetzt blitzte und glänzte. Nervös rückte sie noch dieses und jenes Detail zurecht und eilte dann in die Küche, um nach dem Kaffee zu sehen. Gleich musste Hasso nach Hause kommen.

Hasso – bis jetzt war er ihr jeder Aussprache aus dem Weg gegangen. Selbst als Margarete ihm erzählte, dass sie Ulla Wangemann zum Kaffeetrinken eingeladen hatte, verzog er keine Miene. Wenn nicht der Bundeswehr-Psychologe, ebenfalls Christ und Margarete wohlgesonnen, von Hassos Abteilung gewesen wäre, dann wüsste sie noch nicht einmal, dass Frau Wangemann nicht nur eine hilfsbedürftige Bekannte ihres Mannes, sondern dessen Jugendliebe aus Kolberger Jahren war. Genauso wenig hätte Margarete gewusst, dass eben diese Frau Wangemann über einen Zeitungsartikel, der über Hassos Tätigkeit in der Ausbildungsabteilung des Truppenamtes in der neu aufgestellten Bundeswehr berichtete, den Kontakt zu Margaretes Ehemann wieder aufgenommen hatte. Und das alles geschah während des Jahres, als Hasso schon in Köln lebte und Margarete mit Corry noch in Treysa wohnte. Man hatte ihn aus seiner Lehrertätigkeit zurück in die Armee berufen, um die Abteilung für den Offiziers- und Unteroffiziersnachwuchs zu übernehmen. Darin konnte er seine pädagogischen Fähigkeiten voll und ganz entfalten, und Margarete hatte sich sehr für ihn gefreut, obwohl es bedeutete, dass ihre Familie sich für eine Weile trennen musste. Zumindest so lange, bis eine geeignete Wohnung in Köln gefunden wurde.

Was wäre gewesen, wenn sie alle zusammen nach Köln gegangen wären, hatte Margarete sich in den letzten Wochen oft gefragt. Wäre Hasso dann nicht so in Versuchung geführt worden? Hätte Frau Wangemann dann gar nicht erst den Kontakt wieder aufgenommen? Aber alles ‚hätte‘ und ‚wäre‘ nützte nun auch nichts mehr. Seit einem Jahr wohnte nun die ganze Familie Neitzel in Köln, doch die Atmosphäre zwischen Hasso und Margarete war eine ganz andere, als sie es noch in Treysa gewesen war. Nach außen schien ihre Ehe völlig normal zu sein. Nach innen war Margarete, ohne dass sie das bewusst bemerkt hätte, nach und nach das Vertrauen in ihren Mann abhanden gekommen.

Der weitere Verlauf der Geschichte – so hatte es ihr der Truppenpsychologe, der Mitleid mit ihr hatte, erzählt – sah so aus, dass die Ehe von Frau Wangemann wegen Hasso in die Brüche gegangen war und sie nun in seine Nähe und damit nach Köln ziehen wollte. Von ihrem Mann hatte Margarete dagegen nur erfahren, dass diese gute Freundin von Hamburg nach Köln ziehen wollte, und er hatte sie gebeten, ihr doch bei der Wohnungssuche behilflich zu sein. In ihrer blauäugigen Gutgläubigkeit hätte sie das sogar getan. Schließlich wusste die Sechsunddreißigjährige nichts von den vielen privaten Briefen, die in Hassos Dienststelle eingingen.

Erst seit wenigen Tagen sah Margarete, welches Spiel hier gespielt wurde. Hasso wollte nicht mit ihr darüber reden, deshalb blieb ihr nur die Flucht nach vorn. Die weise und verantwortungsvolle Reaktion, die sie bei Alfreds Ehefrau erlebt hatte, war Margarete hier ein Vorbild. Ulla Wangemann sollte sehen, was für ein gutes, harmonisches Familienleben sie führten. Das zu zerstören würde sie sicherlich nicht wagen. Und kampflos würde Margarete ihre Ehe auch nicht aufgeben, zumal eine Scheidung auch auf Hassos Karriere negative Auswirkungen gehabt hätte. So war ihre Einladung an Ulla Wangemann erfolgt.

Aber was hatte sie Hasso schon vorzuwerfen? Höchstens seine Heimlichkeit. Auch Margarete hatte immer noch Briefkontakt mit Alfred, und es gab hier und da einen unverbindlichen Besuch in Köln. Aber sie hatte ihrem Mann alles erzählt, und seit ihrer Heirat schienen die Fronten zwischen ihr und Alfred eindeutig geklärt zu sein.

Corry war fröhlich wie immer. Ihr tat die neue Stadt gut und sie ahnte auch nichts von den Beziehungsschwierigkeiten ihrer Eltern. Karl-August, der ebenfalls gerade zu Hause war, gab sich mittlerweile ganz als junger Mann. Sein Verhältnis zum Vater war zwar nicht das beste, aber er war auch längst nicht mehr so widerspenstig. Und Hasso – er war eben Hasso, ganz Gentleman und verantwortungsvoller Pädagoge, aber auch ganz Draufgänger. Da läutete es an der Tür. Margarete schickte ein Stoßgebet zum Himmel, strich ihr Kostüm glatt und atmete tief durch, bevor sie sich auf den Weg zur Wohnungstür machte.

* * *

Das Telefon klingelte und Margarete eilte durch den langen Flur in das Arbeitszimmer ihres Mannes. Sie war vor wenigen Augenblicken erst von einem Ausflug in die Stadt zurückgekommen und hatte noch ihre Einkäufe in der Küche verstaut.

„Hier Neitzel", meldete sie sich. Am anderen Ende der Leitung blieb es still.

„Hallo? Wer ist da?"

Jemand räusperte sich.

„Alfred, bist du das?", fragte Margarete.

„Ja, ich bin es", meldete er sich vom anderen Ende der Leitung. Wieder war es still.

„Stimmt irgendetwas nicht?", fragte sie irritiert nach.

Alfred räusperte sich ein weiteres Mal.

„Margarete, ich habe mich gerade mit meiner Frau ausgesprochen."

Jetzt war es an Margarete zu schweigen. Heute Vormittag hatten sie sich in der Kölner Innenstadt getroffen. Alfred hatte ihr ein wenig von seinem Kummer über seine Ehe erzählt. Aber was sollte das jetzt bedeuten?

„Wir trennen uns, Margarete. Sie will sich nicht scheiden lassen, aber wir trennen uns. Sie macht den Platz an meiner Seite frei für dich."

Als Margarete nichts sagte, fuhr er fort: „Du könntest sofort zu mir kommen. Bitte, überlege es dir, ja? Du würdest mich unendlich glücklich machen."

Überwältigt von diesen Neuigkeiten, stammelte sie nur, dass sie es sich überlegen würde, hörte Alfred auflegen und saß dann, das Freizeichen im Ohr, wie festgewachsen im Sessel hinter dem Schreibtisch. Ihre Welt schien einzustürzen. Jetzt hatte sie alle Hoffnungen auf ihren Umzug nach Flensburg gesetzt, und plötzlich bat Alfred sie, zu ihm zu kommen.

Die letzte Zeit war von so vielen Hoch- und Tiefzeiten geprägt gewesen, dass Margarete gerade nicht wusste, ob sie sich freuen oder verzweifeln sollte.

Zuerst hatte man Hasso als Militärattaché samt Familie nach Madrid schicken wollen. Sie hatte als seine Ehefrau schon eifrig angefangen Spanisch zu lernen. Doch dann war ihm als Alternative die Verwendung als Kommandeur der Panzergrenadierbrigade in Flensburg angeboten worden. Damit konnten sie zurückgehen in das Land zwischen den zwei Meeren, das ihrer beider Heimat Pommern so ähnlich war, wären aus Köln weg und hätten damit wieder einen größeren Abstand zu Ulla Wangemann, die überhaupt nicht daran gedacht hatte, den Kontakt zu Hasso aufzugeben.

Nun hatte ihr Mann sein Kommando in Flensburg schon angenommen und sie waren mitten im Umzug begriffen. Margarete konnte ihn jetzt unmöglich alleine lassen.

„Margarete, was machst du hier?"

Hasso stand plötzlich in der Tür des Arbeitszimmers. Er hatte wohl ihr verstörtes Gesicht gesehen.

„Was ist passiert? Geht es dir gut?"

Seine plötzliche Fürsorge berührte sie im Moment gar nicht. Stattdessen entschloss sie sich, die Gelegenheit zu nutzen und Hasso vor die Wahl zu stellen.

„Alfred, der Mann, der mich seit meiner Pariser Zeit immer wieder begleitete, hat gerade angerufen", eröffnete Margarete ohne Umschweife das Gespräch.

„Er trennt sich von seiner Frau und bittet mich, zu ihm zu kommen. Ich würde gehen. Und du könntest ein Leben mit Ulla Wanngemann führen. Sie wartet doch nun nach ihrer Scheidung nur auf ein Zeichen von dir. Wir könnten so bald wie möglich die Scheidung einreichen."

Hasso fiel alles aus dem Gesicht. Er musste sich am Schreibtisch festhalten.

„Was soll das heißen, Margarete?", fragte er. Eine Scheidung schadete damals – 1961 – noch seiner Karriere!

Das erste Mal seit Beginn ihrer Ehe konnte sie mit ihrem Mann offen reden. Eine ruhige, wenig emotionale Diskussion entspann sich zwischen den beiden. Schließlich sagte er: „Margarete, du würdest es mit deiner christlichen Lebenseinstellung nicht vereinbaren können, mit diesem Mann zusammenzuleben. Du würdest es nicht aushalten, als Nicht-Ehefrau an seiner Seite zu leben. Du würdest nie glücklich werden."

Sie stand auf und ging zur Tür. Hasso sah ihr nach. Auf der Schwelle drehte sich Margarete noch einmal um.

„Du hast recht, Hasso. Ich danke dir für deinen Rat. Ich werde Alfred schreiben.“

* * *

Wenige Wochen später hielt Margarete Alfreds Antwort in den Händen und es brach ihr fast das Herz, diese Gedanken zu lesen. Er schrieb: *‚Ich war über Deinen letzten langen Brief sehr traurig, weil Du so leidest und Dich dabei psychisch zugrunde richtest. Und ich kann Dir gar nicht helfen. Aber Du hast es so gewollt und willst es noch. Vielleicht ist es richtig. Aber eines möchte ich wiederholen: An jenem Sonntag nach unserem kurzen Treffen in Köln, als ich Dich abends anrief, hätte Dein Ja alles gewendet. Ob zum Besten, weiß ich nicht. Meine Frau und ich waren beide bereit, uns am nächsten Tag zu trennen. Jetzt läuft alles wieder wie früher. Sie versucht mich zu halten und ich kann sie auch jetzt nicht mehr im Stich lassen. Du wirst ewig zwischen Pflicht und Neigung schwanken! Ich war lange sehr wütend auf Dich! Aber ich liebe Dich noch immer wie eh und je. Du bist meine einzige wahre (nicht egoistische) Liebe im Leben! Nur – es hat so gar keinen Sinn, so gar keine Aussicht.*

*Wenn Du mir schreibst, werde ich Dir weiter antworten, obwohl ich es nicht wollte. Bitte schreibe mir ruhig weiter! Vielleicht hilft es Dir. Mein Herz hat immer Dir gehört und wird Dir weiterhin gehören, aber damit werden wir es auch bewenden lassen müssen. Die Dinge um uns und in uns, vor allem in Dir, sind stärker als wir.‘*

* * *

*Flensburg 1963*

„Hasso, wie geht es dir heute?“, fragte Margarete vorsichtig. Sein Gesichtsausdruck verriet ihr die Antwort schon, aber sie fragte ihn trotzdem. Durch die Fenster des Krankenhauszimmers kam ab und an ein Sonnenstrahl herein. Aber auch sie konnten gegen die drückende Stimmung und das unbarmherzige Neonlicht der Deckenlampe nichts ausrichten.

Was für ein Unterschied war das doch, ihren Mann hier liegen zu sehen und den jungen Mann im Nebenzimmer kurz vorher versorgt zu haben. Natürlich war mit Hassos Krankheit nicht zu spaßen. Die Leberzirrhose würde ihn das Leben kosten. Letztlich war es nur noch eine Frage der Zeit. Doch auch der junge Mann, für den sie als DRK-Schwesternhelferin im Mürwiker Krankenhaus zuständig war, würde sterben. Sogar schon in wenigen Tagen. Doch seine unglaubliche Ausstrahlung und die Freude, die er jedem, der das Zimmer betrat, entgegenbrachte, verwandelten die Atmosphäre ganz entscheidend. Dass sein kompletter Unterleib vom Krebs zerfressen war, hinderte ihn nicht daran, das Leben zu lieben.

Seit Margarete ihre Ausbildung zur Schwesternhelferin in Köln beendet hatte, waren ihr bei der Arbeit im Krankenhaus so viele schwere Schicksale begegnet, dass ihr eigenes Leid ihr dagegen sehr klein vorkam. Es half ihr, über ihr Leben hinaus zu sehen, all das Gute zu schätzen und nicht den Blick für das Wesentliche zu verlieren.

Die Zeit in Flensburg war vom Hoffen und Bangen geprägt gewesen, ob Hassos Jugendliebe sie endlich in Ruhe lassen würde. Was da zwischen ihrem Mann und Ulla Wangemann geschah, wurde ohne Margaretes Wissen weiter fortgeführt. Vertrauen, auf das sich vor sechs Jahren ihr „Ja" zu dieser Ehe gegründet hatte, kehrte nicht wieder zurück.

Gerne hatte sie sich in ihre neue Aufgabe als Kommandeuse hineingefunden, obwohl die gesellschaftlichen Verpflichtungen, die mit dieser Position einhergingen, nicht unbedingt zu ihren Lieblingsbeschäftigungen zählten. In erster Linie hatte sie Kontakt zu den Ehefrauen der Offiziere und Unteroffiziere aufgenommen, um die dienstlichen Beziehungen der Männer durch gute persönliche Kontakte zu unterstützen. Das war Hassos ausdrücklicher Wunsch an Margarete gewesen, und so hatte sie schon bald nach ihrer Ankunft alle Ehefrauen des Brigadestabes zu einem Kaffeetrinken und gegenseitigem Kennenlernen eingeladen. Das war ein voller Erfolg gewesen.

Doch ihre Flensburger Zeit ging nun auch zu Ende. Weil Hasso nicht mehr truppendiensttauglich war, hatte man ihn zur Führungsakademie nach Hamburg-Blankenese versetzt.

„Hasso, es sind wieder Briefe von Frau Wangemann gekommen.

Die Dienststelle hat sie mir für dich mitgegeben", erklärte Margarete und holte einen Stapel Briefe aus ihrer Tasche. Fast täglich kamen nun ihre Briefe. Das hatte Margarete die Augen dafür geöffnet, dass sich zwischen dieser Frau und ihrem Mann nichts geändert hatte – obwohl sie es immer gehofft, ja, sogar geglaubt hatte.

„Nimm sie bitte wieder mit, Margarete. Ich will sie nicht lesen", sagte Hasso und versuchte sich im Bett aufzusetzen. Also würden auch diese Briefe einfach wieder ungeöffnet zurückgehen. Was Hasso nicht wusste, war, dass Ulla Wangemann mittlerweile auch mit Margarete Briefkontakt aufgenommen hatte. Mehr als einmal hatte sie Margarete in diesen Briefen gebeten, Hasso freizugeben. Der Schmerz, den diese Zeilen in ihr verursachten, war so groß, dass die Einundvierzigjährige sie weggeschlossen hatte.

In einem dieser Briefe hatte Frau Wangemann auch erwähnt, dass sie einen Brief von Corry erhalten hatte. Wie ihre Stieftochter von der Beziehung ihres Vaters zu Ulla Wangemann erfahren hatte, war Margarete ein Rätsel. Irgendwie hatte sie deren Adresse herausgefunden und in ihrem Brief wohl eindringlich darum gebeten, dass sie doch ihre Familie nicht weiter zerstören sollte. Sie wolle keine dritte Mutter haben. Doch selbst diese innige Bitte hatte nichts bewirkt. Und auch Hassos ablehnende Haltung seit Beginn seiner Krankheit tat ihren Versuchen der Kontaktaufnahme keinen Abbruch.

Hasso drückte Margaretes Hand. Er befand sich auf dem Weg der Besserung und würde, bevor er seine neue Aufgabe in Hamburg antrat, noch zu einer Kur nach Bad Hersfeld fahren. Das wäre die Gelegenheit für eine Aussprache mit Ulla! Margarete würde ihn begleiten, aber sie würde sich zurückziehen und ihre Mutter besuchen. Durch die räumliche Nähe konnte Hasso vielleicht endlich reinen Tisch machen. Doch auch das hatte er abgewehrt.

Welches Vorbild war ihnen Corry im Hinblick auf einen verantwortungsvollen Umgang mit Beziehungen.

„Letzte Woche hat dich doch der Kommandeur der Mürwiker Marineschule besucht."

Hasso nickte. Er nahm das Wasserglas, das Margarete ihm reichte, und trank ein paar Schlucke.

„Ja, er ist einer der wenigen Kameraden, die regelmäßig hier vorbeikommen."

Margarete schmunzelte und fragte: „Kennst du seinen Sohn?"
„Ist er nicht Leutnant zur See?"
„Genau", erklärte seine Frau, „und gestern erzählte mir Corry, dass sie sich beim Tanz mit ihm unterhalten habe. Er wusste sie wohl nicht zuzuordnen und Corry hatte es auch nicht darauf angelegt. Beiläufig hat sie aber erwähnt, dass sein Vater dich hier in der Klinik besucht hätte. Und als er sie fragte, wer denn ihr Vater wäre, hat sie doch tatsächlich gesagt, dass du Oberfeldwebel in der Brigade Flensburg-Weiche wärest."
Hasso runzelte die Stirn: „Aber warum denn das? So niedrig war mein Dienstgrad hier auch wieder nicht."
„Der junge Mann hat dann auch schnell eins und eins zusammengezählt. Warum sollte auch ein Admiral einen Feldwebel des Heeres besuchen. Er hat wohl dann bei seinem Vater nachgefragt und herausgefunden, wer du bist und wer Corry ist. Ich vermute ja, dass er sich demnächst bei mir vorstellen wird, damit er sie ausführen darf. Ich fand es nur sehr imponierend, dass sie nicht zu diesen Kindern gehört, die die Stellung ihrer Eltern ausnutzen."
„Tja, das hat sie wohl dir zu verdanken, Margarete", antwortet Hasso. Langsam bekam er wieder ein wenig Farbe und wirkte wesentlich gesünder als die letzten Wochen.
„Weißt du eigentlich, dass sie mir einmal sagte, dass sie wohl in der Gosse gelandet wäre, wenn du nicht gekommen wärest? Du hast ihr viel gegeben!"
Margarete starrte auf ihre Hände.
„Danke, dass du sie mir anvertraut hast!" Beide konnten nicht ahnen, dass die Ehe von Corry und dem Leutnant zur See Thomas Schneider-Pungs Margarete mit drei Enkeln und sieben Urenkeln einmal beschenken und reich machen würden.
Hassos liebevoller Blick tat ihr gut. Dann nahm er die Briefe, steckte sie wieder in Margaretes Tasche und reichte sie ihr.
„Richte Corry und Karl-August doch bitte meine Grüße aus. Ich hoffe, dass mein Sohn sich vielleicht doch einmal wieder bei mir blicken lässt. Wir sind zuletzt nicht gerade im Einverständnis auseinandergegangen."
„Ich weiß, er war nicht gut auf dich zu sprechen", sagte Margarete. Sie verabschiedete sich mit einem Kuss.

* * *

*Hamburg 1964*

Die Kapelle war festlich geschmückt und die Trauergäste waren in Uniform erschienen. Hassos Kameraden waren geschlossen gekommen, und mehrere höhere Militärs aus Bonn und der Führungsakademie waren ebenfalls anwesend. Für Margarete war es ein würdiger Abschluss seines Lebens, so wie ihr Mann es sich gewünscht hätte.

In der letzten Nacht vor seinem Tod hatte Hasso zu ihr gesagt: „Ich glaube, dass es Gott gibt, aber ich sehe keinen Gott der Liebe und der Barmherzigkeit in ihm."

Ihren Glauben hatte sie ihm nicht vermitteln können. Doch dann hatte er ihre Hand genommen und geküsst und hatte sich bei ihr bedankt für alles, was sie für ihn getan hatte. Das war es auch, was bei Margarete zurückblieb – Dankbarkeit, mit einem kleinen bittereren Beigeschmack. Dass Hasso ihr nie ganz gehört hatte, war doch verletzend und sehr schmerzlich gewesen. Aber trotz aller anfänglichen Schwierigkeiten, hatte sie in den letzten Jahren durch Corry und Karl-August viel Liebe und Verständnis erfahren. Wahrscheinlich hatten ihre Stiefkinder mehr als sie über Hasso und Frau W. gewusst.

Die Trauergesellschaft erhob sich, und der Sarg wurde von acht Kameraden hinausgetragen. Dann ertönte das Signal aus dem Zapfenstreich. Hinter der Familie reihten sich alle anderen Gäste ein. Plötzlich legte jemand die Hand auf Margaretes Schulter. Zu ihrer Überraschung stand Karl-August plötzlich an ihrer Seite, bot ihr seinen Arm an und führte sie hinaus. Sein Verhältnis zu seinem Vater war immer schlechter geworden in den letzten Jahren. Alkohol und Geldnöte waren die ständigen Begleiter des jungen Leutnants, und Hasso hatte ihn für sein Verhalten mehrmals sehr grob behandelt und mit harten Worten reagiert. Auf die Todesnachricht, die Margarete ihm über seine Dienststelle mitteilen musste, hatte er überhaupt nicht reagiert und sie hatte kaum noch mit dem Kommen ihres Stiefsohnes gerechnet. Corrys Verlobten hatte Margarete deshalb gebeten, ihr zur Seite zu stehen.

Doch jetzt reichte ein Blick zwischen Stiefmutter und Sohn, um sich zu verständigen. Den Schmerz, der sich in den Augen ihres

Stiefsohnes spiegelte, wusste Margarete nicht richtig zu deuten. Sie konnte nur erahnen, was Karl-August bewogen haben mochte, noch zur Trauerfeier zu erscheinen. Aber ob es nun darum ging, seinem Vater die letzte Ehre zu erweisen oder sich nur zu präsentieren, ob Schuldgefühle eine Rolle spielten oder sein Erscheinen letztendlich doch eine Entschuldigung und ein Ausdruck seiner sensiblen Seele war – es bedeutete Margarete viel, ihn neben sich zu wissen. Die erstaunten Blicke der anderen Trauergäste waren ihr völlig egal. Gemessenen Schrittes folgten sie dem Sarg.

* * *

*Zwischen Ernsthausen und Marburg 1967*
„Margarete, willst du nicht noch bleiben?", fragte Deta, und der flehende Unterton in ihrer Stimme war kaum zu überhören. Sie saß in ihrem Sessel, die Decke, die Margarete ihr gerade gebracht hatte, umklammernd und blickte ihre Tochter bemüht ruhig an. Margarete zog sich gerade ihren Mantel an und schaute sich dann suchend im Zimmer nach ihrer Handtasche um.

„Nein, Mutter, ich fahre jetzt nach Marburg. Und ich werde morgen auch nach Frankreich aufbrechen. Das wirst du mir nicht ausreden", sagte sie mit Bestimmtheit. Innerlich brodelte sie. Den ganzen Nachmittag ging das nun schon so. Seit sie ihrer Mutter von Sylvaines Einladung nach Frankreich erzählt hatte, war die ohnehin schon angespannte Stimmung noch anstrengender geworden. Margarete war sich bewusst, dass ihre Mutter sie früh hatte loslassen müssen. Direkt nach der Schule hatte sie nichts mehr zu Hause gehalten, und bestimmt war die dauernde Anspannung während des Krieges nicht einfach zu ertragen gewesen. Viel zu oft hatte ihre Mutter um das Leben ihres Vaters und das ihrer Tochter bangen müssen. Zumal Margarete in Paris auch noch ganz auf sich allein gestellt gewesen war. Und kaum wieder zurück, war ihre Tochter auf unbestimmte Zeit nach England aufgebrochen. Aber immer hatte Deta sie gehen lassen, und das rechnete ihr Margarete hoch an.

Bei ihrer Hochzeit mit Hasso war das schon anders gewesen. Deta sah in Hasso immer den Haudegen, den jüngeren Vetter ihres Mannes, der ein Frauenheld und Draufgänger war. Aber nun war Deta schon über 70, und wahrscheinlich hatten die Ereignisse der letzten Monate in ihr die Hoffnung geweckt, dass ihre Tochter nun ganz für sie da sein würde.

„Nie hast du Zeit für mich", klagte Deta. Margarete suchte immer noch ihre Handtasche.

„Mutti, wir haben das lang und breit diskutiert. Weißt du, wo ich meine Handtasche hingelegt habe? Ohne die kann ich doch nicht fahren!"

„Aber du kannst doch auch hier schlafen!" Deta schien neue Hoffnung zu schöpfen, dass ihre Tochter doch bei ihr in Ernsthausen bleiben würde. Margarete hatte sich in der neuen Wohnung ihrer Mutter ebenfalls ein Zimmer eingerichtet, weil sie viel Zeit dort verbrachte.

„Ach, hier ist sie ja." Margarete holte ihre Tasche von der Hutablage der Garderobe herunter.

Nach Hassos Tod hatte sie Deta zunächst zu sich in das Haus nach Blankenese geholt. Die Kinder führten ja ihr eigenes Leben, und Margarete wollte auch weiterhin in der Zentrale der Pommerschen Landsmannschaft, dem Vertriebenenverband der Pommern, arbeiten. Dort war sie vor allem für die ausländische Korrespondenz zuständig. Und anfangs schien es ihr eine wirklich gute Idee zu sein, ihre Mutter zu sich zu holen.

Nachdem Deta in Hamburg angekommen war, hatten sie über Margaretes Zukunft geredet. Als Witwe war für die Sechsundvierzigjährige erneut die Frage aufgekommen, welcher Aufgabe sie ihre Zeit und Kraft widmen wollte. Deta hatte damals gerührt, aber bestimmt gesagt: „Jetzt bin ich deine Aufgabe!"

Doch obwohl Margarete nur halbtags arbeitete, war Deta doch viel allein, und das Eingewöhnen fiel ihr schwer. Auf ihren vielen einsamen Spaziergängen erkundete sie die Blankeneser Parks, doch auch deren Schönheit konnte ihr kein Gefühl von Heimat geben. Ihrer Tochter hatte sie eines Tages eine Inschrift gezeigt, die sie an einer der Hausfassaden entdeckt hatte: ‚Wir bauen hier so feste und sind doch fremde Gäste – und wo wir werden ewig sein, da bauen wir so wenig ein.'

Dieses Wort spiegelte auch den zweiten Mangel, den sowohl Deta als auch Margarete empfanden. In den Gottesdiensten der Führungsakademie hatten sie keinen Anschluss an andere Christen gefunden. Eine verbindliche Gemeinschaft, wie die beiden Frauen sie von der Landeskirchlichen Gemeinschaft kannten, fanden sie in der Gemeinde des Militärstützpunktes nicht. Vorübergehend hatte Margarete sich der Landeskirche in Hamburg Othmarschen angeschlossen, wo sie auch einen Hauskreis gefunden hatte. Doch Deta wurde immer unglücklicher. Selbst zu den ehemaligen Metzer Schulfreunden, die in Hamburg lebten, fand sie keinen Anschluss.

„Du kannst wirklich hier übernachten. Mir macht das nichts aus. Es ist schon spät. Außerdem freue ich mich doch so, wenn du da bist. Du kannst deine Reise nach Frankreich bestimmt auch verschieben", erklärte Deta bemüht fröhlich und schob die Decke zur Seite, um das Bett für ihre Tochter zu richten.

In diesem Moment explodierte Margarete. Es konnte doch nicht sein, dass ihre Mutter auf alles und jeden eifersüchtig war, der etwas von ihr wollte! Den ganzen Tag hatte sie schon Detas Vorwürfe ertragen, aber das war nun zu viel. Sogar Corry hatte diese Eifersüchteleien schon zu spüren bekommen, und sie war froh, dass die Beziehung zu ihrer Stieftochter bis jetzt nicht darunter gelitten hatte.

Es war wohl nicht genug, dass Margarete mit ihrer Mutter zurück nach Hessen gegangen war. Der Abschied vom Norden war ihr sehr schwer gefallen. Und doch hatte sie das Haus in Blankenese aufgegeben und war nach Marburg gezogen, ganz in Detas Nähe. Von dort aus stattete sie ihr häufig Besuche in Ernsthausen ab.

„Mutti, es reicht. Ich fahre jetzt. Ich gehöre nicht nur dir, sondern ich habe mein eigenes Leben", verkündete Margarete aufgebracht. „Ich wünsche dir noch einen guten Abend und rufe dich morgen an, bevor ich fahre."

Damit drehte sie sich um und verließ die Wohnung ihrer Mutter. Die Tür fiel laut hinter ihr ins Schloss.

Geladen vor Wut stampfte Margarete zu ihrem Auto, startete den Motor und machte sich über die kurvigen Straßen auf den Weg nach Marburg. Einander widerstrebende Gedanken nahmen sie ganz in Anspruch. Die Wut über die anmaßende Haltung ihrer Mutter und das Gefühl, ihrer Aufgabe als Tochter einfach nicht gerecht zu werden, prallten gegen die Liebe und Dankbarkeit für Deta.

‚Lasst die Sonne über eurem Zorn nicht untergehen …' Der Bibelvers kam ihr in den Sinn. Margarete setzte den Blinker und hielt am Straßenrand. Sie stützte die Hände auf das Lenkrad und atmete tief durch. Sie waren noch nie im Streit auseinandergegangen. Vor allem, wenn sie nun für einige Wochen nach Frankreich fahren wollte, konnte sie sich nicht so von Deta verabschieden.

Entschlossen fuhr Margarete zurück auf die Straße und wendete bei der nächsten Gelegenheit. Plötzlich konnte sie gar nicht schnell genug wieder in Ernsthausen sein. Leise öffnete sie die Wohnungstür. Deta saß immer noch in ihrem Sessel. Sie weinte und hatte Margarete gar nicht bemerkt. Erst als sie auf eine knarrende Diele trat, blickte Deta auf.

„Mutti, es tut mir leid“, begann Margarete, doch Deta stürmte auf sie zu und schloss sie fest in die Arme.

„Mir tut es auch leid, mein Kind. Bitte vergib mir, was ich heute gesagt habe.“

Die beiden Frauen schwiegen für eine Weile und hielten sich gegenseitig aneinander fest. Dann fasste Deta ihre Tochter an beiden Armen und schaute sie noch immer mit Tränen in den Augen an.

„Ich wünsche dir einen ganz wundervollen Urlaub, Margarete. Grüße Sylvaine von mir, und jetzt mach, dass du nach Hause kommst.“

„Danke, Mutti, das werde ich.“ Deta umarmte sie noch einmal und schob sie dann förmlich zur Tür hinaus.

* * *

Die Zugfahrt nach Tulle zog sich doch sehr in die Länge. Aber das Frankreich des Augustes 1968 war andererseits wirklich sehenswert. Durch sonnendurchflutete Wälder und an in der Hitze flimmernden Feldern war Margarete vorbeigefahren. Hinter der französischen Grenze hatte sie zunächst etwas geschlafen. Der Weg bis ins Departement Corrèze im Süd-Westen Frankreichs war schließlich eine Reise von etlichen Stunden. Aber an einer der letzten Stationen war eine ältere Dame mit ihren Enkelkindern zugestiegen, die es genossen, dass Margarete ihnen die Langeweile vertrieb. Jerôme, drei Jahre, und Kathrin, fünfeinhalb Jahre alt, nahmen ihre ganze Aufmerksamkeit in Anspruch. Die Großmutter war dankbar, als Margarete fragte, ob sie den beiden Kindern für eine Weile Geschichten vorlesen sollte. Zum Abschied bekam Margarete von jedem Kind die typisch französischen Küsschen. Lachend stand sie auf dem Bahnsteig und winkte den Kindern nach, die ihre Taschentücher im Fahrtwind flattern ließen.

Da legten sich von hinten zwei Hände über ihre Augen und eine Stimme flüsterte ihr auf Deutsch ins Ohr: „Rate, wer ich bin!"

„Sylvaine!", rief Margarete aus. Da stand die langjährige Freundin vor ihr, mittlerweile Professorin an einer französischen Universität und immer noch mit den gleichen Lachfältchen um die Augen, wenn sie sich auch etwas tiefer eingegraben hatten.

Gleich darauf saßen sie in Sylvaines betagtem Peugeot und fuhren durch die Landschaft Südfrankreichs nach Saintbonne hinein. Die Gemeinde erstreckte sich über mehrere Quadratkilometer und bestand aus vielen verstreut liegenden kleinen Höfen. Einen dieser Höfe, eigentlich nur eine Ruine, wie Margarete von Bildern wusste, hatte Jean aufgekauft. Er war Sylvaines langjähriger Freund, und gemeinsam hatten sie das Haus renovieren lassen. Das Dach mit den grauen Steinen, die in dieser Gegend anstatt roter Dachziegel üblich waren, sahen sie schon von weitem zwischen den grünen Feldern herausragen.

Jean wartete vor dem Haus, als die beiden Frauen vorfuhren. Die Begrüßung war sehr herzlich. Jean hatte als Offizier in der französischen Besatzungsarmee gedient und Margarete in Sylvaines Auftrag nach dem Tod ihres Vaters besucht. Seine tiefe Anteilnahme an ihrem Leid hatte die damals Vierundzwanzigjährige sehr beeindruckt. Nun zeigte er Margarete stolz das wunderschön renovierte Häuschen. Da es auf einem kleinen Hügel lag, war die Aussicht ganz besonders schön. Bis zum Horizont zogen sich leichte Hügel dahin.

„C'est comme la commencement de la monde, n'est-ce pas?", fragte Sylvaine die Freundin. Margarete nickte nur begeistert. Ja, wie am Anfang der Welt, so unberührt schien alles zu sein.

„Leider kannst du nicht hier wohnen", fuhr Sylvaine dann wieder auf Deutsch fort, „es ist eben sehr klein und reicht gerade für zwei Personen. Aber wir haben dir ein hübsches Zimmer in der Herberge im Ort gebucht."

„Ach, Sylvaine, das macht doch nichts. Aber bitte, rede doch Französisch mit mir. Ich habe schon so viel wieder verlernt."

* * *

Der Regen rauschte ununterbrochen gegen die Fenster. Seit dem Frühstück hatte Margarete keinen Fuß vor die Tür setzen können, und nun war es schon fast Mittag. Eigentlich hatte Sylvaine sie heute abholen wollen, um an die Dordogne zu fahren. Bei diesem Wetter hatte sie mit dem Cabriolet aber bestimmt nicht fahren können. So saß Margarete im Bistro neben ihrer Herberge und lauschte den Gesprächen der Leute. Das Bistro war der Mittelpunkt der Aufmerksamkeit des gesamten Landkreises. Dort gab es das einzige Telefon weit und breit und einen richtigen Tante-Emma-Laden. Dementsprechend viele Besucher waren täglich dort.

Margarete mochte die Art der Südfranzosen, ihre Natürlichkeit und Freundlichkeit. Bis nach Saintbonne war der Fortschritt noch nicht gekommen, und sie genoss die Abgeschiedenheit dieser ländlichen Gemeinde in vollen Zügen.

„Ah, bonjour madame", grüßte sie einer der Bauern, tropfend vor Nässe, und bestellte lautstark einen Kaffee bei der Wirtin. Margarete hatte sich daran gewöhnt, dass alle sie zunächst wie ein Wesen aus einer anderen Welt bestaunten. Aber wenn sie sich in die Gespräche einmischte und die Leute merkten, dass sie stotternd Französisch sprach, war das Eis gebrochen.

Ob sie denn hier zu Mittag essen wolle, fragte die Wirtin sie freundlich, und Margarete beschloss, noch einmal die Möglichkeit zu nutzen und das hervorragende Essen zu genießen. Bald darauf saß sie vor ihrem ‚plat du jour' und beobachtete, wie der Regen langsam nachließ.

Da ging die Tür auf und Sylvaine stürmte herein. Ihre leichte Jacke war nass vom Regen und sie war sichtlich erleichtert, als sie Margarete an ihrem Tisch sitzen sah.

„Oh, da bist du ja, Margarete, ich hatte mir schon Sorgen gemacht, weil ich dich so lange habe warten lassen."

„Das macht nichts, wirklich. Ich hatte hier nette Gesellschaft, und das Essen ist vorzüglich. Ich fürchte nur, mit unserem Ausflug an die Dordogne wird es heute nichts, oder?", erkundigte sich Margarete.

Sylvaine schüttelte den Kopf: „Nein, ich fürchte nicht. Aber Jean und ich hatten stattdessen die Idee, morgen mit dir nach Le Puy en

Velay aufzubrechen. Damit du auch noch ein bisschen mehr von Südfrankreich siehst. Außerdem soll dort das Wetter besser sein", fügte sie scherzend hinzu.

„Ich wollte dir nur Bescheid sagen, damit du in aller Ruhe packen kannst. Ich muss noch etwas bei einem der Bauern erledigen. Aber auf dem Rückweg würde ich dich zum Abendessen zu uns mitnehmen. Bist du einverstanden?"

„Das ist ganz wunderbar!", freute sich Margarete, die Frankreich sehr lieb gewonnen hatte.

„So lange, bis ich Mitte September wieder zurück in Deutschland sein werde, bin ich sehr gerne mit euch unterwegs."

„Ach, richtig, dann beginnt ja deine neue Ausbildung. Du bist schon ganz mutig und unternehmensfreudig Margarete! Du, ich muss mich auf den Weg machen. In ein paar Stunden hole ich dich ab."

Schon war sie wieder zur Tür hinaus. Margarete beendete ihre Mahlzeit in Ruhe, zahlte und bedankte sich bei der Wirtin. Der Regen hatte mittlerweile aufgehört und sie konnte es wohl wagen, einen kleinen Spaziergang zu machen, bevor sie ihre Sachen zusammenpackte.

Ja, ihre Ausbildung würde dann beginnen. Sie hatte gemerkt, dass sie sich wieder eine Aufgabe suchen musste, obwohl oder auch gerade weil sie nun schon 45 Jahre alt war. Ihr Motto ‚Nur was wir für andere tun, bestimmt den Wert unseres Lebens' war immer noch das gleiche, und ihre Mutter sollte und konnte nicht Margaretes einziger Lebensinhalt sein. Auch wenn Deta sich das so wünschte.

Ihre Hinterbliebenenrente reichte Margarete zwar zum Leben und hätte ihr auch die ein oder andere Urlaubsreise und einen angemessenen Stand in der Gesellschaft ermöglicht, aber das konnte doch nicht alles sein! Als sie ihre Gedanken mit Sylvaine geteilt hatte, war der Vorschlag der Freundin gewesen, dass sie doch auch als Gemeindehelferin arbeiten könnte. Aber dazu fühlte Margarete sich weder befähigt noch jung genug. Im Gespräch mit Verwandten und Freunden hatte man ihr geraten, sich zur Berufsberaterin ausbilden zu lassen. Das wäre allerdings ein festes Arbeitsverhältnis gewesen und hätte der Unabhängigkeit und Flexibilität ihres bisherigen Lebens eher im Wege gestanden, die sie doch sehr schätzte. Und es war nun einmal die medizinische Richtung, die sie nie ganz losgelassen hatte. Letztlich hatte Margarete sich für eine Ausbildung zur Masseurin und Medizinischen Bademeisterin entschieden, die sie in wenigen Wochen in Bad Endbach beginnen würde. Entspannt lehnte sie sich in ihrem Stuhl zurück. Sie freute sich wirklich auf diesen neuen Abschnitt ihres Lebens.

* * *

*Guatemala 1969*
Die Motoren heulten auf, als der Pilot die Maschine plötzlich hochzog. Die Frau in der Sitzreihe hinter Margarete sog hörbar die Luft ein. Die zwei Männer vor ihr reckten die Köpfe, um durch die kleinen Fenster des Flugzeugs nach draußen zu spähen. Doch nach der kurzen Dämmerung war schnell die Nacht hereingebrochen, und wie es aussah, flogen sie noch dazu durch dichten Nebel. Margarete konnte durch ihr Fenster jedenfalls gar nichts erkennen.

Vor einer Viertelstunde war die Ansage gekommen, dass sie sich nun im Landeanflug auf den Flughafen von Antigua Guatemala befänden. Vor einer Viertelstunde waren ihre Hände kalt vor Aufregung gewesen. Jetzt waren sie kalt vor Angst und das Herz schlug ihr bis zum Hals. Hoffentlich wusste der Pilot, was er tat! Doch schnell waren Margaretes Gedanken wieder bei dem Thema, das sie den ganzen Flug und spätestens seit der Zwischenlandung in Mexiko beschäftigt hatte. In wenigen Minuten würde sie Walter gegenüberstehen, einem Mann, dem sie eigentlich nur in Briefen nahe gekommen war. Von der Geschichte ihres Kennenlernens existierten zwei unterschiedliche Versionen. Die eine nicht wahrheitsgemäße hatte Margarete ihrer Mutter und Freunden erzählt: Einer ihrer Hamburger Freunde, Herr von W., habe den Kontakt zwischen Walter und Margarete vermittelt. Eine Brieffreundschaft sei darauf zwischen ihr und dem Baron, der seit einigen Jahren im Auftrag der ‚Dienste in Übersee' des Evangelischen Entwicklungsdienstes Vorlesungen über Entwicklungshilfe an der Universität von Antigua hielt, entstanden. Und nun flog sie zu einem ersten Besuch nach Mittelamerika. Dass er immer noch verheiratet war, auch wenn die Ehe mit seiner Frau schon seit 15 Jahren ruhte, hatte sie anfangs nicht gewusst. Die zweite Version und damit die Wahrheit war, dass Margarete zufällig Walters

Anzeige im Deutschen Adelsblatt entdeckt hatte, das ihre Mutter regelmäßig las. Seine Anzeige war so nett formuliert gewesen, dass sie nicht widerstehen konnte. In seinem ersten Brief hatte Walter ihr dann erzählt, dass unter den über 100 Zuschriften ihr Bild einfach so herausgestochen habe, dass für ihn gar keine andere Frau mehr in Frage kam. Und nun war sie tatsächlich auf dem Weg zu ihm. Die sechswöchigen Betriebsferien in ihrem Ausbildungsbetrieb waren dafür eigentlich perfekt. Damit hatte ihr Besuch einen klaren Anfang und ein ebenso klares Ende. Nun musste Margarete eigentlich nur noch ankommen.

Das Flugzeug verlor wieder merklich an Höhe, aber der Nebel schien auch am Boden sehr dicht zu sein. Nicht einmal die Positionslichter des kleinen Flughafens waren zu erkennen. Margarete fragte sich, wie der Pilot bei diesen Sichtverhältnissen landen wollte. Wahrscheinlich reichten die Informationen des Radars aus. Totenstille hatte sich im Flugzeug ausgebreitet. Es schien, als hielten alle den Atem an. Walter hatte ihr geschrieben, dass der Flughafen zwischen zwei Bergflanken am Rand der Stadt lag. Bei dem Gedanken, dass das Flugzeug jeden Moment an einer Bergflanke zerschellen könnte, trat ihr der Angstschweiß auf die Stirn. Margarete klammerte sich an ihren Sitz und murmelte ein Stoßgebet. Im nächsten Moment zog der Pilot die Maschine wieder steil nach oben. Die Frau hinter ihr brach in hysterisches Schluchzen aus.

Wäre sie doch nur in Deutschland geblieben! Dieser Gedanke war so plötzlich aufgetaucht und mit solcher Macht, dass sie ihn unmöglich zur Seite schieben konnte. Während das Flugzeug wieder in großen Kreisen in den Himmel stiegt, begann sich in Margaretes Kopf das Was-wäre-wenn-Karussell zu drehen. Alle Vorbehalte gegen diese Reise und diese Beziehung kamen wieder auf. Walter war ein verheirateter Mann. Sie lieferte ihm nun zwar den Grund, um die Scheidung voranzutreiben, aber seine Frau tat sich schwer. Und doch hatte sie sich darauf eingelassen. Über ihr Gewissen und ihre Prinzipien, die sie vor 25 Jahren in derselben Situation mit Alfred davon abgehalten hatten, eine Beziehung mit einem gebundenen Mann einzugehen, hatte sich nun die Sehnsucht nach der Liebe gestellt, die ihr auch in ihrer Ehe verwehrt geblieben war. Es war nur die Frage, um welchen Preis sie nun ihren Willen durchsetzen würde.

Sowohl Walter als auch Margarete war klar, dass auf sie drei Jahre lang jeweils sechs Monate Pflichtpraktika und Prüfungen in Deutschland warteten, um ihre Ausbildung zu beenden. Außerdem wollte und konnte sie ihre Mutter nicht ganz im Stich lassen. Deta hatte ihre Tochter nun zwar ziehen lassen, aber Margarete sah ihr doch die Angst an, sie schon wieder ins Ungewisse gehen lassen zu müssen.

Und auch ihr selbst war nicht ganz wohl bei dem, was sie tat. Nachdem Margarete sich entschlossen hatte, die Reise nach Guatemala zu machen, hatte sie eine Vision. Eine Schar Raben kam auf sie zugeflogen. Die schwarzen Vögel brachten ein unheimliches Gefühl mit sich, eine Beklemmung, die sich ihrer bemächtigte. Doch sie hatte sich dagegen gesträubt und war voller Trotz weitergelaufen, fest entschlossen, wenigstens einmal im Leben die Liebe zu erfahren, die ihr zustand. Und doch war sie sich im tiefsten Inneren sicher, dass es nicht Gottes Wille war, sondern allein ihr Wille.

In die Stille hinein kam die Durchsage des Piloten auf Spanisch und Englisch, dass er noch einen Landeversuch machen würde. Die beiden Männer vor Margarete begannen ärgerlich auf Spanisch zu diskutieren. Sie verstand kein Wort und betete nur still, dass Gott alle verfügbaren Engel bei ihr sein lassen sollte. Der Blick aus dem Fenster zeigte ihr nur ihr eigenes Spiegelbild. Weder die Lichter der Stadt noch die des Flughafens waren zu sehen. Das Motorengeräusch kam Margarete plötzlich bedrohlich vor, der kalte Schweiß lief ihren Rücken hinunter, ihre Hände zittern. Als der Pilot die Maschine dann zum dritten Mal steil hochzog, zuckte sie zusammen. Gleich darauf erhielten die wenigen Fluggäste die Information, dass man nach Mexiko zurückfliegen würde, um am nächsten Tag bei besseren Lichtverhältnissen zu landen. Erleichtert stimmte Margarete in das allgemeine Aufatmen ein.

* * *

Steine rollten unter ihren Füßen weg, während es um Margarete herum immer heißer wurde. Ihr kam der Gedanke, dass ihre Mutter nun wahrscheinlich mit ein paar Verwandten und Freunden im Schnee Silvester feierte, während sie in der südamerikanischen

Sommernacht schwitzte. Tagsüber war es zwar noch viel heißer, aber auch nachts kühlte es nicht besonders ab.

„Warte, hier entlang, Margarete!" Walter reichte ihr die Hand und half ihr so über einen Felsvorsprung. Vor ein paar Stunden hatte er seinen Gast gefragt, ob sie es vorziehen würde, auf die Silvesterparty des Deutschen Clubs in der Hauptstadt zu gehen – oder ob sie lieber eine Nachtwanderung zum Vesuv Pacaya machen würde. Margarete hatte sofort Feuer gefangen. Der Vesuv Pacaya war, wie ihr Walter dann erzählte, ein tätiger Vulkan, der nach über 200 Jahren Ruhezeit vor kurzem wieder angefangen hatte zu arbeiten. Von der Terrasse an der südlichen Seite des Hauses aus hatte er ihr den Rauchpilz gezeigt, der über dem Krater aufstieg.

Zwischen Rauchschwaden und Geröll bahnten sie sich nun einen Weg den Hang hinauf. Die Orientierung nicht zu verlieren, war alles andere als einfach, da längst die Nacht hereingebrochen war. Anfangs war es Margarete auch schwergefallen, tief zu atmen. Walters Finka lag schon auf eintausendachthundert Metern Höhe. Mit dem Aufstieg auf den Pacaya waren noch einmal gut siebenhundert Höhenmeter zu überwinden. Doch das Abenteuer und ihre Neugierde waren stärker als die anfängliche Atemnot durch die dünne Luft.

„Schau, Margarete, dort drüben!" Walter deutete auf die Bergflanke zur Linken ihres Weges.

„Es ist nicht mehr weit bis zum Kraterrand. Komm!"

Sie lächelte. Das war Walter! In den wenigen Tagen, die sie nun bei ihm war, hatte Margarete schon einen guten Eindruck davon gewonnen, was für einen Menschen sie hier vor sich hatte. Walter war der Typ eines Einsiedlers. Manchmal konnte er mit seinen Rottweilern besser umgehen als mit den Menschen, die ihn umgaben. Entweder man hasste oder man liebte ihn, auch das hatte Margarete schon gemerkt. Walter machte sich nichts daraus, dass er im nahegelegenen Indiodorf nicht besonders beliebt war. Die Indios, die für ihn arbeiteten, kamen gut mit ihm zurecht, und er behandelte sie mit Respekt und Höflichkeit.

In vieler Hinsicht war Walter ein Pionier und Abenteurer. Nicht nur, dass er der Erste war, den der Evangelische Entwicklungsdienst nach Guatemala entsandt hatte. Auch sein Grundstück hatte er mit Hilfe von ein paar Indios selbst gerodet, ein bescheidenes Wohnhaus gebaut, mehrere Felder mit einem selbst konstruierten Bewässerungssystem und zwei Karpfenteiche angelegt. Alles war sehr einfach, aber erfindungsreich, und es funktionierte.

Neben den Karpfen, die Walter den Indios bis jetzt noch nicht hatte schmackhaft machen können, mästete er noch ein paar Schweine mit Zuckerrohr, hielt sich Kaninchen, ein Fasanenpärchen und natürlich seine Rottweiler.

Auch hier war er der Erste, der diese Tiere nach Guatemala gebracht hatte. Er wusste um ihre Qualitäten als Wach- und Spürhunde und wollte sich mit Osso, seinem Stammrüden, und zwei Hündinnen eine eigene Zucht aufbauen.

Er war eben ein Querkopf, und das in jeder Hinsicht. Walter stammte von einem der großen Güter im Baltikum und war dort unter vielen Geschwistern aufgewachsen. Allerdings hatte er sich schon früh gegen das von manchen deutschbaltischen Adelsfamilien gelebte ‚Herrenbewusstsein' gegenüber der einheimischen Bevölkerung aufgelehnt. Seine ganze Haltung, sein Wesen, seine aufrechte Gesinnung war dennoch ein Überbleibsel dieser Vergangenheit und zeichnete ihn immer noch aus. Walter gehörte zu den wenigen, die die Degenerationserscheinungen im baltischen Adel sahen, und hatte sich deshalb bewusst abgesetzt. In den 50er Jahren hatte er in der deutschen Botschaft in Guatemala gearbeitet und einiges gesehen und erlebt, was seinem Drang nach Gerechtigkeit widerstrebte. Auf eigene Faust hatte er Ermittlungen angestellt und schließlich eine weitläufige Korruptionsaffäre aufgedeckt. Natürlich hatte ihm das Feinde beschert, aber anstatt nach Deutschland zurückzugehen, gab er seinen Posten in der Botschaft auf, machte sich selbstständig und erhielt nur noch wenige Verbindungen in die Heimat aufrecht.

Allmählich hatte Margarete wirklich zu tun, dass sie mit Walters Tempo Schritt hielt. Vor lauter Nachdenken war sie ein gutes Stück zurückgeblieben. Ihm schien die Kletterei nichts auszumachen und er fand sich im Dunkeln ohne Probleme zurecht. In diesem Moment erreichten sie ein kleines Plateau, von wo aus sie zu ihrer Linken einen Blick in den Krater werfen konnten, während der Berg zu ihrer Rechten steil abfiel. Aber was war das für ein Anblick! Von diesem Platz aus konnte Margarete viel besser sehen, wie sich die rotglühenden Gesteinsmassen die Hänge hinunter wälzten. Das Grollen des Berges wurde von kleineren Erschütterungen begleitet.

Walter trat zu ihr und legte den Arm um sie. Eine Weile standen sie schweigend nebeneinander und betrachteten das Naturschauspiel. Plötzlich deutete ihr Begleiter nach oben. Der Wind stand günstig und wehte den Rauch über ihren Köpfen in Richtung Westen. Der südliche Sternenhimmel offenbarte sich Margarete hier in seiner ganzen Schönheit. Von der Finka aus hatten ihr bis jetzt immer Berge die Sicht verdeckt.

„Dort ist das Kreuz des Südens, Margarete", erklärte Walter. „Ich habe lange darauf gewartet, dir das zeigen zu können. Willkommen in Guatemala!"

Als hätte Walter es geplant, begann in diesem Moment das Neujahrsfeuerwerk in der Hauptstadt.

* * *

*Margaretes Tagebuch, 08.01.1970*

*Wenn wir so durchs Land fahren, neulich zum Beispiel nach El Salvador, wo Walter geschäftlich zu tun hatte, dann sitze ich neugierig neben ihm und nehme alles für mich Fremdartige mit wachen Sinnen auf. Flora und Fauna verändern sich schnell, je nachdem, ob wir zum Pazifik, Atlantik oder in das Hochland im Norden unterwegs sind – und ebenso schnell auch die Klimazonen. Baumwollplantagen säumen kilometerlang die Straße in Richtung Pazifik. Hoch mit Zuckerrohr beladene Wagen, die ich für Holzfuhren hielt, begegneten uns. Am Wegesrand bieten Indiofrauen in farbenprächtigen Gewändern, ihre Babys im Wickeltuch auf dem Rücken oder an der Brust, neben schreiend bunt gekleideten Latinos ihre Früchte feil.*

*Daneben hocken unzählige Aasgeier, scheußliche Gestalten, und halten gierig nach lohnender Beute Ausschau. Sie sind ja die Straßenpolizei im Lande. Sie entsorgen, was sonst verwesen würde. Einmal entdeckten wir früh morgens auf der Chaussee ein totes Tier. Auf der Rückfahrt am späten Nachmittag war davon nur noch ein fein säuberlich abgenagtes Gerippe vorhanden.*

* * *

Sparsamkeit lernte Margarete hier auf jeden Fall. Es gab ja weder Strom noch fließendes Wasser. Und das Wasser, was gerade aus dem Duschkopf über ihr kam, hatte sie vorhin noch mühsam in den Tank gepumpt. Doch es tat gut, sich den Staub von der Arbeit auf den Erdbeerfeldern abzuwaschen, obwohl die Dusche nie wirklich Kühlung brachte zu dieser Jahreszeit. Als sie in Rock und Bluse gleich darauf wieder ins Wohnzimmer kam, hatte Walter schon das Schachbrett aus dem Schrank geholt und war gerade dabei, im Licht der Petroleumlampe die Figuren aufzustellen. Osso, der große Rottweilerrüde, hob träge den Kopf, rollte sich aber gleich wieder zusammen, als er merkte, wer da den Raum betreten hatte. Er war Walters besonderer Liebling und durfte abends immer für ein Stündchen mit ins Wohnhaus.

Es war am Anfang Margaretes größte Sorge gewesen, dass die Hunde sie vielleicht nicht akzeptieren würden. Walters Methode, sie als Herrin einzuführen, hatte sich allerdings bewährt: Seit dem Tag ihrer Ankunft war Margarete es, die den Hunden die Futternäpfe hinstellte. Außerdem bezog Walter sie in die Dressur und Pflege der Tiere, ohne große Umschweife zu machen, mit ein. Mittlerweile hatten sie sich gegenseitig schon so ins Herz geschlossen, dass Osso regelrecht getrauert hatte, als die Siebenundvierzigjährige vor gut einem Jahr wieder nach Deutschland geflogen war. Und jetzt war es fast schon wieder so weit. Der Flug war längst gebucht, und Margarete blieben noch wenige Wochen auf der Finka.

Nachdem die beiden Menschen es sich bequem gemacht und ihr Spiel begonnen hatten, kam auch Osso herübergetrottet und setzte sich daneben.

Weder Walter noch Margarete redeten viel. Sie konzentrierten sich beide auf die Schachpartie und schenkten dem Hund keine Aufmerksamkeit. Das war Osso aber gar nicht gewohnt. Misstrauisch sah er zu, wie mal der eine, mal der andere einen Zug machte.

Aus den Augenwinkeln betrachtete Margarete ihn amüsiert. Weil sie hier nicht besonders viel Gesellschaft hatten, redeten Walter und sie auch viel mit den Hunden. Es waren eben nicht nur Tiere, sondern Persönlichkeiten. Eine der Hündinnen hatte vor ein paar Wochen geworfen. Walter war sehr stolz, weil es so aussah, als hätten seine Zuchtversuche endlich Erfolg. Aber die Hündin hatte ihre

Welpen nicht angenommen. Stattdessen hatten sie versucht, die Tiere mit der Flasche aufzuziehen, doch eins nach dem anderen war gestorben. Selbst das Stärkste, das Margarete schon ans Herz gewachsen war, überlebte seine Geschwister nur um eine Woche. Ihre Mutter war nun gestern an einem Schlangenbiss verendet. Auch Walters Notfallmedizin hatte nicht mehr helfen können. Das war Margarete sehr nahe gegangen. Umso schöner war es, nun Osso hier sitzen zu sehen, der vor Gesundheit und Lebenskraft nur so strotzte.

In diesem Moment schnappte der Hund zu, die Schachfiguren flogen durch die Luft und er begann, auf dem Spielbrett herumzukauen.

„Osso! Aus!", kommandierte Walter, aber der Hund machte sich nichts daraus. Wahrscheinlich wollte ihm nicht in den Kopf, dass diese lächerlich kleinen Figuren wichtiger als er sein sollten. Während Margarete nach dem ersten Schreck in herzhaftes Lachen ausbrach, schimpfte Walter mit dem Hund. Mühsam rang er dem Tier das Brett und eine Spielfigur ab, die er noch im Maul hatte.

„Ach Osso, los, vor die Tür mit dir!" Walter öffnete die Tür und der Hund trottete hoch erhobenen Hauptes hinaus.

„Habe ich dir eigentlich schon erzählt, was ich heute mit Osso erlebt habe?", fragte Margarete, während sie die Figuren vom Fußboden aufsammelte.

„Nicht, dass ich wüsste", erwiderte Walter. Margarete merkte, dass er noch immer verärgert war. Die gute Erziehung seiner Hunde ging ihm über alles. Um ihn abzulenken, begann sie zu erzählen.

„Ich kam heute Vormittag ins Schlafzimmer und habe mich fürchterlich erschreckt, weil sich das Fell auf dem Fußboden vor unserem Bett plötzlich bewegte. Wenn das nun auch wieder eine Schlange war, wie neulich nachts im Badezimmer! Deshalb habe ich einfach schnell eine Schüssel über das Fell gestülpt und die unheimliche Fracht dann mit einem Stock bis vor die Haustür geschoben. Osso hat mich die ganze Zeit beobachtet und wäre am liebsten gleich selbst unter die Schüssel gekrochen. Er konnte es natürlich nicht abwarten, und irgendwie muss es ihm gelungen sein, die Schüssel umzustülpen. Dann hat er sich auf das Fell gestürzt, und plötzlich kam einer der Riesengeckos hervorgeschossen, die oben unter dem Dach wohnen. Er muss sich irgendwie in unser Schlafzimmer verirrt haben."

„Aber jetzt sag bloß, Osso hat versucht, den Gecko zu fressen?", fragte Walter erstaunt.

„Oh nein, der war ihm viel zu eklig. Es war ein Bild für die Götter, wie der Hund über den Hof sprang, dem Gecko immer hinterher, aber gleichzeitig hat es ihn vor Ekel geschüttelt."

„Wenigstens macht er seiner Aufgabe als Wachhund alle Ehre", schmunzelte Walter. „Margarete – wenn wir gerade von den Hunden reden – ich habe mir da etwas überlegt. Wenn du wieder in Deutschland bist, würdest du dich auf die Suche nach einer Rottweilerhündin machen? Ich habe schon die Adressen von ein paar Züchtern herausgesucht, die uns sicher weiterhelfen können. Aber ich brauche eine zweite Hündin, um hier eine Zucht aufzubauen."

„Ach, Walter, ich verstehe doch nichts davon. Ich habe nicht dein Händchen für Tiere", versuchte Margarete abzuwehren.

„Ich bin mir sicher, dass du das schaffst. Bring das Tier einfach bei deinem nächsten Besuch mit. Ich komme so bald nicht wieder nach Deutschland. Vielleicht sogar, um die Transportkosten zu vermeiden, im Rucksack, sozusagen als Handgepäck. Natürlich nicht, ohne vorher der Hündin ein Schlafmittel verabreicht zu haben."

* * *

*Margaretes Tagebuch, 18.01.1970*
*Gestern brachte ich viele kleine Indiokinder in einem Dorf nahe unserer Finka zum Lachen. Sie fanden mich sicher furchtbar komisch in meinen langen Hosen und mit dem ‚Zauberkasten', meinem Tonbandgerät. Walter sprach mit ihnen auf Spanisch und ich ließ das Tonbandgerät laufen. Manchmal ahne ich, was sie sagen wollen, obwohl ich kaum Spanisch spreche.*
*Gestern bummelte ich erstmalig durch die ‚Ciudad', die Hauptstadt. Ich suche schon nach kleinen Mitbringseln. Beim Einkaufen erweisen sich meine mangelnden Spanischkenntnisse wirklich als Handicap, denn das Herunterhandeln gehört zum Geschäft, und da bin ich noch nicht sprachkundig genug. Ich fand ein Geschäft, dessen Inhaber Englisch sprach, und erstand so auch einiges billiger. Danach landete ich in einem Laden, wo der Verkäufer hocherfreut seine Französisch-Kenntnisse hervorkramte, die wohl schon ein Menschenalter zurücklagen.*

*Er hielt mich begeistert für eine ‚Madame de Paris' und wollte von mir alle Zahlen von 1 bis 100 auf Französisch wissen. Als Dank lehrte er mich die Zahlen auf Spanisch. So hatten wir gemeinsam unseren Spaß.*
*Ich bewundere die üppige Flora hierzulande. Unser Haus ist umgeben von dichten Hecken der Bouganvilles in allen Farbe und vor dem Haus blühen viele Amaryllis, die Walter selbst gepflanzt hat. Übermannshohe so genannte Weihnachtssterne säumen die Wege. Ein Indio gab mir gestern zwei Zweige davon, die so lang sind, wie ich groß bin, und nun in einer Bodenvase im Wohnzimmer stehen. Den Esstisch schmücke ich immer mit frischen Blumen, auch Azaleenzweigen, die um das Haus in dicken Büschen in Blüte stehen. Jeder Busch, jeder Strauch, jede Blume und jedes Obstgewächs auf diesem Grundstück wird täglich von Hand gegossen, auch die Erdbeerpflanzen auf den beiden großen Feldern. Das nimmt Stunden in Anspruch.*
*Zur Zeit ist der kleine Kühlschrank kaputt, was bei diesen Temperaturen eigentlich eine Katastrophe ist. Aber was hilft es, sich aufzuregen! Er funktioniert auf Petroleum-Grundlage. Wir haben ihn extra in die Stadt gefahren und hoffen auf schnelle Reparatur.*

* * *

Die Schatten der Palmen tanzten über den Strand. Margarete lag in einer Hängematte und ruhte vom Schwimmen aus. Sie ließ sich von der leichten Brise hin und her schaukeln und beobachtete träge, wie die Wellen an den Strand rollten. Vor ein paar Tagen war Walter mit ihr an die Pazifik-Küste gefahren, um ein wenig Urlaub zu machen. Die Erdbeerfelder und die Tiere hatten sie den Indios überlassen. Hier hatten sie eine der kleinen Strohhütten gemietet, deren Klimaanlage nicht vorhandene Wände waren. Luxus war das nicht, aber so ein Abenteuerleben hatte sie auch nicht alle Tage. Ihr machte es Spaß – vor allem das Meer, das Schwimmen mehrmals täglich im lagunenblauen Wasser.

Gestern waren sie dreimal ziemlich weit hinausgeschwommen. Am Abend hatte Walter ihr dann gebeichtet, dass er ständig mit einem Auge nach Haien Ausschau gehalten hatte. Sie hatte ihm schon bei einem der Tagesausflüge, die sie gelegentlich an den Pazifik gemacht hatten, von ihrer Angst vor Haien erzählt. Deshalb hatte er ihr zunächst auch nichts sagen wollen, um Margarete nicht die Freude am Schwimmen zu nehmen.

Allerdings hatte sie nun den ganzen Nachmittag über den Horizont beobachtet und nach den charakteristischen Flossen an der Wasseroberfläche gesucht. Doch ihre Gedanken waren immer wieder abgeschweift.

Walter war schon ein Schatz. Wenn sie im Wasser waren, schwamm er immer in Ufernähe und blieb an Margaretes Außenseite. Ihr sollte nichts passieren, und sie schätze dieses Gefühl von Sicherheit, das er ihr gab. Sie bewunderte ihn. Sie liebte ihn, doch irgendetwas steckte in ihm, was ihr Walter schwer zugänglich und verständlich machte. Vielleicht war es der Abenteurer in ihm. Gestern hatte er ihr noch erzählt, dass er einmal durch eine starke Meeresströmung weit hinausgetrieben wurde. Schließlich habe er nur hoffen können, dass ihn die Brandung wieder gen Land bringen würde. Allerdings hätten ihn auch die Haie bemerkt. Er habe sich zusammengerollt wie eine Kugel und so lange gewartet, bis die Tiere ihr Interesse an ihm verloren.

Bei solchen Geschichten war Margarete sich nie sicher, ob er sich Münchhausen-Allüren zugelegt hatte oder wirklich die Wahrheit erzählte. Als sie es ausprobiert hatte, sich im Wasser so zusammenzurollen, war sie sofort untergegangen.

Über ihrem Kopf hüpften kleine, orangefarbene Vögel durch die Palmen und machten einen unglaublichen Lärm. Den Platz für die Hängematte hatte Walter sehr sorgfältig ausgewählt. Unter den Kokosnusspalmen zu liegen war nicht ganz ungefährlich. Wenn ihnen aus dieser großen Höhe eine Kokosnuss auf den Kopf fiel, könnten sie lebensgefährliche Verletzungen davontragen. Dafür hatte Margarete aber auch ein sehr nettes Erlebnis mit ein paar Einheimischen gehabt, die ihr, als sie gerade vom Schwimmen zurückkam, ein paar Kokosnüsse mit ihren scharfen Macheten geöffnet und ihr die herrlich erfrischende Kokosmilch dann, ohne ein Trinkgeld zu erwarten, überreicht hatten.

Sie hatte in diesem Land zusammen mit Walter schon so viel Schönes erleben dürfen. Die bunten Märkte der Indios, die sie besucht hatten, der Tempel von Tikal mitten im Urwald, die zum Teil noch tätigen Vulkane und vieles mehr, all das war wunderschön. Und trotzdem schien es in Guatemala keinen Raum für sie zu geben.

Margarete hatte sich wirklich bemüht, eine sozialmissionarische Aufgabe unter der Indio-Bevölkerung zu finden, aber alle Ideen waren wieder im Sande verlaufen. Eine Gruppe junger amerikanischer Adventisten, die auf einer Missionsstation 50 Kilometer entfernt arbeiteten, hatte sie in Massage und physiotherapeutischen Übungen geschult. Aber letztlich war die Entfernung zu groß, und Walter teilte ihren Glauben nicht in gleicher Weise, dass es auch ihm ein Anliegen gewesen wäre, regelmäßig dorthin zu fahren. Er war zeitlebens ein Zweifler, auf der Suche nach der Wahrheit, aber mit großen Vorbehalten gegen alles Absolute. So machte Margarete sich einmal wöchentlich allein im alten Peugeot auf die unwegsame Strecke.

Und jetzt war es fast schon wieder so weit, dass sie zurück nach Deutschland fliegen würde. Margarete hatte ihren Abflug vorverlegt, weil es ihrer Mutter gesundheitlich nicht gut ging. Walter war zuerst gar nicht damit einverstanden gewesen, aber er hatte nicht viel gesagt. Ihre Abmachung, dass Margarete ein halbes Jahr bei ihm und ein halbes Jahr in Deutschland sein würde, war schließlich unverändert.

Sie wusste selbst nicht, warum sie sich nicht ganz für ein Leben mit ihm entscheiden konnte. Irgendetwas hinderte sie und ließ sie nicht ganz nach Guatemala gehen.

* * *

*Margaretes Tagebuch, 02.07.1972*
*Mutti möchte immer ein Herz und eine Seele mit mir sein. Nichts Trennendes soll zwischen uns stehen. Alles ist wunderbar, wenn sie diese Seelengleichheit empfindet, und sie überschüttet und umgibt mich dann mit einer Liebe, deren Maßlosigkeit leider grenzüberschreitend ist. Ich wehre mich dagegen, weil mir kein Raum zu eigenem Tun bleibt. Ich sehe mich in ein von ihr fest umrissenes Gefüge hineingezwungen. Nur solange wir einer Meinung sind, geht es gut. Äußere ich widersprechende Ansichten, reagiert sie so negativ, dass es mich in tiefe Verzweiflung führt.*
*Sie will mir ja nichts Böses und ist sich nicht bewusst, dass sie mich*

*mit ihrem Verhalten – koste es, was es wolle – ganz einfach erpresst. Ihre schwachen Nerven verkraften nicht die Tatsache, dass ich nicht ungeteilt für sie da bin, nicht ständig um sie bleibe, und dass es ganz natürlich ist, mit 50 auch mal eine eigene, ihrer entgegengesetzte Meinung zu haben.*
*Ich habe auch an Walter geschrieben, dass ich mir in den letzten Jahren wahrscheinlich zu viel zugemutet habe mit der Ausbildung, den Praktika, dem Umzug, den Reisen zu ihm und den ständigen Spannungen und dem Hin- und Hergerissensein zwischen ihm und meiner Mutter. Es wird schon etwas dran sein, wenn meine Freundinnen – die eine kennt mich seit 44 Jahren – sagen, dass es so mit mir nicht weiterginge. Von Natur aus neige ich dazu, vieles gleichzeitig zu wollen. Dadurch werde ich nie jedem ganz gerecht und führe mein Vorhaben nur zum Teil mit Elan durch, weil sich dann bald Ermüdung einstellt. Ich muss lernen, mit den inneren und äußeren Kräften zu wirtschaften und keinen Raubbau zu treiben, wie man das allenfalls noch in seiner Jugend konnte.*
*Was ich jetzt brauche, ist eine Zeit der Stille, in der ich mehr dazu komme, mich auf das zu besinnen, was mir Kraft zum Leben gibt. Ich finde, mein praktisches Leben und das, was ich vorgebe zu glauben, stimmen zu wenig überein.*

* * *

Sie konnte die Schrift kaum noch lesen, weil ihre Hand so sehr zitterte. Margarete legte den Brief von Walter zur Seite. Das war zuviel. Wie konnte er so harte Worte gegen sie sagen? Seine Wut und seine Vorwürfe taten ihr wirklich weh. Aber jetzt erahnte Margarete auch, weshalb Walters Schwester ihr, als sie vor ein paar Monaten von einem Besuch bei ihm zurückgekehrt war, ausrichten ließ: „Du darfst jetzt nicht wieder hin. Du kämst nicht lebend zurück!"

Außerdem hatte sie noch etwas von einer vererbten Nervenkrankheit gesagt, die schon die Mutter in eine Nervenheilanstalt gebracht hätte. Walter habe schon immer die Veranlagung dazu gehabt. Viele Menschen hätten schon versucht, ihm durch Liebe und Wertschätzung zu helfen. Sie als seine Schwester sei allerdings zu dem Schluss gekommen, dass dies wohl nicht möglich wäre.

Kopfschüttelnd schaute sie auf die dicht beschriebenen Seiten mit all den verletzenden Worten. Dann kramte Margarete ihr Tagebuch hervor. Sie musste es irgendwie schaffen, ihre Gedanken zu ordnen, und schrieb, weil ihr kein passender Anfang einfiel, das Datum oben auf die leere Seite. 1973. Wie schnell die Zeit verging. Doch mit jeder Nachricht, die sie von Walter erhielt, stand ihr dieser Abend, an dem sie sich vor fast einem Jahr gegen ihn entschieden hatte, wieder deutlich vor Augen:

Im Dezember 1972 hatte es draußen geschneit, und eigentlich hatte Margarete sich schon nach der Sonne Guatemalas gesehnt. Ihre Koffer hatten halb gepackt im Schlafzimmer gestanden und sie saß an dem Abend nur noch kurz am Schreibtisch, um ihre Papiere zu sortieren. Sie hatte an Walter gedacht und daran, dass er sich sicherlich schon sehr auf ihre Ankunft in zwei Tagen freute. Aber in diesem Moment hatte sie deutlich empfunden, dass sie nicht fliegen solle. ‚Das ist nicht dein Weg, sage ab!', hörte sie eine Stimme in sich. Sie hatte den Eindruck einer klaren, eindeutigen inneren Weisung, genau wie damals vor 28 Jahren: „Gib Ludwig dein Ja."

Erst versuchte sie, den Gedanken abzutun. Der Flug war ja schon gebucht, ihre Ankunftszeit hatte sie Walter in ihrem letzten Brief mitgeteilt. Sie zögerte. Sollte sie die Beziehung zu ihm wirklich ganz und konsequent lösen, vor allem so plötzlich? Aber der Gedanke hatte Margarete nicht losgelassen. Sie kämpfte, sie rang darum, schon wieder verzichten zu müssen.

Der Moment, als sie aufgegeben hatte, war zugleich furchtbar und befreiend gewesen. An diesem Punkt hatte sie die Beziehung mit Walter endlich aus den Händen gegeben.

Am nächsten Tag stornierte Margarete den Flug und schickte ein Telegramm an Walter.

Aber wie hätte sie ahnen sollen, was dann passierte. Bis zu diesem heutigen Tag haderte die Einundfünfzigjährige mit sich selbst, dass sie dieses sich anbahnende Unglück nicht vorhergesehen hatte. Doch andererseits war ihr klar, dass sie Walter gar nicht anders hätte erreichen können. Ein Telegramm war der einzige Weg gewesen, weil es auf der Finka kein Telefon gab und die Post nur alle paar Tage aus der Stadt geholt wurde. Allerdings warf Walter alle Drucksachen und Zeitungen aus seinem Postfach immer gleich in den nächstbesten

Papierkorb. Nur die Briefe nahm er mit. Irgendwie musste ihr Telegramm zwischen die Zeitungen geraten sein. Jedenfalls hatte Walter es nicht bekommen, sich furchtbare Sorgen gemacht, weil sie nicht im Flugzeug gesessen hatte, und die Enttäuschung und die Angst hatten dafür gesorgt, dass er einen unkontrollierten Zorn auf sie entwickelte.

* * *

*Marburg 1973*

Und so weh ihr das auch tat, es war doch gut gewesen, dieses Jahr 1973 über in Marburg zu sein. Sie hatte sich viel um ihre Mutter gekümmert. Für Deta war es immer eine Qual gewesen, ihre Tochter für sechs lange Monate gehen zu lassen. Nun hatten Mutter und Tochter sogar Detas 80. Geburtstag zusammen feiern können. Nach ihrem zweiten Herzinfarkt lag Deta zwar gerade im Diakonie-Krankenhaus in Marburg, aber Margarete konnte sie so auch jeden Tag besuchen. In der nächsten Woche wollte sie dann ihre Mutter zu sich holen, die nun ein Pflegefall war, aber das machte ihrer Tochter im Moment gar nichts aus. Es würde sich ein Weg finden.

Das Ende der Beziehung zu Walter war nicht spurlos an ihr vorübergegangen. Ihr Leben in Marburg war überschattet gewesen von Depressionen, von denen Margarete aber kaum jemandem etwas erzählt hatte. Und die Briefe aus Guatemala hatten ihren psychischen Zustand nicht besser gemacht. Die Pflege ihrer Mutter würde ihr helfen, einen geregelten und sinnvollen Ablauf in ihren Alltag zu bekommen.

Andererseits gab es auch solche kleinen Lichtblicke wie heute Abend im Krankenhaus. Sie war schon fast zur Tür hinaus gewesen, als Deta ihr noch hinterherrief: „Dass du heute Abend noch gekommen bist, ist wie ein Engelsgruß."

Die tiefe Dankbarkeit, die aus diesen Worten sprach, hatte Margarete die Tränen in die Augen getrieben. Sie war noch einmal zum Bett ihrer Mutter zurückgegangen und hatte sie umarmt.

„Mutti, etwas Schöneres hättest du mir nicht sagen können."

Diese Begegnung wog alle Konflikte und schlechten Gefühle der Vergangenheit auf. Und gerade dieses Gefühl der Versöhnung war es, was Margarete wieder neuen Mut gab. Das war ihr schönster Lohn, wenn andere ihr zeigten, dass durch ihre Art und Anwesenheit ein Stück Himmel sichtbar wurde.

Dann war sie nach Hause gefahren und hatte noch einiges an Post erledigt. Aber letztlich war nur noch der Brief an Walter übrig geblieben. Zuletzt hatte er ihr in diesem Brief mitgeteilt, dass er nun wieder in Deutschland sei. Aber sehen wollte Margarete ihn eigentlich nicht. Sie beschloss, ins Bett zu gehen und die Neuigkeiten zu überschlafen. Es war schließlich schon fast elf Uhr nachts.

Gerade zog sie die Tür zu ihrem Wohn- und Arbeitszimmer ins Schloss, als das Telefon klingelte. Für einen Moment war sie unentschlossen, ob sie es nicht einfach klingeln lassen sollte zu dieser fortgeschrittenen Zeit. Letztlich siegte das Verantwortungsbewusstsein.

„Frau Neitzel," meldete sich die Person am anderen Ende. Margarete erkannte die Stimme von Schwester Odette, die auf der Station arbeitete, wo Deta gepflegt wurde.

„Es tut mir leid, Ihnen das am Telefon mitteilen zu müssen, aber Ihre Mutter ist vor ein paar Minuten friedlich heimgegangen."

Nie mehr würde sie nun den abendlichen Gute-Nacht-Gruß ihrer Mutter „Behüt dich Gott, mein Kind" hören, ohne den sie als kleines Mädchen nicht einschlafen konnte.

* * *

Die folgenden Jahre ging es durch manche Talsohlen im Leben von Margarete.

Depressionen stellten oft ihren Lebensmut, aber nicht ihr Vertrauen in Gottes Führung und seinen Plan mit ihrem Leben infrage. So gab es immer wieder Licht am Ende des Tunnels – und damit auch Energie und Freude, neue Aufgaben anzupacken oder in die Welt zu fliegen.

Neugier und Offenheit für alles, was die „Grauen Pantherjahre" zu bieten haben, beflügelten so manche Initiative der über Achtzigjährigen – doch auch die Anforderung an sich selbst „Nur was wir für andere tun, bestimmt den Wert unseres Lebens" blieb nicht vergessen.

Sie schreibt: *„Ich hatte endlich begriffen, dass so ein selbstlos schei-*

*nender Vorsatz zwar edel klingt, aber eigentlich doch mehr der stolzen Selbstverwirklichung im Sinn von „Edel sei der Mensch, hilfreich und gut" dient. Sicher hatte ich mir damals auch damit gewünscht, von Gott mit einer besseren Note belohnt zu werden. Doch mit einer solchen Vorstellung war ich völlig auf dem Holzweg. Gott will es nicht mit vollkommenen Menschen zu tun haben, sondern mit bedürftigen Mängelwesen, wie ich es in Wahrheit bin. Ich bin darauf angewiesen, dass er mir geben wird aus unverdienter Gnade, was ich nicht machen kann.*

*Und so bin ich mir bewusst: mein Himmelschlüsselblumen-Symbol weist viele Risse auf, hat verrostete Stellen und droht mitunter auseinanderzubrechen, vor allem dann, wenn nur meine eigene Kraft und Meinung den Schlüssel ansetzen will. Doch er, der mich schuf, heilt und lenkt auch mein Unvermögen und „bringt zu Heil und Segen, was seinem Rat gefällt".*

# Gesucht und gefunden

*Ein ganz persönliches Nachwort*

**Margarete und Marburg**

Wann ich ihr zum ersten Mal begegnet bin, weiß ich nicht mehr genau. War es in einem unserer Gottesdienste in der Lutherischen Pfarrkirche in Marburg? Oder in einer anderen Veranstaltung?

Ihr silberweißes Haar und ihre gerade Haltung, ihr heiter gelassenes Lächeln, das offen und herzlich zugleich ist, ihre verschmitzten und tiefgründigen Augen sind unübersehbar. Wer Margarete Neitzel begegnet, merkt: Dies ist eine außergewöhnliche Frau, die ihre vornehme Herkunft nicht herausstreichen muss. Und wer sie kennenlernt, entdeckt: Margarete ist eine tiefgläubige Christin, die Jesus bewusst nachfolgen will und die auch im hohen Alter noch geistlich bewegt und beweglich ist.

Aufgewachsen in Pommern, mit langem Aufenthalt in Paris, durch den Krieg, der sie in den Westen wirbelte, einige Jahre in England und durch ihre Ehe bedingt in vielen Orten beheimatet, ist Margarete Neitzel nach einer persönlichen Sichtungszeit in Guatemala schließlich in Marburg vor Anker gegangen.

Und hier lebt sie seitdem.

Für mich persönlich ist sie eine mütterliche Freundin, eine Unterstützerin und Beterin geworden. Eine Frau, die Ermutigung ausstrahlt, weil Jesus in ihr Gestalt gewonnen hat.

Sie selbst würde das weit von sich weisen. Aber jeder, der ihr begegnet, empfindet diese zusätzliche Dimension. Die Ausstrahlung, die nicht von ihr selbst kommt, sondern ermutigend und herausfordernd verdeutlicht, dass es eine Hoffnung gibt, die unser Leben durchstrahlen kann. Auch, und gerade dann, wenn wir selbst eher unsere eigenen Unzulänglichkeiten, Fehler und Versäumnisse wahrnehmen können..

**Über dieses Buch**

Mechthild Puhlmann hat die Lebensgeschichte von Margarete Neitzel erzählt. Spannend und einfühlsam. Ihre Lebensgeschichte ist eine Ermutigung. Für Jüngere, die, wenn Gott es schenkt, noch viele Lebensjahre vor uns haben. Und auch für die, die wie Margarete noch den Krieg miterlebt haben und die ähnlich wie sie auf ein langes Leben zurückschauen können. Besonders auch für die, die wie sie ihre Heimat aufgeben und ganz neu anfangen mussten. In Margaretes Leben spiegelt sich die leidvolle und doch immer wieder auch hoffnungsvolle Geschichte des 20. Jahrhunderts wider. An ihr können wir neu verstehen, dass Gott mitten drin ist und uns treu bleibt im Auf und Ab der wechselnden Zeiten.

Grundlage für dieses Buch bilden neben vielen persönlichen Gesprächen Margaretes eigene mehrere hundert Seiten umfassenden Lebenserinnerungen, die Tagebuchauszüge, Vortragstexte und Presseartikel enthalten.

Mechthild Puhlmanns Erzählung führt uns bis in die siebziger Jahre, bis zum Tod von Deta, Margaretes Mutter. Doch natürlich endet ihre Geschichte nicht hier. Gerade das, was sie heute tut, und vor allem, wer sie ist, beeindruckt unzählige Menschen. Und zwar viel mehr, als sie selbst wahrnehmen kann.

Ich will in den folgenden Zeilen versuchen, die Geschichte weiterzuführen, in kleinen Skizzen. Dabei geht es mir nicht um Lückenlosigkeit, sondern darum, dass das Wesentliche durchscheint. Das, was zu Margaretes Wesen gehört und was Gott ihr an wirklich Wesentlichem geschenkt hat.

**Heimat**

Ein großes Thema. Auch für Margarete Neitzel. Nach den Jahren der Wanderschaft wurde Marburg ihr neues Zuhause. Drei Jahrzehnte lang war es eine wunderschöne Wohnung in Wehrda. Unzählige Menschen waren dort über die Jahre zu Gast, zu Gesprächen, zu Kaffee und Kuchen, oder auch zum gemeinsamen Gebet. Sie hat die Gabe, zuzuhören und dem Gegenüber das Gefühl zu geben, dass er in diesem Augenblick der wichtigste Mensch auf der Welt ist.

Die Frage nach dem Zuhause, nach der Heimat, hat Margarete bewegt. Denn schließlich war das ursprüngliche Zuhause, das weite Pommernland, nach dem Krieg nicht mehr erreichbar. „Pommernland ist abgebrannt." Diese bekannte, und so brutale Zeile aus dem Lied, das ursprünglich aus der Zeit des Dreißigjährigen Krieges stammt, kann man nicht ohne Wehmut und inneren Schmerz hören. Jedenfalls mir geht es so, denn auch mein Vater kommt aus diesem Land jenseits der Oder, aus Hinterpommern. Sein Elternhaus stand nur wenige Kilometer von Margaretes Heimat entfernt.

*Maikäfer, flieg! Der Vater ist im Krieg,*
*die Mutter ist im Pommerland, Pommerland ist abgebrannt.*
*Maikäfer, flieg!*

So sangen die Kinder im Dreißigjährigen Krieg, in dem unter vielen anderen Landstrichen auch Pommern sehr viel Leid und Verwüstung erlebte.

Doch es ist nicht dieses traurige Lied, das Margaretes Gefühl für ihre pommersche Heimat angemessen ausdrückt. Es ist vielmehr das Gedicht, das die Dichterin Martha Müller-Grählert 1908 zum ersten Mal veröffentlichte, in pommerschem Platt. Das Gedicht trägt die Überschrift: „Meine Heimat“

*Wo de Ostseewellen trecken an den Strand,*
*wo de gele Ginster bläuht in'n Dünensand,*
*wo de Möwen schriegen grell in't Stormgebrus,*
*do is mine Heimat, do bin ick to Hus.*

*Well un Wogenruschen war min Weigenlied,*
*un de hohen Dünen sehg'n min Kinnertid.*
*sehg'n uck all min Sehnsucht un min Hartbegehr,*
*in de Welt to fleigen oewer Land un Meer.*

*Woll hat mi dat Lewen dit Verlangen stillt,*
*hät mi allens gewen, wat min Hart erfüllt.*
*Allens is verswunnen, wat mi quält un drew,*
*hev nu Freden funnen. doch de Sehnsucht blev.*

*Sehnsucht nach min wunnerschönet Pommernland,*
*wo de Wellen trecken an den witten Strand,*
*wo de Möwen schriegen grell in't Stormgebrus,*
*do is mine Heimat, do bün ick to Hus.*

Die pommersche Heimat war für Margarete immer wichtig. Einige Jahre lang hat sie ehrenamtlich für die pommersche Landsmannschaft die Korrespondenz ins englischsprachige Ausland geführt.

**Ein Zuhause für viele**

Doch Margarete blieb nicht stehen bei der Wehmut. Sie verwandelte die Sehnsucht nach der Heimat in die Bereitschaft, überall, wo sie war, eine neue Heimat zu schaffen. Für sich selbst und für andere. Ob in England, Guatemala, Treysa, Köln, Flensburg, Hamburg oder Hessen.

Wo sie ist, da ist sie ganz. Und da wendet sie sich den Menschen zu, die ihr begegnen. Und oft sind das auch solche, die selbst die Erinnerung an eine verlorene Heimat in sich tragen.

Zum Beispiel die armenischen Frauen, die sie durch eine Diakonisse in Wehrda kennenlernte, und denen sie mit deutschem Sprachunterricht half, sich in dem fremden Land einzugewöhnen. Oder später ihre serbische Freundin Dragica, mit der sie eine enge Freundschaft verbindet und mit der sie mehrere Reisen unternehmen konnte.

Aus dieser Zeit berichtet Margarete:

*„Viele Jahre kümmerte ich mich um armenische Aussiedler, versuchte, ihnen beim Deutschlernen zu helfen und knüpfte gute freundschaftliche Beziehungen zu einer Familie in drei Generationen. Später begannen einige Frauen aus Wehrda mit einem Gesprächskreis, um den Ausländerfrauen, die überwiegend Musliminnen waren, gebeten hatten. Sie wollten, so wurde geäußert, mehr von der Bibel hören.*
*Wir trafen uns in Privatwohnungen. Essen und Trinken kam dabei nicht zu kurz, und manchmal wurden wir auch eingeladen und verwöhnt mit wohlschmeckender fremder Küche. Man spürte, wie gut es den Frauen tat, selber Gastgeberinnen zu sein. Zunächst gab es immer einen lebhaften Austausch über persönliche Dinge. Wir hörten von notvollen Erfahrungen, die zur Flucht aus ihrer Heimat geführt hatten, von Schwierigkeiten hierzulande, aber auch von manchen kulturellen Wertvorstellungen, die uns zum Nachdenken anregten. Alles hatte seinen Platz in den Gesprächen, zu denen wir uns Zeit nahmen, denn es war für die Frauen wichtig, sich mitzuteilen.*
*Doch das war nicht alles. Wir lasen gemeinsam im Neuen Testament nach der Übertragung ‚Hoffnung für alle'. Das Einstiegthema blieb*

*immer die Frage: „Wer ist Jesus Christus?" Unser Anliegen war, ihnen zu vermitteln – auch vorzuleben –, dass christlicher Glaube in erster Linie keine Gesetzeserfüllung ist, sondern eine frei und froh machende lebendige Beziehung mit Gott durch Jesus Christus."*

**Heimkehr nach Pommern**

Insgesamt fünfmal fuhr Margarete in ihre alte Heimat, nach Pommern. Schon in der Vorwendezeit, 1977, setzte sie sich in ihren Karmann Ghia, der damals ihr ganzer Stolz war, und fuhr mit einer Freundin an die Stätten der Kindheit. Sie konnte sie alle besuchen: Kolberg, Preußisch Friedland, Wedderwill, das Gut Loepersdorf, Carow, das Köllersche Gut und Meesow, das Dewitzsche Rittergut. In Loepersdorf roch alles noch wie früher. Doch Carow verfiel immer mehr. In Wedderwill, wo sie als Kind gespielt hatte, standen nur noch die Kastanien. So wurden Kindheitserinnerungen wieder lebendig und rückten doch gleichzeitig in weite Ferne.

Ein paar Jahre später konnte sie dann noch einmal dorthin reisen, diesmal mit ihrer Tochter Corry. Die Zeichen des Verfalls in den Gutshäusern ihrer Vorfahren und Verwandten wurden immer deutlicher. Das Gutshaus in Loepersdorf war zum Steinbruch geworden, nur die Ställe waren noch da. Sie wurden als polnisches Staatsgut genutzt. Das Schloss in Stramehl stand noch. Es fand zunächst verschiedene Verwendungen, bis es später Teil der Universität Stettin wurde. So reiste Margarete umher und schaute sich alles ausführlich an. Doch diese Reisen waren keine Wehmutsreisen. Es war vielmehr ein neues Wahrnehmen der Heimat, und in einem bestimmten Sinn auch ein Abschiednehmen. Margarete sagt das ganz deutlich: Die wahre Heimat ist allein im Himmel zu finden. Und doch traf es sie hart, wie verwahrlost die Güter dastanden und dass schließlich alles weg war.

**Geburtstag auf Schloss Roman**

Und dann kam eine ganz besondere Idee. Der siebzigste Geburtstag 1992. Den wollte sie doch in Pommern feiern, möglichst mit allen Verwandten, und auch mit Marburger Freunden. Das Schloss Ryman, Roman mit altem Namen, 30 Kilometer südlich von Kolberg, ehemals im Besitz eines Vetters von Margaretes Mutter, stand noch und wurde als kleines „Schlosshotel" betrieben.

Der Gedanke wurde zur Tat. Margarete mietete das Schloss kurzerhand für eine ganze Woche und lud alle ein. Neben der eigentlichen Feier unternahm die Gesellschaft viele Fahrten in die Umgebung und führte so die nächste Generation an das Erbe der Vorfahren heran. Beim Geburtstagsfestessen hielt Margarete eine Rede, von der hier Auszüge wiedergegeben werden sollen.

*Meine lieben Gäste,*
*Da ich ja nun wohl im Mittelpunkt dieses Abends stehe und mich, wenn auch nur für eine kurze Zeit, als Hausherrin und Gastgeberin dieses alten Gutshauses fühle, möchte ich euch alle noch einmal ganz herzlich begrüßen und mich bedanken für all eure Liebe und die sichtbaren Zeichen davon.*
*Ich freue mich, dass ihr meiner Idee zu dieser etwas ungewöhnlichen Ortswahl gefolgt seid und die lange Fahrt verbunden mit Mut und einigen Wagnissen und einem Opfer an Zeit auf euch genommen habt.*

Und dann kam Margarete auf einen Freund zu sprechen, der mit seiner Frau eingeladen war, aber kurz vorher verstarb. Nach der Erinnerung an ihn sagte sie:

*Der erste Uno-Generalsekretär, Dag Hammarskjöld, sagte einmal, als er über sein Leben nachdachte: „Für das Vergangene: Dank! Für das Kommende: Ja!" Das gilt nun für Inge, die Ehefrau des Verstorbenen, und auch für mein kommendes Jahrzehnt! ...*
*Bei meinem Wort vom Wagnis dachte ich in erster Linie an dich, liebe Margit. Du warst so begeistert vor einem Jahr von meiner Idee, in Hinterpommern zu feiern, und stimmtest mit als Erste zu, endete doch in deiner Vorstellung – wie bei so manchen deiner Generation – Deutschland hinter dem Zaun, hinter der Mauer, wie du es ja selber sagtest, ganz zu schweigen von dem unbekannten Land östlich der Oder, das so viele nur kennen aus dem Kindervers des Dreißigjährigen Krieges, das nach drei Jahrhunderten noch einmal bittere Wirklichkeit wurde: „Maikäfer, flieg, dein Vater ist im Krieg, deine Mutter ist in Pommernland, Pommernland ist abgebrannt. Maikäfer, flieg!"*

Und dann grüßte Margarete alle Gäste einzeln, die Marburger Freunde und die Verwandten, von denen einige sogar aus Kanada gekommen waren. Danach erinnerte sie an ihren Mann Hasso, der 1964 verstorben war. Sie sprach dessen Cousine Hildegard direkt an:

*Als mit mir einzige Trägerin des Neitzelnamens freut mich deine Gegenwart, liebe Hildegard aus Berlin. Ob du wohl weißt, dass dein Vetter Hasso, mein 1964 vertorbener Mann, mir vor der Hochzeit folgende Bedingung stellte: „Ich heirate dich nur, wenn du bereit bist, mit mir – und wenn es zu Fuß sein müsste –, zurück nach Pommern zu gehen!" Wie bewegt wäre er jetzt, seine Heimat wiederzusehen! Er stand ja in Kolberg im 4.1nfanterieregiment und auch in Neustettin, wo er die glücklichsten Jahre verlebte und wo auch Corry im Krieg mit der nach der Flucht verstorbenen Zwillingsschwester geboren wurde. Ihr älterer Bruder Karl-August war noch „Vorkriegsware".*

Und auch die Tochter Corry wurde angesprochen:

*„Dass wir nun heute hier feiern, hat auch etwas mit dir, liebe Corry, und dir, lieber Schwiegersohn, zu tun! Vor einem Jahr fuhren wir beide, Corry und ich, nach Neustettin, und du konntest endlich deine Geburtsstadt kennenlernen und warst überwältigt von der Schönheit der Heimat deiner Eltern. Und diese Neuentdeckung wolltest du mit deinem Mann, meinem lieben Schwiegersohn Thomas, teilen. Dass dies möglich würde, das war für mich auch ein wichtiger Anlass für die Wahl dieses Ortes ...*
*So, nun bin ich auch bei mir gelandet. Wenn ich heute nun siebzig werde, so fühle ich mich keineswegs als eine „alte Dame"! Ich lebe nicht in der Vergangenheit, auch wenn die Wahl dieses Ortes so etwas vermuten ließe. Im Gegenteil! Ich lebe sehr in der Gegenwart und ohne Angst vor der Zukunft. Wie ihr aus meinen Briefen herausgelesen haben werdet, sollte diese Woche in Pommern nicht nur der Erinnerung Raum geben, auch nicht der Wehmut über eine an die Geschichte verspielte, verlorene Heimat, sondern ein Beitrag zum Brückenbau zwischen Polen und Deutschen.*
*Das war das Eine, das ich noch mal sagen wollte, und das andere, nicht weniger wichtig, ist:*

*Ich bin mir bewusst, das ich – wie wir alle – auf dem Wege sind, der einmal enden wird. Eine Zeitbombe, die tickt, tragen wir alle in uns. Dies im Blick zu behalten, hat keinen bedrückenden Aspekt für mich. Mein Leben hatte einen sichtbaren Anfang in der Zeit und geht einem noch unsichtbaren neuen Anfang entgegen*
*Und darauf freue ich mich, aber auch auf heute ... morgen und übermorgen. In den 70 Jahren auf meinem Weg durch die Zeit war ich wechselvollen Ereignissen ausgesetzt. „Auf und Abs", Freudiges und Schweres, Interessantes, Abenteuerliches und auch Enttäuschendes habe ich durchlebt – wie jeder Mensch. Versagen und Schuld waren auch mit dabei.*
*Aber ich weiß mich auf diesem Weg begleitet von dem, der seine Schöpfung – und damit auch mich – nie aus den Augen verliert. So bin ich von ihm an der langen Leine geführt worden, bin weggelaufen und wieder zurückgekommen, wusste ich im Kopf doch immer: Ein sinnerfülltes Leben gibt es bei dem, der von sich sagt: „Ich bin der Weg, die Wahrheit und das Leben." Auf diese Aussage vertraue ich auch weiter. Sie hat mich bisher nicht enttäuscht und wird letztendlich die Brücke sein, die mich am Ende meiner Zeit in das andere Leben führt. Weil dies eine freudige Hoffnung ist, wollen wir jetzt fröhlich unser Glas erheben und dem Geber solcher köstlichen Speisen, die uns nun erwarten, danken und auch den Händen, die es zubereitet haben!"*

Wie bei allen Reisen in die alte Heimat, war es auch bei dieser Geburtstagsreise Margarete sehr wichtig, einen Beitrag zur Begegnung und zur Verständigung zwischen Deutschen und Polen zu leisten. Statt Geschenken bat sie um Spenden für die Versöhnungskirche in Travemünde, im Pommernzentrum. Für Margarete liefen an diesem Geburtstag in ganz besonderer Weise Fäden zusammen, Fäden, die aus der Vergangenheit herkamen, hier neu zusammengeflochten wurden und dann wieder auseinanderlaufen, um vielleicht später, zu einer anderen Zeit und an einem anderen Ort, wieder zusammenzufinden.

**Vergangenheit und Zukunft**
In ihrer Einladung zu der Geburtstagsreise hatte sie im Mai 1992 geschrieben:

*Unser Land – ein Teil Deutschlands – liegt in Europa ... Wir Pommern wissen, dass dem polnischen und dem deutschen Volk nicht vergessenes Unrecht zugefügt worden ist. Wir wissen aber auch, dass nicht das Verharren in der Erinnerung an Leid und Unrecht den Weg für eine bessere Zukunft ebnet ... wir haben erfahren, dass wir lernen, uns zu verstehen. Wir wissen, Europa ist auch unsere Zukunft. Dazu möge auch diese unsere Reise nach Polen beitragen: Brücken zu bauen zwischen Nachbarn in Ost und West.*

**Potsdam und Preußentum**

Ihren achtzigsten Geburtstag feierte Margarete dann nahe Potsdam, in einem Hotel am Schwielowsee. Potsdam, das ist für sie der Inbegriff des Preußentums. Und als Preußin fühlt sie sich durch und durch. Ausflüge an die Märkischen Seen und nach Berlin machten auch diese Reise zu etwas ganz Besonderem. Die Patenkinder mit ihren Familien waren eingeladen. Nicht alle konnten kommen, und doch war es eine wunderschöne Zeit für Margarete. Dort wurde der Ruf noch einmal ganz laut: Margarete, du musst deine Erinnerungen unbedingt aufschreiben! Margaretes umfangreiches Manuskript und auch dieses Buch sind der Versuch einer Antwort auf diese Bitte.

**Die Welt entdecken**

Pommern und Potsdam, das ist längst nicht alles, was Margarete an Reisen in den letzten Jahren und Jahrzehnten unternahm. Immer wieder zog es sie in die Ferne. Es ist unmöglich, alles hier ausführlich zu berichten. So sollen nur einige Namen genannt werden und einige Streiflichter aufleuchten können.

- *Kanada*

Da waren mehrere Reisen zu Verwandten nach Vancouver in Kanada, nicht ohne weite Ausritte auf dem Pferd, Übernachtung in einsamen Berghütten in den Rocky Mountains und eine Begegnung mit einer Braunbärenmutter. Originalzitat: „*Die Stille und Weite der kanadischen Wälder ist für mich wie ein Atemholen der Seele gewesen!*“ Eindrücklich war auch die Überquerung des River Thomson auf einer schwindelerregend hohen, schwankenden Hängebrücke.

• *Israel*

Da waren die Reisen nach Israel mit Besuchen in Jerusalem, mit Besuchen bei jüdischen Freunden und Begegnungen mit arabischen Kindern, die Margarete schier nicht mehr loslassen wollten. Zum ersten Mal 1976 mit dem Evangeliumsrundfunk. Insgesamt war Margarete fünfmal in Israel. Dabei konnte sie auch Jordanien besuchen, besonders die Nabatäerstadt Petras. Nicht zu vergessen sind die drei Erholungsurlaube am Toten Meer einschließlich der Fütterung von Gazellen im Kibbutz Ein Gedi.

• *Südafrika*

Eine Reise nach Südafrika war auch ein Höhepunkt. Zuerst ging es zu Verwandten in Johannesburg, dann mit dem Zug auf eigene Faust nach Kapstadt und dann zur Missionsstation KwaSizabantu. Von dort holte ein Vetter mütterlicherseits sie mit dem Privatflugzeug ab und flog mit ihr zu seiner Familie an den Indischen Ozean für einige Tage Urlaub.

• *Reisen in Europa*

Weitere Reisen konnte Margarete in diesen Jahren unternehmen. Darunter war eine Reise in die ewige Stadt Rom und nach Ostia, Reisen nach London und an die Ostsee, und viele Reisen nach Frankreich, unter anderem mit dem Boot auf dem Canal du Midi und auch durch Burgund und kreuz und quer in ihrem legendären Karmann Ghia. Frankreich galt und gilt ihre ganz besondere Liebe.

Doch noch weiter zog es Margarete. Besonders in den Osten. Darüber wird später noch zu berichten sein.

**Geistliches Leben: Marburger Kreis und Christus-Treff**

Doch noch einmal zurück zu den Anfängen in Marburg. Margarete war auf der Suche nach einer geistlichen Heimat. Manches in den Kreisen, aus denen sie stammte, empfand sie als eng und gesetzlich. Zwar hielt sie immer Kontakt, doch ihre geistliche und persönliche Suche drängte sie weiter.

Im Marburger Kreis fand sie diese neue Heimat. Von ganz besonderer Bedeutung war dabei Marianne Bruns und das Ehepaar Wilhelm und Reinhilde Veller, das seinen Ruhestand in Wehrda verlebte.

Außerdem gab es einen Bibelgesprächskreis. Und einmal im Monat luden Vellers zu einem Sonntagnachmittag mit Kaffee und Kuchen und gemeinsamer Bibelbetrachtung ein. Diese Kontakte prägten Margarete und führten sie in eine neue Tiefe der Nachfolge. Und gleichzeitig atmeten diese Versammlungen einen überkonfessionellen, ökumenischen Geist. Es war die Suche nach einem inneren und äußeren Aufbruch, der das Ehepaar Veller zu ihrer seelsorgerlichen Arbeit bewegte, bis ins hohe Alter hinein. Neben dem Bibellesen und der Möglichkeit zur Beichte war es vor allem das persönliche und gemeinschaftliche Hören auf Gott, das das geistliche Leben prägte.

Auch der Christus-Treff hat davon sehr profitiert. Vellers fingen an, regelmäßig die Gottesdienste am Donnerstagabend zu besuchen, damals noch in der Kapelle St. Jost, und später in der Lutherischen Pfarrkirche in der Marburger Oberstadt. Als über Siebzigjährige saßen sie da unter den Studenten. Für viele Christus-Treffler wurden sie Seelsorger, bis in die letzten Lebensjahre im Altenheim Tabor hinein. Und Margarete tat es ihnen gleich und wurde so eine engagierte Freundin des Christus-Treff.

**Mitarbeit in der Marburger Telefonseelsorge**

Lange Jahre engagierte Margarete sich in der Marburger Telefonseelsorge. Sie wurde dazu von Pfarrer Adamek angefragt. Doch sie wehrte sich fast ein Jahr lang, bis sie es sich schließlich zutraute, dort mitzuhelfen. Die Marburger Telefonseelsorge hat eine ganz eigene Geschichte. Sie ist die Auswirkung einer Evangelisation, in der es so viele seelsorgerliche Gespräche und Nachfragen gab, dass die Verantwortlichen beschlossen, eine Gesprächsmöglichkeit über Telefon einzurichten. Pfarrer Adamek war dann im Ruhestand hineingewachsen und übernahm für ein paar Jahre die Leitung, und Margarete machte mit, in einem Team, das vor allem aus Mitarbeitern der Marburger Gemeinschaften bestand. Der Dienst war eingeteilt in drei Schichten. Die Mitarbeiter saßen in einem kleinen Zimmer im Theologischen Seminar Tabor und beantworteten unzählige Anrufe. Im Schnitt waren es pro Schicht bis zu zehn Anrufe, mit den unterschiedlichsten Themen.

Während in den ersten Jahren, so erzählt Margarete, häufig einsame und alte Menschen anriefen, so änderte sich das später. Es kamen viele Anrufe von Kindern, oft mit quälenden Fragen. Auch viele Menschen mit Eheproblemen riefen an und depressive Menschen. Mit ihnen fühlte Margarete sich besonders verbunden, weil sie selbst immer wieder durch Zeiten der Depression in ihrem Leben hindurchgehen musste. Manche dieser Kontakte führten auch dazu, dass sie die Anrufer besuchte. Einer, der ihr in Erinnerung geblieben ist, war ein alter Seemann aus Pommern, der Alkoholprobleme hatte. So konnte sie immer wieder Einzelne begleiten.

Manche Anrufer fragten interessiert nach den verschiedenen Glaubensrichtungen und Konfessionen in Marburg. So ergab sich ein ganz besonderer Nebeneffekt: Margarete machte es sich zur Aufgabe, alle ortsansässigen Religionsgemeinschaften kennenzulernen, von den Anthroposophen über die Neuapostolischen und das „Universelle Leben" bis hin zur islamischen Moscheegemeinschaft. Fast alle suchte sie persönlich auf, mit manchen aber sprach sie nur telefonisch. Insgesamt waren es nach ihrer Zählung damals 32 verschiedene Gruppen.

**Vorträge und Andachten**

Aus diesem Interesse entwickelten sich einige Vorträge, die Margarete im Mitarbeiterkreis der Telefonseelsorger, im Marburger Kreis und auch im Bibelkreis in Wehrda halten konnte.

In einem dieser Vorträge setzte Margarete sich mit der Ethik von Peter Singer, dem Befürworter der Euthanasie, auseinander. Andere Themen waren New Age sowie eine Auseinandersetzung mit den Auffassungen der amerikanischen Sterbebegleiterin Elisabeth Kübler-Ross. Hier war ihr wichtig, an einer biblischen Sicht von Himmel und Hölle festzuhalten gegenüber allen Tendenzen der Verwischung und Gleichmacherei. Im Marburger Kreis hielt Margarete auf Bitten einen Vortrag über ihr Leben als Witwe. Manche Vorträge fallen in diese Zeit.

**Andachten**

Neben den Vorträgen über Sachthemen, die sich aus ihrer seelsorgerlichen Arbeit ergaben, konnte Margarete auch einige Andachten für den Evangeliumsrundfunk schreiben und sie auch selbst sprechen. Der Hintergrund dafür waren Predigtseminare im Evangeliumsrundfunk, an denen sie teilnahm. So entstanden Andachten zu Themen wie: „Vor dir ist Freude die Fülle“ – die Frage nach einem glücklichen Leben, „Unser Leben, ein Gastspiel auf Erden“ – die Frage nach der Ewigkeit –, „So wahr mir Gott helfe!“ – darin ging es um die Frage des Schwurs – und auch „ Wie Gott mir – so ich dir“ – die Frage nach Vergeltung und Versöhnung.

**Auf der Suche nach neuen Aufgaben**

Immer wieder suchte Margarete nach Möglichkeiten, sich einzubringen an dem Platz, der für sie richtig war:

*In Rotenburg/Fulda vertrat ich während mehrerer Jahre die Hausmutter einer Begegnungsstätte in ihrem Urlaub und sollte nach ihrem Ausscheiden dann vollamtlich übernommen werden. Doch ich wusste nicht, ob das mein Weg ist. So bat ich einige Freunde aus dem Marburger Kreis um Gebet. Als ich spät abends wieder zu Hause war, stellten sich unerträgliche Schmerzen ein und es kam nach fünf Tagen zur Operation des entzündeten Blimddarms, der inzwischen dreimal geplatzt war und mir fast das Leben gekostet hätte. Danach war es mir so klar, Gott hat noch Aufgaben hier, aber nicht in Rotenburg!*

Margarete brachte sich in einem christlichen Erholungsheim in der Nähe von Marburg ein in der Betreuung von Gästen und arbeitete auch als Massseurin.

Eine Zeit lang fragte sie sich, ob Gott einen Platz in einer Kommunität für sie vorgesehen hat. Doch die Besuche bei den Marienschwestern, bei der Jesusbruderschaft Gnadenthal und bei der Offensive Junger Christen brachten ihr keine Klarheit. Sie schreibt:

*So blieb ich erst mal „zur besonderen Verfügung“ in Marburg, engagierte mich im Verwandten- oder Freundeskreis, wo es eben nötig war, las regelmäßig Bücher auf Kassette im „Christlichen Blindendienst“ und machte so manches andere.*

**Suche nach geistlicher Heimat**

*„Wachse und blühe da, wo du hingepflanzt bist!“, schrieb mir mal jemand. Das traf mich zu einer Zeit, als ich wegstrebte aus meiner*

*landeskirchlichen Gemeinde. Ich blieb und fand mich bestätigt in der Bewegung der Geistlichen Gemeindeerneuerung, die trotz mancher Bedenken nicht für den Austritt aus der Landeskirche plädiert. Für das geistliche Anliegen der sogenannten Charismatischen Bewegung hatte ich Verständnis und war dafür offen. In der „Internationalen Vereinigung Christlicher Geschäftsleute" nahm ich seit ihrer Gründung in Marburg aktiv teil. Und last but not least gehört mein ganzes Herz dem Christus-Treff in Marburg, einer überkonfessionellen Gemeinschaft junger Christen.*

**Juden und Christen**

Besonders wichtig war und ist ihr das Thema Juden und Christen. Dazu sagt Margarete:

*In den 80er Jahren hatte ich bemerkt, dass in der jüngeren Generation wenig Wissen vorhanden war von dem, was uns Christen eigentlich über unsere Brüder, die Juden, vertraut sein sollte. Es wurde eine ziemlich umfassende Arbeit, die ich an zwei Abenden vortrug, unter dem Thema: „Was Juden und Christen verbindet." Kenntnisse über dieses einzigartige, zahlenmäßig so unbedeutende Volk weiterzugeben war mir ein Herzensanliegen.*

**Dunkle Täler**

Immer wieder hatte Margarete mit Depressionen zu kämpfen, deren Grund sie nicht verstand. Sie sagt dazu:

*Grundlose Depressionen kamen und gingen während einiger Jahre. Ich ließ mich nie gehen, empfand es aber als sehr schlimm, keinen Antrieb zum Lesen zu haben. Auch kam ich wochenlang nicht raus in die Stadt. Ich hatte einfach keine Lust. Sich ein Bein zu brechen ist leichter zu ertragen, so dachte ich oft. Ich fragte mich: Warum lässt Gott das zu? Will er mich strafen? Nein, das ist nicht seine Absicht, es gibt nichts, was er nicht zum Guten wenden kann! Das wusste ich in meinem Innern. Und da, eines Tages, wurde es mir plötzlich aufgeschlossen. In dem kleinen unscheinbaren Büchlein eines Christen mit Charisma, also mit Ausstrahlung, las ich: „Gott wohnt im Lob seines Volkes! Lobe und danke ihm! Das Wunder ist in deinem Munde." Ich*

*tat es. Ich konnte beginnen, Gott für die Depressionen zu danken und ihn zu loben, auch wenn meine Gefühle noch nachhinkten. Und es gab einen gesegneten Neubeginn – die schwarzen Vögel verschwanden. So geschehen im Jahr 1987.*
*Damals tat ich schon viele Jahre Dienst in der Telefonseelsorge. Und da wir zu der Zeit vorwiegend Anrufe von depressiven Menschen bekamen, half mir diese eigene Erfahrung zu einem besseren, liebevolleren Verständnis. Und es bestätigte meinen Glauben, dass Gott alle Dinge zum Besten wenden kann, wenn man sich auf seine Verheißungen beruft.*
*Ein Holzschnitt hängt bei mir an der Wand, der mir in den Zeiten der Depression Halt und Trost gab. Es ist ein armseliger, bedürftiger Mensch, der sich an das Kreuz von Jesus klammert.*

**Neues Leben in der Bahnhofstraße**

Die Wohnung in Wehrda, in der Margarete dreißig Jahre lang wohnen konnte, war für sie ganz wichtig. Als sie 2006 in eine seniorengerechte Wohnung umziehen musste, die in der nicht so schönen Bahnhofstraße liegt und an ein Altenheim angeschlossen ist, war das für sie ein großer Einschnitt, ein wirklicher Verlust. Sie rutschte in eine Depression, die durch die dunkle Wohnung, die zur Nordseite liegt, noch verstärkt wurde. Gott sei Dank fand sie einen Weg aus diesem inneren dunklen Tal heraus und konnte auch innerhalb des Hauses in eine helle Wohnung im ersten Stock umziehen. Diese Wohnung ist an der Südseite, hat einen Balkon und freien Blick. Auch hier setzt sie sich ein. So löst sie gemeinsam mit einer beinamputierten Frau Kreuzworträtsel und hat zu einer pommerschen Landsmännin, die dort im Heim eher unzufrieden ist, eine besondere Verbindung aufgebaut.

Unter anderem hat Margarete eine Vorlesestunde organisiert, wo sie jeden Freitagnachmittag den anderen Bewohnern aus Biographien von Christinnen und Christen vorliest. Solch einen Lesekreis hatte sie schon in Wehrda in der Martinskirche organisiert. In der Weihnachtszeit lädt sie die anderen Bewohner zum gemeinsamen Singen von Weihnachtsliedern ein, die sie am Klavier begleitet.

Außerdem hat sie einen Gebetskreis gegründet, mit einigen anderen Frauen aus dem Haus und mit ihrer Freundin Dragica und manchmal auch noch anderen von außerhalb des Hauses. Dort steht die Fürbitte für andere im Vordergrund, besonders auch für verfolgte Christen.

Dazu sagt Margarete: „*Zu beten bedeutet zu leben! Dieses Wort von Henri Nouwen dürfen wir erfahren.*“

Ihr Einsatz blieb in dem katholischen Haus nicht unbeachtet. Der „Verein der barmherzigen Schwestern des heiligen Vinzenz von Paul“ in Fulda ernannte sie zur ehrenamtlichen Mitarbeiterin.

In ihrer Wohnung hängt ein Liedvers des Mainzer Professors und Liedermachers Manfred Siebald:

*Herr, meinen Durst nach Leben stillst nur du allein.*
*Ich will im Strom deines Lebens nur eine Welle sein.*
*Eine Welle, die vor Freude schäumt, weil sie in dir entspringt,*
*und die noch im Zerfließen davon träumt,*
*dass die dem Durstigen Wasser bringt.*

Unter diesem Motto versteht Margarete auch ihre neue Lebenssituation. Und sie macht, ganz wie sie es gewohnt ist, das Beste daraus.

**„So wahr mir Gott helfe!“**

Margarete hat auch eine kreative Ader, die sich immer wieder ausdrückt. Gern engagierte sie sich in außergewöhnlichen Projekten. Eins war ein Theaterstück, das in einem kleinen Kreis entwickelt wurde, angeregt von der Marburger ACK (Arbeitsgemeinschaft Christlicher Kirchen). Anlass war ein Workshop über die Eidesformel: „So wahr mir Gott helfe.“ Damals, bei der Einführung der Regierung Schröder, hatten nur zwei katholische Minister sie verwendet. Daran nahmen sieben Marburger teil, darunter der spätere Oberbürgermeister Egon Vaupel, Dr. Johannes Becker, Privatdozent an der Universität, und die Dekanin des evangelischen Stadtkirchenkreises, Helga Bundesmann-Lotz. Der Kreis fand sich 1999 für zwei Jahre zusammen. Margarete schreibt dazu:

*Im wahrsten Sinn des Wortes fanden wir auch menschlich „zusammen“ durch fast zweijährige, arbeitsintensive und zeitraubende Vorbereitung für dieses Theaterprojekt. So etwas hatte es in Marburg noch*

*nie gegeben, dass eine religiöse Bekenntnisformel, die im politischen Bereich angewandt wird, zum Thema eines Theaterprojektes wurde. Die Idee war, dass jeder Teilnehmer eine Theaterfigur aus seiner Phantasie und Erfahrung entwickelt, die mit dem Thema in Berührung kommt. Ich bin mit großem Eifer und innerer Beteiligung darangegangen, eine Gestalt in mir aufzubauen, mit der ich mich ganz und gar identifizieren kann. Es gelingt mir dann ja so in diesen Menschen einzusteigen, dass ich wie er werde und mich selber völlig vergessen kann. Es hat mir unendlich viel Freude gemacht. Denn ich sah darin eine Möglichkeit, meine Überzeugung als Christ glaubhaft darzustellen. In der Schlussrunde des dritten Aktes ging es in unserem Dialog darum, was diese Aussage von einem Gott, der mir hilft, nun eigentlich für uns bedeutet. Das war eine vorher nicht eingeübte Debatte. Ich befand mich besonders im Widerspruch mit Privatdozent Dr. Johannes-Maria Becker. Er, der ehemalige aus Gewissensgründen aus Kirche und Bundeswehr ausgeschiedene Major und jetzige Friedensforscher und ich, die gläubige, ehemalige Generalsfrau, wir hatten einen guten Draht zueinander. Mein Fazit in der Schlussrunde bezog ich aus einem Wort von Romano Guardini:*
*„Ich habe darüber nachgedacht, ob ein Wort zu finden ist, in welchem sich die richtige menschliche Haltung ausdrückt, und ich habe ein einziges gefunden: Vertrauen! Vertrauen worauf? Auf das Leben? Die Ordnung des Daseins? Jedes Abstraktum wäre falsch. Es muss vielmehr heißen: auf den, der die Welt geschaffen hat, sie in einem letzten Sinn erhält und regiert. Das Entscheidende ist Gottes Gesinnung, die es von Grund auf gut meint.*
*Darauf können wir vertrauen. So zu vertrauen ist der Schlüssel, der Weg, um bestehen zu können. Wir können Gott mit dem Verstand suchen, aber finden können wir ihn nur mit dem Herzen.“*
*Statt der erwarteten fünfzig kamen zur Premiere über hundert Zuschauer in die Waggonhalle, und in der kommenden Woche fast noch einmal so viele. Ich war ganz benommen von den Elogen, die mir neben dem Beifall zuteil wurden. Leute kamen auf mich zu und ich wurde von denen, die mich nicht kannten, als doch sicher professionelle Schauspielerin gefeiert. Na ja, ich hab's ja immer gewusst, dass ich meinen Beruf verfehlt habe, bzw. nicht mutig genug, den Weg gewagt zu haben ...!*

**Schnäppchenmarkt**

*Schnäppchen-Verkauf zugunsten des Umbaus im ehemaligen Kurhotel, jetzt ChristHaus, vom 11. – 23. April 2005, 10 – 18 Uhr. Roter Graben 2 (nahe den Kinos Kammer, Palette usw.)*

*Kommen Sie, schnuppern Sie, kaufen Sie für einen gemeinnützigen Zweck! Die Preise machen Sie selber! Gut erhaltene Gegenstände aller Art werden gesammelt im Bürohaus des Christus-Treff, Steinweg 12, ab sofort. Auskunft: Margarete Neitzel, Waldweg 8a, Marburg-Wehrda.*

So stand es auf dem einfachen, mit der Schreibmaschine geschriebenen Zettel. Wie war es dazu gekommen? Und was machte die Seniorin Margarete Neitzel da? Die Marburger Presse berichtete ausführlich über dieses gelungene Experiment, und viele Marburger staunten nicht schlecht über so viel „silbergraue Power". Doch Margarete soll selbst zu Wort kommen:

*Ein Mitarbeiter im Christus-Treff regte im Jahr 2005 zu Aktionen an, die das Gleichnis von den anvertrauten Pfunden im Neuen Testament zum Vorbild hatten. Diese Idee brachte bei mir etwas ins Rollen, was völlig außerhalb meiner Erfahrungswelt lag. Aber die „anvertrauten Pfunde" hatten mich – eigentlich in einer mehr vorwurfsvollen Art und Weise – zeitlebens beschäftigt.*

*Folgendermaßen wurde vorgegangen: Mit einer zur Verfügung gestellten Summe von 50 Euro konnte jeder, der wollte, damit „arbeiten" und das Kapital vermehren. Der Erlös sollte dem Um- und Ausbau im „ChristHaus", dem ehemaligen Kurhotel, zugute kommen. Dies fand ich so kreativ und es reizte mich mitzumachen. Angesichts der vielen leeren Läden in der Marburger Oberstadt kam mir die Idee, die Kauflust der Bürger zu billigen Angeboten zu nutzen und einen „Schnäppchenmarkt" einzurichten. Ich vergewisserte mich aber zuvor der Bereitschaft der jungen Leute im Christus-Treff, mir dabei zu helfen. Auf meine Frage: „Wer ist dagegen?", hob niemand seine Hand, während auf die Frage: „Wer ist dafür?" sich alle Arme in die Höhe streckten.*

*So konnte ich auf ihre Hilfe bauen. Es brauchte noch vier Wochen, bis uns nach vielen zunächst Zu-, dann wieder Absagen ein geeigneter*

*Laden in günstiger Innenstadtlage angeboten wurde. Schon das war ein Wunder, denn der Vermieter verzichtete auf die von mir als Mietpreis bereitgestellten 50 Euro und berechnete keinerlei Strom oder Nebenkosten.*
*Zwei Wochen lang verkauften wir dort unendlich viele schöne gespendete Sachen, von Kinderspielzeug über Geschirr, Bücher Textilien bis zu Elektrogeräten und mehr, alles, was das Herz nur begehrte. Ich saß an der Kasse und die jungen Leute standen den Käufern mit Rat und Tat zur Seite, die natürlich wissen wollten, welchem guten Zweck dieser Schnäppchen-Verkauf dienen sollte.*
*Selbst der Oberbürgermeister ließ es sich nicht nehmen, unserm Projekt persönlich seinen Segen zu geben, was dann auch in der Presse und dem Hessischen Rundfunk gebührend zur Kenntnis genommen wurde. Es kam zu vielen Gesprächen, durch die das „ChristHaus", welches bis zum 2. Weltkrieg als Hotel das erste Haus am Platz gewesen war und bis zum Kauf durch den Christus-Treff vor zehn Jahren immer mehr zerfiel, noch mehr bekannt wurde. Eine auswärtige Dame war höchst interessiert, weil sie, wie sie mir gestand, dort vor etlichen Jahrzehnten ihre Hochzeitsnacht verlebt hatte. Ich schlug ihr vor, sich nach so langer Zeit doch mal wieder in dem Haus umzuschauen. So manche Leute gaben gern mehr als vorgeschlagen, denn oft ließ ich sie selber den Wert taxieren, was sich bezahlt machte. So trugen die 50 Euro buchstäblich mehr denn hundertfältige Frucht, was wir staunend und dankend am Ende feststellten.*

**Sowjetunion und Russland**

Höhepunkte in den achtziger und neunziger Jahren waren für Margarete zwei Reisen nach Osten. Die erste Reise 1987 führte sie über Moskau, Samarkand, Schachrisabs, Duschanbe – alles in den sowjetischen Republiken Usbekistan und Tadschikistan gelegen –, dann über Taschkent und Frunse in Kirgisien, über Alma-Ata, die Hauptstadt von Kasachstan, nach Irkutsk, der Hauptstadt von Ostsibirien, bis zum Baikalsee. Und zehn Jahre später ging es noch einmal durch Russland auf der Wolga. Beide Reisen erfüllten lang gehegte Träume. Und doch war das Erlebnis der Landschaft und der Kulturen nicht das Einzige, das Margarete bewegte. Für sie waren die Begegnungen mit einheimischen Christen ganz besonders wichtig. Und die gab es reichlich, in beiden Reisen, die vom bekannten Missionswerk „Licht im Osten“ organisiert und durchgeführt wurden.

Margarete wollte bewusst nicht nur als Touristin reisen, sondern in einer geistlichen Mission. Die erste Reise war noch vor der Perestroika und war genährt von der Hoffnung, dass sich manches verändern und erleichtern werde.

Beim ersten Mal ging es mit dem Flieger über mehrere Zwischenstopps nach Irkutsk, bei der zweiten Reise über die Wolga bis nach Sebastopol/Stalingrad.

Weil diese beiden Reisen sie so bewegten, werden sie hier etwas ausführlicher dargestellt. Margarete berichtet: „*Jedes Mal ging es uns darum, christliche Gemeinden zu besuchen, sie zu stärken, ihnen Bibeln und andere Literatur zu bringen.*“ Sie erzählt:

> *Das war ein unvergessliches, einmaliges Erlebnis. Neben der Faszination der unendlichen Weite, die sich uns erschloss, den hochinteressanten Touren, die uns fremde Kulturen näher bringen wollten, wie z. B. die einmaligen Bauten der Koranschulen in Samarkand, einem Ort, der außerdem noch geschichtliche Erinnerungen an den Mongolenherrscher Dschingis Chan, dessen mächtiges Reich im 13. Jhd. vom Chinesischen Meer bis an die Pforten Europas reichte, in uns weckte, waren wir noch aus einem wichtigen Grund zu dieser Reise aufgebrochen. Wir wollten Christen aufsuchen in einem Land, das ihnen noch immer mehr Unterdrückung als Freiheit brachte. Ab Moskau überflogen wir zunächst die Tundra und sogenannte Hungersteppe, monoton wie eine Wüstenlandschaft, bis wir in Duschanbe landeten. Fortan sahen wir in der Ferne die imponierenden Viertausender des gewaltigen Gebirgsmassivs Pamir und Tienschan, an die sich im Süden der Himalaja anschließt. Sehr beeindruckt hat mich später die Taiga mit ihren endlosen Waldgebieten. Stundenlang fuhren wir von Irkutsk im Bus entlang der Angara, die durch den Baikalsee nach Norden in den gewaltigen Jenissef fließt, der dann ins Nordmeer mündet.*
>
> *Bei den obligatorischen täglichen Rundfahrten in den Großstädten wies uns die gut deutsch sprechende sympathische Reisebegleiterin fortwährend auf alle Errungenschaften der UdSSR hin.*

Dabei war Margarete bedrückt von der wirtschaftlichen Misere des Landes, das doch so reich an Bodenschätzen ist.

*In unserer Gruppe gab es jemanden, der in Frunse aufgewachsen war und dessen Eltern und Verwandten wir später auch besuchten. Seine Russischkenntnisse verheimlichte er, und wir ließen ihm stets den vordersten Platz im Bus. So wurde er Zeuge der Gespräche zwischen dem Fahrer und der Fremdenführerin. Auf Grund unseres überall geäußerten Anliegens, christliche Gemeinden zu besuchen, begegneten sie uns argwöhnischer, als es sonst den ausländischen Touristen gegenüber der Fall war*
*Und so ging uns schon der Ruf voraus, noch bevor wir das Hotel in Frunse bezogen, eine verdächtige und darum mit besonderer Aufmerksamkeit zu beobachtende Gruppe zu sein. Wir bekamen dies zu spüren und wussten, dass uns in den Hotelzimmern stets „Wanzen" erwarteten. So versuchten wir uns nur mit Gesten zu verständigen, wenn wir allein im Zimmer waren, was gar nicht so einfach war.*
*Auch brachen wir zeitlich versetzt und nur in kleinen Gruppen zu den verabredeten Besuchen bei den nicht-registrierten deutsch-russischen Evangeliums-Baptisten auf. Trotzdem gelang es den auf uns angesetzten Leuten, in Erfahrung zu bringen, wen wir aufsuchten. Es waren die Eltern unseres Mitreisenden, und sie bekannten freudig, dass unser Besuch die nun auf sie zukommende Geldstrafe weit in den Schatten stellen würde. So sehr freuten sie sich, und sicher auch über unsere vielen Mitbringsel. Sie bewirteten uns mit vielerlei Köstlichkeiten, die gar kein Ende nehmen wollten.*
*Der deutsche Pfarrer der lutherischen Gemeinde des Ortes dagegen verhielt sich anders. Zwei aus unserer Gruppe, darunter jener, der Russisch konnte, machten ihm einen Antrittsbesuch, und währenddessen wurden sie Zeugen des Telefonanrufes der Behörde, die ihn vor uns warnte. Infolge der Russischkenntnisse, mit der man nicht rechnete, wurde alles verstanden. So kam es zu keinem Kontakt mit dieser registrierten, also vom Staat überwachten Kirchengemeinde.*

Margarete konnte auf dieser Reise noch einmal eingehend das Verhältnis von menschlicher Politik und göttlicher Geschichtsschreibung durchdenken. Sie schreibt dazu:

*Es ist wirklich so: Da, wo die Menschen gedachten es böse zu machen, schafft Gott Gutes draus. Die unterdrückten Gemeinden wachsen entgegen der Absicht gerade am stärksten. Viele nachdenkliche junge Menschen fragen heute: „Seit drei Generationen, also seit der großen Revolution 1917, wird uns weisgemacht: Wir schaffen das Paradies auf Erden! Gott ist nur Opium für das Volk. Und wenn es einen Gott geben sollte, so sind wir – die Menschen – es! Wir fragen: Wo ist denn das Paradies? Wo ist Gott, wenn man sich gegenseitig immer bespitzelt und Angst voreinander haben muss? Das ist doch nichts Göttliches und schon lange kein paradiesischer Zustand!"*
*Solche und andere Sätze fielen in unseren Gesprächen mit jungen fragenden Menschen dort in den Gemeinden.*
*Während unserer Kofferkontrolle auf dem Moskauer Flugplatz erlebten wir etwas, das auch ein Licht auf die Haltung mancher Russen wirft: Es wurden Stichproben gemacht. Ich hatte alle mitgenommenen russischen Bibeln in den Taschen meines Hosenanzuges und Regenmantels verborgen, das bewahrte mich noch dazu vor schwerem Gepäcktragen. So konnte ich ohne Bedenken meinen Koffer öffnen. Laut Gesetz war es nicht mehr ausdrücklich verboten, Literatur dieser Art in Russland einzuführen, aber man war doch der Willkür einzelner Beamter in Uniform ausgeliefert.*
*Einem von uns wurden alle Bücher aus seinem Koffer herausgeholt und beiseite gelegt, um konfisziert zu werden. Das waren nicht wenige. Wir standen um ihn herum und beteten lautlos. Mit dem Mut der Verzweiflung bat er um Kontrolle durch den nächst höheren Vorgesetzten, und siehe da, dieser war ihm wohlgesinnt! Er hieß ihn, alle Bücher wieder einzupacken. Und nun passierte das Unerwartete. Er wandte sich wieder ab, begleitet von der Beamtin, die als zweite mit kontrolliert hatte. Das war eine Frau, die schärfer war als ihre männlichen Kollegen. Nun sagte der noch verbliebene Beamte leise und streckte seine Hand bittend aus: „Bibel sehr gut!" Schnell verbarg er die ihm freudig gereichte Bibel, bevor irgendein Kollege dieser Sache noch Aufmerksamkeit zollen konnte.*

So weit eine eindrückliche Erfahrung am Zoll auf dem Flughafen in Moskau. Margarete erzählt weiter:

*Ein Gottesdienst bleibt mir besonders in Erinnerung. Es war in Irkutsk. Nach längerem Suchen fanden wir endlich die versammelte Baptistengemeinde, die uns im Lauf des schlichten Gottesdienstes mit ihrem Gesang erfreute. Sie sangen alles in Russisch auswendig und mehrstimmig, z. B. alle Strophen von „Du großer Gott, wenn ich die Welt betrachte". Wir stimmten in Deutsch mit ein, beherrschten aber die vielen Strophen nicht auswendig, und fanden es eigentlich auch schöner, den wohlklingenden Stimmen zu lauschen. Mit einer alten Babuschka kam ich ins Gespräch. Sie sprach noch Deutsch und bat persönlich so dringend um eine Bibel, dass ich ihr meine kleine in Leder gebundene Konfirmationsbibel gab.*
*Überwältigend erlebten wir bei jedem unserer Gemeindebesuche die für uns unvorstellbare Armut und Bescheidenheit dieser so geschundenen Menschen und daneben ihre übergroße Freude, uns zu bewirten. Beim Überreichen der Mitbringsel war mir nie wohl zumute. Wir, die reichen Geber, gaben von unserem Überfluss und ernteten dafür noch Dank. Womit habe ich verdient, dass es mir so gut geht? Das Teilen ist beileibe nicht etwas, was mein Konto „Gutes tun" ansteigen lässt, sondern sollte vielmehr eine Selbstverständlichkeit sein. Was ich habe, ist mir auf Lebenszeit nur geliehen. Ich möchte nicht als „Wohltäter" gelten, wenn ich von meinem Überfluss abgebe!*

Auf dem Rückflug Irkutsk-Moskau-Frankfurt hatte Margarete noch ein nettes Erlebnis. Wie schon oft auf Reisen begleitete sie auch diesmal wieder ihr Handpuppenbärchen namens Mumpitz. Sie erzählt:

*Im Flieger gab es viele Kinderpassagiere, die ständig plärrten und ihren Müttern auf die Nerven gingen. Da bekam der mittlerweile über vierzigjährige Mumpitz endlich mal seinen großen internationalen Auftritt. Bislang hatte er immer nur in kleinem Rahmen seine Show gezeigt. Ich stand also von meinem Platz auf, nahm das Bärchen zwischen meine fünf Finger, verbarg den übrigen Körperteil unter einer Decke und suchte mit ihm die weinenden Kinder auf. Sofort wurde es still. Die Ablenkung war gelungen und Neugier geweckt. Die Kopf- und Armbewegungen des Kleinen drückten deutlich aus, was Sache war, und machten so die Sprachverständigung, die ohnehin nicht möglich war, überflüssig. Ein kleines russisches Mädchen fragte nur seinen Vater „Wo sind denn die Beine vom Bärchen?“ Zusehends hatten auch Erwachsene ihren Spaß und man sammelte im Flieger eine große Tüte mit Äpfeln als Dank. Die erfreute dann eine deutschstämmige Mutter aus Wladiwostok, welche mit ihren sechs Kindern eine Einwanderungsbewilligung für Deutschland bekommen hatte.*

Knapp zehn Jahre später, 1997, erfüllte Margarete sich einen lang gehegten Wunschtraum, nämlich eine Kreuzfahrt auf der Wolga von Moskau nach Wolgograd, dem früheren Stalingrad. Wieder war der Anlass, christliche Gemeinden, oder was davon noch übrig geblieben war, links und rechts der Wolga zu besuchen.

*Das touristische Programm lief nebenher meisterhaft organisiert. An den Anlegestellen erwarteten uns stets acht Busse mit gut deutsch sprechenden russischen Reiseführern, die unser Hauptanliegen lückenlos in die Besichtigungstouren einfügten. Unterdrückung und Bespitzelung in langen grausamen Jahren der Verfolgung hat sicher zu einem Schrumpfungsprozess der christusgläubigen Bevölkerung beigetragen. Umso mehr waren wir erstaunt über den geistlichen Hunger der jungen Generation, die nun nach der Wahrheit im Wort Gottes sucht. Sie lassen sich und ihre Kinder taufen, nicht nur in den orthodoxen, sondern auch in den evangelischen und katholischen Landeskirchen, die von jungen Geistlichen aus der ehemaligen DDR geleitet werden, die ja in der Schule die russische Sprache gelernt hatten.*
*Vieles war anderes geworden seit meinem letzten Besuch. Schon allein die Schlange vor dem Leninmausoleum auf dem Roten Platz in Moskau war nun so kurz, dass ich mich mühelos hätte einreihen können und nicht, wie vor Jahren, dafür einen ganzen langen Tag hätte opfern müssen. Aber die Kehrseite war folgende: Damals ging ich gegen 22 Uhr mutterseelenallein auf den Roten Platz, um die beleuchtete Fahne mit dem weithin sichtbaren Sowjetstern über der Kremlmauer zu fotografieren und die Wachablösung der Soldaten mit ihrem Stechschritt zu sehen. Das konnte ich jetzt, im Jahr 1997, nicht mehr wagen.*

Doch das Wichtigste war für Margarete auch diesmal der Kontakt zu einheimischen Christen.

*Unsere Teilnahme an den Gottesdiensten in Moskau – verteilt auf verschiedene Kirchen und Versammlungsräume – brachte uns vielfältige Kontakte und Gespräche. Ich hielt mich an den Gottesdienst der Akademikerin Schirina Dossowa, die durch eine Straßenevangelisation auf dem Arbat, der bekanntesten Einkaufsstraße Moskaus, zum Glauben an Jesus Christus gefunden hatte und nun seit 1991 selber eine Gemeinde leitet, aber auch weiterhin Straßenmission treibt. Sie erzählte, dass es nach der Wende nicht mehr so leicht sei, mit Menschen auf der Straße ins Gespräch zu kommen. Am offensten seien die, die im Dunkel leben, wie Gammler, Drogensüchtige und Wohnungslose, also jene „von den Hecken und Zäunen", für die ihr Herz in besonderer Weise brennt. Dagegen sind die Frommen, die Selbstgenügsamen, die Satten und Reichen so ausgefüllt und beschäftigt, dass sie Gott nicht brauchen.*

*Vor meiner ersten Russlandreise war mir im Blick auf die kommenden Begegnungen in Gottesdiensten eine Idee gekommen. Ich nahm zunächst ein paar Sprachstunden bei einem Studenten und schrieb dann auf Zetteln in kyrillischen Buchstaben kleine Sätze wie „Gott segne euch" oder „Wir denken an euch" oder „Christus ist auferstanden".*

*Ich nahm diese Zettel mit in den über zweistündigen Gottesdienst der russischen Baptistengemeinde und ließ sie durch die erste Reihe auf der Empore, wo ich saß, zu den ebenfalls dort gegenüber sitzenden Babuschkas weiterleiten. Angekommen beobachtete ich, wie sie eifrig die Köpfe senkten, um das zu entziffern, was sie nun in Händen hielten. Irgendwie müssen sie erkannt haben, wer die Urheberin dieser Botschaften war, jedenfalls nickten sie mir der Reihe nach freudig zu, und am Schluss des Gottesdienstes wurde ich laufend mit Küssen mitten auf den Mund von den Babuschkas belohnt. Damit hatte ich nicht gerechnet.*

Auf der Wolga-Kreuzfahrt konnte die Reisegruppe viele Orte besuchen, so unter anderem Kostroma, ein russisch-orthodoxes Städtchen, dem Dutzende von Klöstern und Kirchen mit goldenen Zwiebeltürmen eine besondere Prägung verleihen.

*Über diesen Ort hörte ich später durch die mir bekannte Missionarin Gertrud Wehl, dass dort eine lebendige Gemeinde unter Sinti und*

*Roma entstanden war. Der Leiter, Peter, genießt bei den orthodoxen Priestern eine hohe Autorität und wird „Heiliger Vater“ genannt, nicht nur darum, weil er keinen Schnaps trinkt, was bei den orthodoxen Heiligen üblich ist, nein, er hilft einem der Priester, die Bibel besser zu verstehen und bringt ihm regelmäßig geistliche Literatur.*

Weiter ging es über das sagenumwobene Kasan. Margarete schreibt:

*1762 rief Katharina die Große viele Deutsche ins Land und siedelte sie dort an. Sie, die Wolgadeutschen, kamen bald zu Wohlstand, nicht ahnend, welches grausame Schicksal ihre Nachkommen unter Stalin erwartete.*
*Sehr deutliche Zeugen der Zwangsmaßnahmen unter stalinistischer Herrschaft sahen wir mit eigenen Augen in Marx, einem kleinen Ort, etwa eineinhalb Stunden Busfahrt in östlicher Richtung von Engels, dem Zentrum der Wolgadeutschen Republik auf dem östlichen Wolgaufer gelegen, von Saratow nur durch die Wolga getrennt. Die dortige, 1865 gebaute evangelische Kirche galt als die schönste im Wolgagebiet, abgesehen natürlich von den orthodoxen Kathedralen. In den zwanziger Jahren wurde der Turm mit der weithin sichtbaren Uhr und dem Kreuz abgerissen und aus dem Inneren ein Kinosaal gemacht. Sehr deutlich konnte man das erkennen. Jetzt feierten wir einen feierlichen, uns alle außerordentlich berührenden Gottesdienst dort.*
*Saratow, einstmals das Zentrum der Wolgadeutschen, war die letzte Station vor Stalingrad. Dort gab es lange die „deutsche Straße“, in russisch: „Nemjetzki Prospekt“, jetzt aber umbenannt, eine breite, schön angelegte Fußgängerzone, auf der wir unseren abendlichen Bummel machten. Als die Deutschen dort noch lebten und arbeiteten, war das Gebiet eine Kornkammer für ganz Russland gewesen. Mit der Verbannung der Deutschen brach dies zusammen, und das führte zu erheblichen Engpässen in der Versorgung.*
*Je mehr wir uns Stalingrad näherten, desto mehr beschäftigten sich meine Gedanken mit der Vergangenheit des Krieges, die ich noch gut erinnere. Schon vom ersten Tag an auf der Wolga saß ich gern und lange oben an Bord, ließ Augen und Gedanken schweifen. Der breite Strom mit seinen in Ost und West so unterschiedlich gestalteten Ufern, und die unermessliche Weite bis zum Horizont, lässt etwas in mir*

*anklingen, das mich zutiefst anspricht, bewegt, gefangen nimmt, verzaubert, wie immer man es sehen will. Deshalb habe ich auch unangemessen ausführlich von einzelnen Stationen dieser Wolgareise berichtet.*

Und dann am Ende dieser Reise die Begegnung mit Stalingrad, alias Wolgograd! Heute ist es eine moderne Industriestadt mit großer Ausdehnung. Sie wurde von Hunderttausenden von Zwangsarbeitern in kürzester Zeit wieder aufgebaut. Das einzige Gebäude, das heute noch so aussieht wie nach der endgültigen Niederlage der deutschen Armee, ist die „Rote Mühle" am Wolgaufer. Sie wurde während der Schlacht 58 Tage lang von sowjetischen Truppen verteidigt. Ihre Ruine ist zu einem Mahnmal geworden, genau wie der hart umkämpfte Mamai-Hügel mit seinen 220 Treppenstufen. Margarete schreibt über ihren Besuch in dieser geschichtsträchtigen Stadt:

*Beeindruckt steigt man hinauf zu einer würdigen Stätte der Gefallenen-Ehrung, vorbei an reliefartig herausgearbeiteten Soldatenköpfen. Als Tonuntermalung hört man laufend Soldatenlieder von damals in Russisch, und dazwischen ein paar deutsche Kommandos. Dagegen empfängt uns oben in der Halle mit dem ewigen Feuer Schumanns „Träumerei". Die ganze Anlage wird gekrönt von der 85 Meter hohen Monumentalgestalt „Mutter Heimat", die ihr Schwert siegessicher gen Himmel streckt. In den nahen Friedhofsanlagen entdeckte ich die Statue einer uniformierten russischen Frau, was mich, die ich zur gleichen Zeit damals auch in Uniform steckte, tief bewegte. Nur sie, die Russinnen, trugen Waffen zur Verteidigung ihrer Heimat.*

Ein weiterer Höhepunkt war der Besuch bei der außerhalb von Wolgograd gelegenen Siedlung der Brüdergemeine, von Graf Zinzendorf 1765 als deutsche Kolonie Alt-Sarepta gegründet mit dem Ziel, von da aus Brüder als Missionare zu den Kalmücken und Tartaren östlich der Wolga zu senden. Doch nach einigen Jahren musste dieses Unternehmen wieder aufgegeben werden. Heute befindet sich dort eine gut gepflegte Anlage mit einem schönen Gemeindehaus.

**Versöhnungsreise nach Tschechien**

Durch ihre Kontakte zur Geistlichen Gemeindeerneuerung erfuhr Margarete von den Versöhnungsreisen. Deren Ziel ist es, für die Schuld der Vergangenheit um Vergebung zu bitten und Brücken der Versöhnung zu bauen. Es war ihr aus terminlichen Gründen nicht möglich, an der Versöhnungsreise nach Frankreich teilzunehmen, wo sie ja im Krieg gelebt hatte. So beschloss sie, sich einer Versöhnungsreise nach Tschechien anzuschließen, die 1995 unter der Leitung von Albrecht Fürst Castell-Castell stattfand. Sie führte unter anderem nach Theresienstadt, an den Ort des damaligen Konzentrationslagers, und auch nach Lidice, ein Dorf, das von der SS dem Erdboden gleichgemacht worden war. In der Prager St. Veits-Kathedrale oben auf der Burg feierten sie zusammen mit Vertretern aller in Tschechien vertretenen Konfessionen einen Versöhnungsgottesdienst. Dabei stand das Wort von der Versöhnung aus 2. Korinther 5,20, das zugleich die Legitimation der Bitte um Versöhnung an die dort anwesenden Tschechen beinhaltete: „So sind wir nun Botschafter an Christi Statt, denn Gott ermahnt durch uns an Christi Statt: Lasst euch versöhnen mit Gott." Dann gingen die deutschen Teilnehmer einzeln durch die Reihen mit der Bitte um Vergebung.

Eine eindrückliche Begegnung, sicher nicht ohne Auswirkung. Am Ende der Reise konnte Margarete noch eine Nacht und einen Vormittag auf Einladung von Fürstin Castell im Schloss Castell verbringen. Sie sagt dazu:

> *Im parkähnlichen Garten hinterm Schloss fand ich das hoch aufgerichtete eindrucksvolle Kreuz mit dem darum geschlungenen Davidsstern, ein Symbol für den Messias, der Juden und Christen verbindet.*

**Yünnans Berge**

Kurz vor Erscheinen dieses Buchs, im Januar 2009, konnte Margarete noch einmal etwas ganz Besonderes unternehmen. Anlässlich ihres hundertjährigen Bestehens organisierte die Marburger Mission eine Reise nach China. In der südwestlichen Provinz Yünnan, so groß wie Deutschland, wirkten deutsche Missionare bis in die fünfziger Jahre. Dann mussten alle das Reich der Mitte verlassen.

Schon als Kind und junges Mädchen hatte Margarete immer wieder von „Yünnans Bergen“ gehört, diesem Einsatzgebiet der Marburger Mission. Jetzt, mit 86 Jahren, konnte sie sich diesen Lebenstraum erfüllen und dorthin reisen. Margarete sagte mir ein paar Tage nach ihrer Rückkehr aus China: „Für mich war das eine Art Krönung meines Lebens!“

Die kleine Reisegruppe unter der Leitung von Dr. Immanuel Scharrer flog über Shanghai und Changsza nach Kunming. Von dort ging es weiter in die Berge. Dort beeindruckte sie vor allem die Einfachheit der Bergbewohner. Beauftragte Begleiter der offiziellen protestantischen Kirche, der sogenannten „Drei-Selbst-Bewegung“, waren immer dabei. So war es nicht möglich, mit Christen aus Hauskirchen in Kontakt zu kommen. Margarete war mit ihren weißen Haaren und ihrem Gehstock für die einheimischen Christen etwas ganz Besonderes. Dass sie sich extra aufgemacht hatte, um sie zu besuchen, war für alle eine große Ermutigung. Dass eine 86-jährige Christin aus Deutschland extra zu ihnen gekommen war, das begeisterte sie.

Einmal hatte sie ihren Stock im Hotel vergessen, was sie erst nach einer Stunde Busfahrt entdeckte. Die Begleiter fuhren extra noch einmal zurück, um ihn aus dem Zimmer im 22. Stockwerk des Hotels zu holen.

Das große Wachstum in China beeindruckte sie. Städte wie Changsza und Kunming, die hier als Großstädte gelten würden, sind dort nur Kleinstädte. Die Menschen werden sukzessive aus den kleinen traditionellen Häusern in Hochhäuser verpflanzt. Der Kontakt mit den einfachen Christen war für Margarete eindrücklich, und wird es bleiben. Das, was über die Kultur- und Sprachgrenzen verbindet, ist viel stärker als das, was trennen könnte.

Beeindruckt hat sie auch, dass China zur Zeit des Nationalsozialismus 30.000 Juden aufgenommen hat. Sie glaubt, dass Gott dieses Land auch deshalb segnen wird. Anteil nimmt sie jetzt in besonderer, mitfühlender Weise durch Bibel-TV-Sendungen an den Berichten der charismatisch erweckten chinesischen Christen aus den Hausgemeinden, besonders im Norden des Landes. Es ist dort nicht leicht, als Christ zu leben. Bis heute noch gibt es Verfolgungen. Doch steht das vor allem im Ermessen des jeweiligen Provinzgouverneurs, sodass die Situation in den verschiedenen Regionen sehr unterschiedlich ist.

**Himmelsschlüssel**

So kann Margarete Neitzel auf ein reiches, erfülltes Leben zurückschauen. Ein Leben, das in die Weite ging und sich dann doch an einem Ort verwurzelte. Ein Leben voller Höhen und Tiefen.

Himmelsschlüssel, so haben wir dieses Buch genannt. Das ist Margarete deutlich geworden: Der wirkliche Himmelsschlüssel, das ist die Gnade Gottes, die uns in Jesus Christus erreicht. Das hat Margarete verstanden. Nicht wir erschließen uns den Himmel, sondern Gott schließt ihn uns auf.

Auf die Frage, die sie sich selbst stellt, ob alles so richtig war, sagt sie:

*Ich weiß es nicht, ich weiß nur, dass ich mir wirklich nicht Großes zutraute. Aber ich kann heute mit einer neuen Sichtweise an diese Fragen und Selbstvorwürfe gehen. Ich brauche mich nicht gering einzuschätzen, wenn ich nur „kleine Brötchen backe". Mein Einsatz gleicht Mosaiksteinchen, die Stück für Stück zusammengefügt sind zu einem Ganzen.*

So hat Margarete gelernt, in allem Gott zu vertrauen. Sie weiß: Er hat den Überblick und bringt seine Leute ans Ziel.

*Als Fünfundachtzigjährige wurde ich gefragt: „Margarete, du musst ein glücklicher Mensch sein?!" Das machte mich dankbar und gab mir Gelegenheit, etwas davon zu sagen, wer und was mich reich gemacht hat.*
*Am Tag meiner Geburt, dem 9. September 1922, stand in der Losung das Wort aus 2. Korinther 5,1: „Wir wissen aber, so unser irdisches Haus dieser Hütte zerbrechen wird, dass wir einen Bau haben, von Gott erbaut, ein Haus, nicht mit Händen gemacht, das ewig ist im Himmel." Es war mir nicht bewusst, dass das der Vers war, der über meinem Geburtstag stand. Doch an meinem fünfzigsten Geburtstag ging mir dieser Satz besonders auf durch eine Auslegung von dem Theologieprofessor Karl Heim. Und er hat mich seitdem immer begleitet.*

Dass dies stimmt, das hat Margarete erfahren. Und das werden alle erfahren, die auf ihn vertrauen. Das Leben von Margarete ist eine

Ermutigung, daran festzuhalten. Eine Ermutigung für mich und viele andere. Und hoffentlich für alle Leserinnen und Leser.

Die beiden Bibelworte, die Margarete mir für die Stunde als Predigttext aufgetragen hat, wenn wir einmal sagen werden: „Auf Wiedersehen im Himmel!", sind die folgenden:

> *„Du tust mir kund den Weg zum Leben!"* (Psalm 16,11)
> *Jesus: „Ich sage euch die Wahrheit: Wer meine Botschaft hört und an den glaubt, der mich gesandt hat, der wird ewig leben. Ihn wird das Urteil Gottes nicht treffen, denn er hat die Grenze vom Tod zum Leben schon überschritten"* (Johannes 5,24, Hoffnung für alle)

Diese beiden Worte aus der Bibel zeigen auf, wo der Himmelsschlüssel zu suchen und zu finden ist.

Himmelsschlüssel.
Eine Blume aus der Kinderzeit.
Eine Sehnsucht in den Erwachsenenjahren.
Eine Gewissheit im Alter.
Eine Erfahrung, die durchträgt.
Jesus Christus selbst ist der Himmelsschlüssel.

*Roland Werner*